The Book You Wish Your Parents Had Read
(and Your Children Will be Glad That You Did)

子どもとの関係が変わる

自分の親に読んでほしかった本

フィリッパ・ペリー
Philippa Perry

高山真由美 訳

日本経済新聞出版

愛をこめて、

本書をきょうだいの

ベリンダに捧げる

The Book You Wish Your Parents Had Read
(and Your Children Will be Glad That You Did)
by Philippa Perry

First published as THE BOOK YOU WISH YOUR PARENTS HAD READ in 2019
by Penguin Life, an imprint of Penguin General.
Penguin General is part of the Penguin Random House group of companies.
Japanese translation published by arrangement with Penguin Books Ltd.
through The English Agency (Japan) Ltd.

まえがき

この本は単純明快な子育てマニュアルではありません。

トイレトレーニングや離乳について詳しく述べたりはしないつもりです。

本書は、私たちが子どもとの関係をどう築くかを書いた本です。良好な関係を築くときに何が障害になり、何が関係を強化するのかを見ていきます。

私たちがどう育てられ、それが私たち自身の子育てにどう影響するか、親としてどんな間違いをおかし、そのなかでも最悪の間違いはどれか、それにどう対処したらいいかを書きました。

本書を読んでも、子育てのヒントやコツ、親としてのライフハックのようなものはあまり見つからないでしょう。それどころか、あなたは動揺し、怒りを覚えることもあるかもしれません。けれども同時に、より良い親になれる可能性もあります。

これは自分が親になりたてのときに読みたかった本であり、自分の両親が読んでいてくれればよかったのにと心から願うような本なのです。

目次

第3章

感情に向きあう

第4章

親になるための土台をつくる

妊娠と出産

第5章

心の健康を育む 177

第6章

行動を変える すべての行動はメッセージ

はじめに

最近、あるコメディ番組を見る機会がありました。番組ではマイケル・マッキンタイアというコメディアンがこう言っていました。「子育てをするとき、私たちがしなければならないことは４つあります。子どもに服を着せること、食事をさせること、風呂に入れること、寝かしつけることです。実際に親になる前には夢がありました。子どもとしょっちゅう楽しいことをするのだろうと思っていましたよ。しかし現実には、いま言った４つをこなすだけで毎日が戦争のようです」。彼が子どもをなだめて髪を洗わせようとしたり、コートを着せようとしたり、外へ連れだそうとしたり、野菜を食べさせようとしたりといった真似《まね》をして見せると、観客席から大きな笑い声があがっていました。似たような経験のある親なればこその笑いです。

親*になるというのは大仕事です。退屈に感じたり、気が滅入ったり、イライラしたり、苦労もあるでしょう。同時に、これまでで一番おかしくて、喜びに溢れ、愛に満ちた、このうえなくすばらしい経験にもなりえます。

おむつが取れなかったり、子ども特有のさまざまな病気にかかったり、子どもが（幼児期であれ、10代であれ）癇癪《かんしゃく》を起こしたりといった、子育てにつきものの瑣末《さまつ》な厄介事にはまり込んでいるとき、あるいは、フルタイムの仕事を終えて帰宅し、これから本当の労働――ベビーチェアの隙間に詰まったバナナを掻《か》きだしたり、先生からの呼び出しの手紙を読んだりといった骨折り仕事――が待っているようなときには、親でいることを広い視野で捉えるのは難しいかもしれません。そんなときに、本書は子育ての全体像を提示します。あなたが一歩下がって、何が大事で何がそうでないか、子どもがなりたい自分になれるように手助けをするにはどうしたらいいかといったことを見きわめるための本なのです。

子育ての核心は、子どもとの関係にあります。人が植物だったら、親子関係は土壌です。親子関係は人という植物を支え、育み、成長させ、場合によっては成長を妨げます。いざというときに頼りになる親子関係ができあがっていなければ、子どもの安心感は損なわれてしまいます。あなたと子どもとの関係は、子どもにとって――やがては子どもの子どもにとっても――力の源となるべきものです。

私は心理療法士として、子育ての様々な側面にぶつかって悪戦苦闘する人々の相談に乗ってきました。そうした仕事を通して、親子関係がどのように機能不全を起こすのか、また、うまく機能している状態を取り戻すにはどうしたらいいかを観察する機会がありました。本書のねらいは、子育

＊　ここで言う「親」とは、保護すべき子どもに対して責任を負う人物のこと。生物学的なつながりでも、法的なつながりでも、身近な親戚でも、親しい友人でもかまいません。つまり、「親」は「主要な養育者」と言い換えてもよいのです。「世話をする人（ケアラー）」という言葉を使うこともあります。親、代理親、義理の親、ヘルパーなどを指す、子どもに対して道義的責任を負う人のことです。

てにおいて何が重要かを提示することにあります。あなたや子どもの感情にどう取り組むか、子どもをよりよく理解するためにどう寄り添えばいいか、衝突や拒絶をくり返すことなく真のつながりを築くにはどうすればいいかを考えていきます。

私は子育てを長い目で捉えています。ちょっとした秘訣やコツで乗りきろうとは思っていません。私が興味を持っているのは、子どもとの関係をどう築いたらいいかであって、子どもをどうコントロールするかではありません。自分の乳幼児期や子ども時代をふり返ることを読者のみなさんに勧めています。自分自身が育てられてきたなかで、してもらってよかったことは継続し、助けにならなかったことはやめるために。

本書では、親子関係をより良いもの、子どもが育つときの拠りどころとして最適なものにする方法を示していきます。妊娠中のありようが将来の子どもとのつながりにどう影響するか、また、子どもの力の源となり、あなたにとっても満足のいく関係を築くには、乳幼児期、学童期、思春期、大人になってからのそれぞれの時期にどう接したらいいかも考えます。それを実践するうちに、服を着せ、食事をさせ、風呂に入れ、寝かしつけるための不毛なバトルも大幅に減るでしょう。

これは、子どもを愛するだけでなく、子育てを楽しみたいと思う親のための本なのです。

第1章

子育ての遺産は連鎖する

Your Parenting Legacy

「子どもは、親が言うとおりのことはしない。親がするとおりにする」。この決まり文句は本当です。自分の子どもの行動について考える前に、子どもが一番のお手本にしている人物をよく観察すると役に立ちます。そして観察すべき人物のうちの1人はあなた自身です。

第1章は親であるあなたについての章です。あなたの子どもに一番大きな影響を与えるのは、あなただからです。本章では、子どもとの関係を築くときに過去が現在にどう作用するか、いくつか例を挙げて説明します。子どもがどのように私たちの昔の感情を呼び起こす引き金になるかをお話しするつもりです。私たちはたいてい昔の感情にもとづいて行動し、子どもに間違った対応をしてしまうのです。また、私たち自身の「内なる批判者」を精査することの重要性についても考えます。「批判者」の及ぼすダメージを次の世代に手渡さないためです。

過去は私たち（と、子どもたち）を攻撃する

子どもが必要とするものを挙げてみましょう。温情、受容、身体的な接触、あなたがそばにいること、愛情と境界線、理解、さまざまな年代の人々と遊ぶこと、ほっとする体験、そしてあなたからの多大な関心と、あなたの時間をたくさん。なんだ、それを与えればいいなら簡単だ、この本はここで終わってもいい、と思うでしょうか？　ところがそうはいきません。必ず邪魔が入るからです。環境、児童保護、金銭、学校、仕事、多忙で時間が足りないことなど、あなたの人生に邪魔に

なる要因があるかもしれません。

しかし、いま挙げた何よりも邪魔になるものがあります。それは私たち自身が子どものころに与えられた体験です。自分がどのように育てられたか、自分が何を受け継いだかをきちんと見つめないと、過去が私たちを攻撃します。ふと、こんな台詞《せりふ》を口にしたことはないでしょうか。「やだ、昔、母さんが言ってたのと同じことを言っちゃった」。もちろんそれで子どもが、求められ、愛され、安全に守られていると感じられるような言葉ならかまいません。しかしたいていは、その反対です。

ほかに邪魔になりうるのは、自信の欠如、悲観主義、自己弁護といった、自由な感情を阻むものだったり、感情に圧倒されてしまうことへの不安だったりします。とりわけ邪魔になるのは、子どもへの苛立ち、子どもへの期待、子どもについての不安です。私たちは所詮、何千年も昔からはるか未来まで連綿とつづく鎖のなかの1つの輪にすぎないのです。

しかし、あなたは自分の「輪」の形をつくりなおすことができます。そうすることで、あなたの子どもやそのまた子どもの人生がより良いものになるのです。これはいますぐ始められます。自分が教えられてきたことを全部伝える必要はありません。役に立たなかった物事は捨てればいいのです。あなたが親であるなら、あるいはこれから親になろうとしているなら、自分の子ども時代を詰め込んだ箱を開いて、その中身をよく知っておきましょう。自分にどんなことがあったか、当時それをどう感じたか、いまはそれをどう感じているか、分析するのです。その荷ほどきが終わり、中身を全部じっくり吟味したあとは、必要なものだけを箱に戻します。

もしあなたが成長してきた過程で唯一無二の価値ある個人として尊重され、無制限の愛情を示され、ポジティブな関心を充分に向けてもらえて、家族と実りある関係が築けているなら、前向きな関係をつくりだす未来の設計図をすでに手にしているも同然です。それを使って、今度はあなたが家族や社会に対してプラスの貢献をする番です。そういう人なら、自分の子ども時代を検証するのもそんなにつらくはないでしょう。

そうでなければ、子どものころをふり返ったとき、不快に思うかもしれません。しかしその不快感をきちんと自覚する必要があるのです。無意識のうちに同じものを子どもに手渡してしまわないようにするためです。私たちが受け取ってきたものの多くは、じつは意識の外にあります。そのせいで、子どもの行動への反応が単にいまここで起こっているものなのか、それとも自分自身の過去に根差しているものなのか、わかりづらいことがあるのです。

テイから聞いた話が私の言いたいことをうまく説明しています。

テイは愛情たっぷりの母親で、心理療法士の教育を担当する上級心理療法士です。テイの2つの役割をあえて紹介するのは、物事をきちんと自覚できる、善意ある人でも、感情的にタイムスリップすることがあると示したかったからです。気がつけば、いまここで起こっている物事ではなく、自分自身の過去に反応していたということは誰にでもあるのです。この逸話は、もうすぐ7歳になるテイの娘のエミリーが公園でジャングルジムに上って身動きが取れなくなり、助けてくれなきゃ降りられないとテイに向かって叫んだところから始まります。

私が娘に下りなさいと言って、娘ができないと答えると、突然猛烈に腹が立ちました。娘はふざけているだけで、本当は1人で簡単に下りられると思ったのです。そこで私は「いますぐ下りなさい!」と怒鳴りました。結局、娘は1人で下りました。それから私と手をつなごうとしてきたのですが、私はまだ腹が立っていたので拒絶し、娘は大泣きしました。

帰宅して、一緒にお茶を飲むと娘も落ち着き、私は先ほどの出来事を「まったく、子どもというのはひどく厄介になることもあるものだ」といった調子で書き留めました。

それから1週間後、私たちは動物園に出かけ、そこにもジャングルジムがありました。それを見ると、私は少し罪悪感を覚えました。娘のほうも明らかに先週の出来事を思いだしたようで、恐る恐る私のほうを見あげています。

私は娘に「これで遊びたいの?」と尋ねました。今度はベンチに座ってスマホをいじるのではなく、ジャングルジムのそばに立って娘を見ていました。娘はしばらく上って行き詰まると、助けを求めて手を差し伸べてきました。私は前回よりも励ますような言葉を口にしました。「足をそこに乗せて、反対の足をそっちに乗せて。それであそこをつかめば、1人でできるでしょう」。実際、できました。

地面に降り立つと、娘は「どうして前のときはそうやって助けてくれなかったの?」と言いました。

私は考えてからこう答えました。「私が小さかったとき、おばあちゃんは私をお姫さまみたいに扱って、絶対に1人で歩かせなかったし、いつも〝気をつけて〟とばかり言っていた。そのせいで私は1人じゃなんにもできないんだって思ったし、結局、ぜんぜん自信のない子になった。同じことがあなたに起こってほしくないと思って、だから先週ジャングルジムから下ろしてって頼まれたとき、助けたくなかったのよ。私があなたの年だったとき、自力で下りるのを許されなかったことを思いだしたの。それで怒りが湧いてきて、あなたに八つ当たりしちゃった。フェアじゃなかった」

娘は私を見あげてこう言いました。「そうだったんだ、ママはあたしのことなんて、どうでもいいのかと思った」

「まさか。どうでもいいわけないでしょう。だけどあのときは、自分が腹を立てている相手があなたじゃなくておばあちゃんなんだって、わからなかったの。ごめんね」

テイのように、感情的な反応の引き金は、いま目の前で起こっている物事だけでなく、自分の過去のなかにもあると考えるべきなのです。そうしないと、反射的な判断や思い込みの罠に簡単にはまりこんでしまいます。

子どもがしたことや要求してきたことに対して怒りを感じたら、あるいは恨み、不満、嫉妬、嫌悪、混乱、苛立ち、恐怖、不安などの厄介な感情が湧いてきたら、それを警告と捉えるといいでしょう。子どもが悪いことをしているという警告ではなく、あなた自身のスイッチが押されたという警告です。

子どもにまつわることであなたが怒りを感じたり、過度に感情的なほかの反応が起こったりするのは、自分が子どもと同じ年齢だったときに抱いた感情から自分を守るための手段なのです。子どもの行動が過去の自分の失望、憧れ、孤独、嫉妬、欲求の引き金となるのを無意識のうちに怖れているのです。その結果、子どもの感情に寄り添うよりも、一足飛びに安易な選択をしてしまい、怒ったり、ストレスをためたり、パニックに陥ったりするのです。

ときには世代を2つ以上飛びこえて、過去の感情が掻きたてられることもあります。私の母は、子どもたちが遊ぶときに金切り声をあげるととてもイライラしました。私自身も、自分の子どもが友達と遊んでいてうるさくすると、たとえ仲よくしていても一種の警戒態勢になることに気がつきました。この理由を突き止めたかったので、私は母に、「母さんが子どものころ騒ぐとどうなったの?」と尋ねました。すると、母の父(私の祖父)は母が生まれたときに50歳を過ぎていて、よく頭痛に悩まされていたそうで、「子どもたちはみんな家のなかを忍び足で歩かなければならなかった。そうしないと怒られたから」というのです。

子どもに対する苛立ちの原因が自分の手の届かないところにあると認めると、怒りを強めてしまうような気がするかもしれません。しかし実際には、扱いづらい感情に名前をつけ、背後にある別の物語を知ることで、自分の子どものせいではないのだと納得でき、子どもに八つ当たりをすることがなくなります。自分の感情の背景に常に筋の通った物語が見つかるとはかぎりませんが、だからといってそれがないことにはならないし、そういう物語を頭の片隅に置いておくと役に立つときもあるのです。

ほかにも、子どものころ、あなたを愛している人々が、ときにはあなたを煩わしく思うこともあったでしょう。彼らがあなたをうっとうしいとか、厄介だとか、期待外れだとか、重要でないとか、腹立たしいなどと思うこともあったかもしれない。あなたもそれを感じとっていたはずで、そのときのことを自分の子どもの行動によって思いだすと引き金が引かれ、怒鳴ったり癇癪を起こしたりすることになるのです。

親になるのは本当に大変なことです。一夜にして、子どもが最も手のかかる最優先事項になるのです。それも週に7日間、1日24時間、休みなく。子どもを持つことで、自分の親が取り組んできた問題にようやく気づいたり、感謝の気持ちを抱いたり、親も自分と同じだと思ったり、あるいは、もっといたわらなければと思ったりするかもしれません。しかしここで自分の子どもにも寄り添う必要があるのです。自分が子どもと同じ年齢のころに何をどう感じたか考えて過ごす時間は、子どもへの共感を育むうえで役に立ちます。払いのけてやりたいと思うような行動を子どもがしたときに、理解し、共感するための助けになります。

私のクライアントのオスカーは、1歳半の男の子を養子に迎えました。オスカーは、息子が床に食べ物を落としたり、食べずに席を離れたりするたびに、怒りがむくむくと湧きおこるのを感じました。私はオスカーに、「あなたが子どものころ、食べ物を落としたり食べなかったりしたらどうなったの？」と尋ねました。すると彼は、祖父にナイフの柄で手をたたかれ、部屋から追いだされたことを思いだしました。そのときの気持ちを思いだしてからは、幼いころの自分に同情し、自分の子どもにも辛抱強く接することができるようになったといいます。

自分の感情はいま目の前で起こっていることに起因するものであり、過去の出来事に反応しているわけではないと思い込むのは簡単です。しかしたとえば、あなたに4歳の子どもがいて、誕生日にプレゼントを山ほどもらったところを想像してください。その子が新しいおもちゃを人に貸すのをいやがり、あなたはそれを「甘やかされたせいだ」と辛辣に批判したくなったとします。

ここでは何が起こっているのでしょうか？　論理的に考えれば、たくさんのプレゼントをもらったのは子どもの責任ではありません。それでもあなたは無意識のうちに、この子にはこんなにたくさんのものをもらう資格などないと思っているのでしょうか。だから苛立ちが辛辣な態度になって洩れてしまったのでしょうか。あるいは、子どもに対してもっと大人になることを期待しているのでしょうか。

子どもに対する自分の苛立ちを見つめてみると、あなたの内なる4歳児が羨ましがっている姿、あるいは対抗心を燃やしている姿が見えてくるかもしれません。もしかしたら、あなたは4歳のときに貸したくないおもちゃを貸してあげなさいと言われたり、たくさんプレゼントをもらえたことがなかったりするのかもしれません。そこで内なる4歳児を悲しませないために、自分の子どもに八つ当たりしているだけかもしれないのです。

有名人への匿名の嫌がらせメールやソーシャルメディアでのネガティブな反応は、これと似ています。そこから読み取れるのは、「あなたが有名で私がそうじゃないなんてフェアじゃない」というメッセージです。自分の子どもに嫉妬を感じるのは、そう珍しいことではありません。しかし嫉妬を覚えたとしても、自分のなかだけでそれを認め、子どもに対してネガティブな行動をとらなければいいのです。子どもに親からの「荒らし」は必要ありません。

本書には、理解をより深めるための「練習課題（やってみよう）」を入れてあります。もしあまり役に立たなかったり、強いストレスを感じたりするようなら、もっと心の準備ができたときに取り組んでもいいかもしれません。

やってみよう

この感情はどこから来るのだろう？

子どもに対して怒りを感じたら（過度に感情的になったら）、立ち止まって次のように自問してください。この感情は、完全に自分の子どもに対して生じたものなのだろうか？　どうしたら異なる視点を持てるだろう？

反射的な応答を避けるために、いい方法があります。「この出来事について考えるために、少し時間がほしい」と伝えるのです。そしてその時間を、気持ちを静めるために使います。子どもが何かしらアドバイスを必要としている場合でも、怒りながら話してはあまり意味がありません。子どもは怒りだけを受け取り、アドバイスの内容は耳に入らなくなるからです。

この練習課題を少しアレンジすると、子どものいない人にも応用できます。自分がどの程度の頻度で怒ったり、独りよがりになったり、憤慨したり、パニック状態になったり、恥ずかしくなったり、自己嫌悪に陥ったり、疎外感を覚えたりするか、意識してみましょう。自分の反応のパターンを見つけてください。最初にその感情を覚えたのはいつだったか、子ども時代まで遡って思いだしてみましょう。そうすると、その反応がどの程度習慣化されているかわかります。つまり、そういう反応を起こすのは現在の状況のせいではなく、単なる習慣だとわかるのです。

断絶と修復

理想的な世界では、私たちはみな、不適切なやり方で感情をあらわにする前に自制することができるかもしれません。決して子どもを怒鳴ったり、脅したり、自分は悪い子だと子どもに思わせるようなやり方で叱ったりしないでしょう。もちろん、毎回必ずうまく対応できると思うのは現実的ではありません。先に紹介した経験豊かな心理療法士であるテイでさえ、自分の怒りが現在に起因する感情だと思い込んで行動してしまったのです。しかしテイは傷を回復させるためにあることをしました。「断絶と修復」と呼ばれる行動で、私たちも身につけることができるものです。断絶は、お互いを誤解したとき、間違った思い込みをしたとき、誰かを傷つけたときに起こります。あらゆる大切な関係、親密な関係、家族関係において避けられないものです。しかしここで注目すべきは断絶ではなく、修復のほうです。

関係の修復をするには、まず対応を変えること、つまり自分の引き金を認識して、いままでとは違う反応をすることです。子どもが充分に理解できる年齢であれば、テイが娘のエミリーにしたように言葉で謝ることもできます。子どもに対して間違った接し方をしてしまったことに気づいたのがずっとあとになってからでも、自分がどこで間違えたのか話すことはできます。子どもにとっては――たとえ成人した子どもであっても――親からの修復の働きかけは非常に大きな意味を持つのです。エミリーの思い込みを見ればわかります。彼女は、母親が自分のことをあまり気にかけていないと思ってしまいました。母親が本当は自分のことを気にかけ、単に混乱していただけだとわかったときには、どれほど安堵したことでしょう。

以前、ある親が、「子どもに謝るのは危険ではないか」と訊《き》いてきたことがありました。「だって子どもは、親はいつも正しいと思いたいわけでしょう？　そうでなければ、安心できないのではありませんか？」。とんでもない！　子どもに必要なのは誠実で信頼できる親であって、完璧な親ではありません。

自分の子どものころを思いだしてください。親の機嫌が悪いのを、自分のせいだと思ったことはありませんか？　過去にそういうことがあったなら、ほかの誰かに同じように思わせることで自分の感情を修復しようとするのは非常によくあることで、たいていの場合、その犠牲になるのは子どもです。

子どもの直感は、親が目の前の出来事に反応しているわけではないと告げますが、そこで親が矛盾した言動を取ると、子どもの本能が鈍ってしまいます。たとえば、もし私たちが「大人は絶対に正しい」ようなふりをすると、結果として子どもは過剰に適応してしまいます。あなたの言うことだけでなく、誰の言うことでも信じるようになります。すると、自分に害をなそうとする人々に対しても無防備になってしまいます。直感は、自信、能力、知力といったもののなかで大きな部分を占める要素なので、子どもの直感を傷つけたり歪めたりするのは良いこととはいえません。

主催する子育てのワークショップで、私はマークと出会いました。マークは妻のトニの勧めで参加していました。当時、夫妻の息子のトビーはもうすぐ2歳。マークによれば、妻とは子どもを持たないことで合意していたのですが、40歳になったときに妻が考えを変えたそうです。1年間子どもをつくろうと試み、その後1年で体外受精を試したあと、妻は妊娠しました。

そこまでに相当な努力をしたことを考えると、赤ん坊のいる生活について自分がひどく曖昧なイメージしか持っていなかったことに驚きます。おそらくテレビの影響だと思いますよ、赤ん坊が大半の時間をベビーベッドで眠って過ごし、ほとんど泣きもしないなんて考えたのはね。

息子が生まれてからは、余裕のまったくない、うんざりするような、妻とぼくのどちらか一方が必ず赤ん坊を見ていなきゃならない生活で、ぼくは怒りと鬱《うつ》状態のあいだを行ったり来たりしながら、ときにはその両方を同時に感じていました。

2年経ってもまだ自分の人生を楽しめません。妻との話題は息子のことだけで、ほかのことを話そうとしても、1分もしないうちに息子のことに戻ってしまうんです。自分がわがままだという自覚はありますが、だからといって腹立たしく感じる気持ちは止められません。正直なところ、今後、妻と息子との生活を続けていく自分が想像できません。

私はマークに、自分の子どものころのことを話してくれるように頼みました。マークは「いまそれをあなたと吟味することには興味がない、いたってふつうの子ども時代だったから」とだけ答えました。心理療法士にとっては、「興味がない」というのは「距離を置きたい」と思っていることを示すヒントになります。マークにとって親になることは、避けたいと思っている感情を呼び起こす引き金になっているのではないかと、私は思いました。

「いたってふつう、とはどういう意味？」とマークに尋ねました。父親は自分が3歳のときに家を出ていき、成長するにつれてだんだん会いにこなくなった、とマークは話しました。彼の言うとおり、これはそれほど珍しくない子ども時代です。しかし、だからといって父親がいなくなったことがマークにとってなんでもないことだったかというと、そんなことはありません。

父親が自分を見捨てたことについてどう感じたか尋ねると、マークは覚えていないと答えました。もしかしたら、覚えているとつらいから忘れたのではないか、父親を真似て妻子と別れるほうが簡単に思えるのは、そうすれば厄介な感情の詰まった箱をあけなくて済むからではないのかと、私はそれとなく持ちかけました。本当は鍵をあけてその箱を開く必要がある、そうしないと自分の息子のニーズがわからず、あなたが父親から受け継いだものをそのまま息子に渡してしまうことになる、とも告げました。マークの反応からは、私が本当に言いたかったことが伝わったかどうかはわかりませんでした。

マークとはその半年後、別のワークショップで再会しました。ずっと気分の落ち込みがひどかったので、セラピーを受けはじめたそうです。彼によれば、自分でも驚いたことに、父親が自分を捨てて出ていったことについて、セラピストの部屋で泣いたり怒鳴ったりしてしまったとのことでした。

セラピーのおかげで、自分の感情をどう捉えるべきかわかりました。自分がこういう人間関係や、親になることに向いていないのではなく、父親に見捨てられたことが問題なのだとわかったのです。いまだって子育てにうんざりすることも憤りを感じることもありますが、その憤りは自分の過去に対するものだともう知っています。息子のせいではないのです。

息子に関心を寄せることの意味もよくわかりました。ぼくが関心を寄せることで、息子は先々まで幸せに過ごせるのです。いま、妻とぼくは息子を愛情でいっぱいにしているところです。大きくなったとき、息子もまた誰かに愛を与えることができるように、そして自分のことを価値ある人間だと思えるように。ぼく自身は、自分の父親とはつながりがありません。ぼくが父親からもらえなかったものを息子には与えているつもりです。すばらしい親子関係の土台をつくっているところです。

自分がしていることの意味がわかると、不満の大半が希望と感謝の気持ちに変わりました。妻との距離も縮んだように感じています。ぼくが息子に以前より興味を持ち、息子と一緒に過ごすことで、妻にも息子以外のことを考える余裕ができたのです。

マークはトビーとの断絶——息子を捨てたいという欲求——から回復しました。いま何が起こっているかを理解するために、自分の過去を探ったのです。その後、息子への向きあい方を改めることができました。深い悲しみの箱をあけてみるまで、愛情の詰まった箱をあけることができなかったのです。

過去をどう修復するか

少し前、もうすぐ母親になるという人から、新米の親に1つ言いたいことがあるとしたら何を伝えるかと訊かれました。私の答えは、「子どもは何歳になろうと、あなたがその子どもに近い年齢だったころに経験した感情を、体感できるくらいはっきりと思いださせる」というものでした。彼女は少々とまどったような顔で私を見ました。

1年ほど経ったあと、足もとによちよち歩きの幼児を連れたその女性が、あのときは言われたことの意味を理解できていなかったけれど、いざ新しい役割が始まってみるとうなずけることがたくさんあり、子どもに共感するための助けになったと話してくれました。赤ん坊であるというのがどういうことかは、意識できる形で記憶していなくても別の形で覚えているものであり、子どもはそういった物事を常に思いださせるのです。

親がそばにいてくれなかった時期のある人が、子どもがその年齢になったときに距離を置きたくなるのはよくあることです。あるいは、自分が孤独を感じていたのと同じ年齢に子どもがなったときに、感情面で距離を置きたくなるのもよくあることです。先ほど紹介したマークは、子どもがもたらす感情にまっすぐ向きあうことを避けようとした、典型的な例と言えるでしょう。

こうした感情から逃げたい、子どもから逃げたいと思うかもしれませんが、それを実行すれば自分がされたことをそのまま子どもに伝えてしまうことになります。あなたが子どもに伝えることのなかには良いものもたくさんあるでしょう。自分が受け取ってきた愛情をすべて伝えることもできるでしょう。しかし、不安や、憎しみ、孤独、恨みなどは伝えないほうがいいのです。子どもに対して不快感を覚えることもたびたびあるでしょう。パートナーや自分の親、友人、または自分自身に対するときと同じです。それがわかっていれば、子どもがもたらす感情を無意識のうちにそのまま子どもに押しつけることは減っていくはずです。

もしあなたが、マークと同じように、自分が脇へ押しやられるからといって家族生活を腹立たしく思うなら、それはあなたが子どものころに脇へ押しやられ、親の人生について考えたことがないせいかもしれません。うんざりするような気持ちや子どもとの断絶についても同じです。

私が「見捨てる」とか「恨み」といった言葉を使うと、大げさだと思う人もいます。「子どもを恨んでなんかいませんよ。ときどき1人になりたいと思うことはあるけれど、子どものことは愛していますう」と彼らは言います。しかし「見捨てる」にも段階があるのです。最も深刻な段階になると、子どもの人生から物理的に消えるという形で完全に見捨てることになります（マークの父親と同じように）。しかし「見捨てる」ことのなかには、子どもが関心を持ってもらいたがっているときに押しやるとか、子どもが話そうとしているときに本気で耳を傾けないといったことも含まれると私は考えます。たとえば、子どもが自分で描いた絵を見せようとしているときもそうです。ある意味で、子どもは絵を通して自分の本当の姿を見せようとしているのです。

子どもを脇へ押しやりたい、ぐっすり寝ていてほしい、1人で遊んでいてほしい、こちらの時間を占領しないでほしいと思うのは、つらい記憶の引き金になるから相手をしたくないと感じているせいかもしれません。そのせいで子どものニーズに素直に応じることができないのです。子どもを押しやってしまうのは、自分の人生のほかの領域――仕事とか、友人とか、ネットフリックスとか――のためにもっと時間がほしいからだと言いたくなるのもわかります。けれども、そこで大人になるべきは私たちのほうです。私たちは、こんなに子どもに手がかかるのはほんの一時期であることを知っています。仕事や友人とのつきあいやほかの趣味は、目の前の小さな人がこれほど私たちを必要としなくなってから再開すればいいのです。

自分が受けた扱いを次の世代に伝えないようにするのは難しいことです。正体不明の感情にもとづいて反射的に行動するのではなく、自分がどう感じているかを自覚し、じっくり考える必要があります。あまり好ましくない反射的な選択をすることで――たとえばマークの場合には、実際に家を出てしまったら――自分を恥ずかしく思うこともあるでしょう。そうなると、その恥ずかしさを否定したいがために、今度は自己弁護に走ります。しかしそれでは何も変えることができず、機能不全だった部分をそのまま次の世代に伝えてしまいます。

人は恥ずかしい気持ちのせいで死ぬことはありません。いま起きていることを正しく理解できれば、恥を誇りに変えることができます。自分の思い込みに気づき、どう変わればいいかがわかるからです。

大事なのは、子どもと一緒に心地よく過ごせること、子どもが守られていると感じられること、そしてあなたが子どものそばにいたいと思えることです。その際、言葉は小さな要素にすぎません。それより大きな要素は親の温情であり、子どもとの接触であり、善意であり、子どもを尊重することです。子どもの気持ちや人格、意見、独自の世界解釈を尊重することです。子どもが愛らしい姿で眠っているときだけでなく、起きているときにも愛情を示す必要があるのです。

もし常に子どもと離れて休憩したいと感じているなら、おそらくあなたが必要としているのは子どもが引き金となって起こる感情から自由になることです。こうした引き金に支配されないために、共感を持って幼いころの自分をふり返ってください。それができれば子どものニーズや切望にも応えられるようになります。もちろん、趣味を楽しむためにときどきベビーシッターを雇うのも大事ですが、休みたいと思う気持ちがとくに強いとき、その気持ちが頻繁に起こるときは要注意です。自分が目の前の子どもと同じ年齢だったときに感じたことを、意識して思いだしてみてください。

やってみよう

過去からのメッセージ

あなたに最も強くネガティブな反応を引き起こすのは子どものどういう行動か、考えてみましょう。あなたが子どものころ、それと同じ行動をしたときには、何が起こりましたか？

目を閉じて、一番古い記憶を探ってください。ぼんやりした映像か感情が浮かぶだけかもしれませんし、明確なストーリーがあるかもしれません。その記憶のなかで最も強い感情はなんですか？　その記憶と、いまのあなたにはどんな関連がありますか？　その記憶はあなたの子育てにどう影響していますか？

この課題の最中に「何か」が浮かびあがり、たとえばそれが恥をかくことへの不安だとしたら、いまのあなたは常に自分が正しいと思うような親かもしれません。その場合にとばっちりを受けるのはあなたの子どもです。浮かんできた「何か」を直視できれば、恥ずかしい気持ちに負けそうになったり、言い訳をしながらいままでと同じ行動を続けたりすることはもうないでしょう。

頭の中のネガティブな声を遮断する

この章の冒頭で述べたとおり、子どもは親が言うことではなく、親がすることをします。だから、もしあなたに頭のなかで自分を責める癖があるとしたら、あなたの子どもも同じように、有害なその癖を身につけている可能性があります。

私の古い記憶の1つに、母が鏡を見ながら自分の粗探しをしていた姿があります。何年もあとになって私自身がまったく同じことをしたときに、当時10代だった明敏な娘が「お母さんのそういう姿は好きじゃない」と言いました。それを聞いて、私も母のそういう姿が好きではなかったのを思いだしました。

受け継いだありようや行動パターンは、自分自身との対話のなかに、内なる粗探し屋となってたびたび表れます。大半の人は頭のなかで絶えずおしゃべりをしたりコメントを述べたりしているのですが、その状態に慣れきっているせいで、言われている内容をきちんと意識していません。しかしその内なる声は過酷な批判者にもなりえます。もしかしたら、あなたは自分に対してこんなふうに言っているかもしれません。「それは私みたいな人間には向かない」「誰も信用できない」「私に見込みなんかない」「能力が足りないんだから、あきらめたほうがいい」「私は何ひとつきちんとできない」「私は太りすぎだ」「私は役立たずだ」など。頭のなかのこういう言葉には要注意です。あなたの人生を誤った方向に導くだけでなく、子どもの人生にも大きな影響を与え、子どもが自分自身や他人を批判するようになってしまうからです。

子どもに有害な判断を教えてしまう点を別にしても、頭のなかのこうしたネガティブな声は落ち込みを増大させ、自信を打ち砕き、無力感を植えつけます。自分にどう語りかけるかを意識したほうがいい理由はほかにもあります。私たちの内なる声は、どうやら子どもに伝わってしまうようなのです（はっきり見えている癖と同じように）。子どもに幸せになるための能力を身につけてほしいと思うなら、一番邪魔になるのはあなたの内なる自己批判なのです。

私たちは子どものころの経験によって形づくられ、大人になります。これは人間の発達の基本で、それをはねのけるのは困難です。内なる批判の声を止めるのは難しいのですが、その声を自覚することはできるはずです。

次に紹介するエレインは2児の母で、画廊のアシスタントをしています。彼女も頭のなかのネガティブな声に気がつきました。

たいてい失敗についてなんです。やめておくべきだ、どうせうまくいかないから……私は下手なんだから……恥ずかしい思いをするだけだからって。いろいろなことに手を出さないように、自分を説得してしまうんです。それであとになって自分で自分を批判するんですよ、積極性に欠けている、何かに没頭することがないって。何かにかじりついてまで成し遂げるようなことができない、薄っぺらくて、何に対しても本物の情熱がなく、専門性もない。そんなふうに自分に言い聞かせてしまう。いまこうしてあなたに話しているだけでも、頭のなかで自分がこう言っているのが聞こえます。「ああ、そうだよ、それは全部本当のことだ」

この声がどこから来ているかを考えると罪悪感を覚えます。母のことをとても愛しているし、愛されていると感じてもいました。でも母は昔からずっと心配性で、何に対しても満足することがなくて、ものすごくうしろ向きで、自分に厳しいんです。褒め言葉をそのまま受けとめることは絶対にありません。「このラザニアすごくおいしい！」と褒められても、「風味に欠けるし、チーズが多すぎるわよ」と答えるんですよ。

「これでは不充分だ」というこの母の態度を、私や姉妹は受け継いでしまったようです。私たちはみんな失敗するといつまでもクヨクヨ考えるし、その失敗を、やってみてもどうせ無駄だという証拠として使うんです。昔、外国語の成績でBを取ったことがあるんですけど、それだけで世界の終わりのように感じました。

母もポジティブになろうと努力はしていますが、不用意な一言ですぐ台無しにしてしまうんです。私がウェディングドレスの最後の試着をしたときも、更衣室から出ていくと、母は心配そうな顔でこう言いました。「そうね、当日になって、お花を持ってベールをつければ、まあなんとかなりそうね」。本人も意識しないうちに、自分の心配や不安で周りの人をいやな気分にしてしまうんです。

自分を苦しめる内なる批判者がいるだけで済まず、母の批判を肯定してしまうのだとエレインは言います。決して彼女の母親を悪者にしたいわけではありませんが、母親自身も自分とどう対話しているか自覚していないようです。とくに自分の内なる批判者が子どもに受け継がれてしまうことに気がついていないのです。

自分との対話の内容を自覚すれば、その声をどの程度聞きいれるかについて選択の余地が生まれます。エレインは、自分の内なる批判者に次のように対処することを学びました。

自分の子どもたちにはこれを伝えないようにしようと決めました。私のように失敗を怖れる気持ちを持ってもらいたくないのです。とてもやる気が挫《くじ》かれるので。

以前は頭のなかの声と議論をして、常に負けていたのですが（この議論には多くのエネルギーと注意力を要しました）、最近では、その声を相手にしないのが最良の策だと気づきました。面倒な同僚を相手にするときのように、こう言うのです。「まあ、あなたにも自分の意見を言う権利はあるものね」

内なる批判者が私にはできないと断じるような物事に、あえて挑戦するようにしています。子どもたちのやる気を削がないように、失敗するのはそんなに悪いことじゃないと示すために、不安を乗り越えるようにしています。あきらめろという声をよそに、昔の趣味を再開して絵を描きはじめました。自分が描いたものを批判するのではなく、それぞれの絵の楽しい部分や気に入っている場所に注目できるように自分を訓練しています。これには思いがけないおまけがありました。前より自信が持てるようになったのです。絵についてだけじゃなくて、生活全般にわたって。

エレインがしていることを1つずつ分解して考えると、次のようになります。

(1) まず、頭のなかの声を認識する。

(2) その声と関わったり、議論したりしない。代わりに、厄介な人を相手にするときのように受け流し、相手の言うことを認識しても同意はしない。たとえば、「あなたにも自分の意見を言う権利はある」と考える。

(3) 自分の安全地帯を広げる。内なる批判者があなたにはできないと断じる物事をあえてやってみることで、以前よりも自信が持てるようになる。この体験は本物であり、自己不信が忍びこんできたときに思いだせる。

(4) 自分の内なる批判者を子どもが受け継いでしまう危険があると気づけば、これに注意するためのインセンティブも大きくなる。

やってみよう――内なる批判者をあぶりだす

1日のうちに頭に浮かんだ自己批判的な思考を書きだしてみましょう。その批判は、過去に誰か別の人から投げかけられた言葉と同じではありませんか?

あなたが達成したい物事と、そこに到達するために必要なステップを考えましょう。自分との対話がどのように進んだか、思い返してください。自分を制止するようなことを言っていませんか？その声は、ほかの誰かの声と似ていませんか？

「良い親」と「悪い親」

この本を読んでいるあなたは、おそらく自分がなれるなかで最良の親になりたいと思っていることでしょう。それを阻む障害物の1つは、自分自身やほかの人々を判定しようとする習慣です。私たちには自分を親として判定したがる傾向がありますが、これは心理療法士の悩みの種です。「良い親」あるいは「悪い親」というラベルは役に立ちません。両極端だからです。いつも完璧に子どもと波長を合わせることなど不可能だし、善意でしたことが有害な結果をもたらすこともあります。しかし「悪い親」のラベルを貼られるのはいやなので、間違いをおかしたとき（誰もが間違いをおかすわけですが）、私たちはその間違いがなかったふりをします。

こうした「良い母親」「悪い父親」（あるいはその反対）のような考え方が存在するせいで、私たちは少しでもやましさを感じるような行動については自己弁護に走ります。そうすると、子どもと同調できない点や、子どもの感情的なニーズを無視してしまっている点を直視しなくなります。子どもとの関係を改善する方法に注意を払わなくなるのです。これはうしろめたい事柄から逃れ、自分が正しいという主張を隠れ蓑にすることにもつながります。そうすれば「良い母親」「良い父親」というアイデンティティにしがみつけるからです。

問題を直視することを親が怖れると、子どもにも良い影響はありません。間違いは——子どもの感情が重要でないかのようにふるまうことや、その他、親の誤りはなんでも——私たちが自分の行動を変え、断絶を修復するなら、それほど大きな問題ではありません。しかし恥ずかしく思う気持ちが強すぎて失敗を認めることができないと、物事を正すこともできません。「悪い親」というラベルはこの恥ずかしく思う気持ちを増大させるのです。

母親や父親の属性に「良い」「悪い」を加えるのはやめましょう。完全な善人も完全な悪人もいないのです。不機嫌で、それを正直に顔に出す親（ふつうは「悪い親」というラベルを貼られます）は、やさしい見せかけの陰でストレスや怒りをためこんだ親よりはるかにましです。自分を判定すべきでないのと同じように、子どものことも判定しない努力が必要です。何かを箱にしまい、ラベルを貼ったただけで忘れてしまえれば都合はいいかもしれませんが、良い影響はありません。その箱のなかに入れられた人にとってはなおさらです。子どもを判定するのはなんの役にも立ちません。「おとなしい子」「不器用な子」「うるさい子」などといったラベルに縛られていては、自由に伸びていくことが難しいからです。

人間は常に変化し、成長します。とりわけ子どもはそうです。だから判定して断ずるよりも、あなたが目にするものを表現し、高く評価する言葉を口にするほうがずっといいのです。たとえば、こんなふうに言いましょう。「あなたがその計算にすごく集中しているのが、とてもいいと思った」。これはただ「算数が得意なのね」と言うよりずっといいのです。同様に、単に「いい絵だね」と言うのではなく、「よく考えて描いてあるね、感心したよ。家が笑っているみたいに見えるところが好きだなあ。楽しい気持ちになれる」と伝えましょう。

努力を褒め、あなたが見たものや感じたものを表現して子どもを励ますのです。高く評価できる具体的なポイントを見つけて言葉にすれば、「いいね」のような型どおりの判定よりずっと励みになります。たとえ1ページ丸ごとぐちゃぐちゃの汚いノートでも、ある1文字が完璧に整っていたら、「この字がきれいに書けてるところが気に入ったよ」と言えばいいのです。きっと次にはきれいな文字がもっと増えるでしょう。

やってみよう

判定することをやめよう

自分がつくるものやすることについて、判定して断じる代わりに、よくできた点を観察し、その真価を認めるようにします。そうやって、気分の違いを意識してみてください。たとえば「私はパンをつくるのがうまい」ではなく、「パンを焼くことに集中すると、いつも報われる」と考えるのです。「私はヨガが下手だ」と考える代わりに「ヨガについてはスタートを切ることができたし、先週よりも進歩している」と考えましょう。言葉そのものは大した問題ではなく、「良い」「悪い」という言葉を完全に禁止しているわけでもありません。大事なのは判断を保留すること、かっちりした断定よりも、ふんわりした結論を保持することです。そのほうが私たち自身にとっても、子どもたちにとっても害がないのです。

本書では、子どもに意識を集中するよりも先に、あなた自身に着目しました。なぜなら、あなたの子どもが唯一無二の存在であるのは、遺伝子と環境の比類のない組み合わせのおかげであり、その環境の大部分を占めるのがあなただからです。

親が自分自身についてどう感じているか、子どもに対する自分の反応にどれだけ責任を感じているかは、子育ての鍵となる側面ですが、見過ごされることがとても多いのです。子ども自身や子どもの行動だけに注目するほうが、親子が互いにどういう影響を与えあうかを分析するよりはるかに簡単だからです。さらに、子どもの性格や気質を形づくるのは、親の反応だけではありません。子どもが自分の環境のなかで何を見て、何を感じたかも大いに影響します。

子どもが引き金となって起こる感情に親であるあなた自身がどう対処するか、じっくり考えてみましょう。自分自身と対話する方法に気をつけてください。内なる批判者に用心してください。そして自分自身についても、子育てについても、子どもについても、性急に判断を下すのはやめましょう。

Your Child's Environment

第2章

子どもの環境を見直す

最近、ある心理カウンセラーから、難民一家のところで働いたときの話を聞きました。彼は共感に努め、永住できる家を持たないことがどう感じられるか理解しようとしました。そんなときに、ある子どもがかん高い声でこう言ったそうです。「ああ、家ならあるよ！　家を置ける場所がまだないだけだよ」

この言葉を聞いて、私は心を動かされました。結局のところ、家族のメンバーによる愛情や保護がセーフティネットになるのだ、必要なのはそれだけだ、と思えたからです。では、安全基地としての家族関係を築き、子どもがのびのび成長できる家庭環境をつくるには、どうしたらいいのでしょうか。この章ではそれを考えます。

大事なのは家族構成ではなく、どう暮らしているか

あなたと、一緒に暮らしているほかの人々。それがあなたの子どもの環境です。子どもの自己認識や他者への反応の仕方の大部分が、あなたと、あなたの周辺の小さな人の輪によって形づくられます。それはたとえば、もう1人の親や、きょうだい、祖父母、有給のヘルパー、親しい友人といった人々のことです。

こうした人間関係のなかで自分がどうふるまっているかを自覚することが重要です。たとえば、近しい人々に感謝の気持ちを表しているでしょうか？　それとも怒りをぶつけているでしょうか？

家族関係は、子どもの心の健康や人格がどう発展していくかに影響を与えます。子どもはれっきとした個人ですが、社会という大きなシステムの一部でもあります。子どもを取り巻くシステムには、密接な家族関係のほかに、学校、友人関係、より広い文化などが含まれます。そのシステムをよく見て、あなたと子どもにとって可能なかぎり最良の環境をつくるというのは道理にかなっています。完璧でなくていいのです。完璧な環境など存在しません。

大事なのは家族構成ではありません。従来どおりの家族でも、慣例にとらわれない家族でも、好きな形で暮らせばいいのです。両親が離れて暮らしていても一緒に暮らしていてもかまわないし、血縁以外の人たちと生活していてもかまいません。親がゲイでも、ヘテロでも、バイセクシュアルでもいいのです。研究によれば、家族構成そのものは子どもの認知や感情の発達にほとんど影響を与えません。実際、イギリスでは25パーセントを超える子どもがひとり親家庭で育っており（そのうちの約半数が出生時には両親と一緒にいました）、日本でも1割強の子どもが同様の環境にありますが、経済状況や親の学歴といった要素を考えあわせれば、従来どおりの家庭で育った子供となんら変わりはないのです。

子どもの生活のなかにいる人々が子どもの世界を構成します。その世界は豊かで愛に満ちたものにもなりえますが、時として戦場にもなります。家庭生活が戦場にならないようにすることは、私たちが思う以上に重要です。身近な人間関係に気を取られていたり、心身の安全に不安があったり、帰属意識が揺らいでいたりすると、子どもはより広い世界に対して自由に好奇心を持つことができません。好奇心の欠如は学ぶ力や集中力の低下につながります。

ある調査で、10代の子どもたちとその親を対象に、「両親の仲がうまくいっていることは、子どもが幸せに育つために最も重要な要素の1つである」という記述に同意するかしないかを尋ねました。10代の子どもの70パーセントはこれに「同意する」と答えましたが、親の同意は33パーセントにとどまりました。

これは、両親やケアを提供する人との関係がうまく機能していないときに子どもが受ける精神的苦痛が大人には見えていないせいかもしれません。子どもの苦痛は見るに忍びないものなので、自分の行動がその苦痛の原因になるところを直視するのはつらいからです。

あるいは、大人として自分のふるまいは正当だと感じているかもしれませんし、自分の行動を変えようと考えただけで無力感に襲われることもあるでしょう。もう1人の親や家族のメンバーとのやりとりを見直すことに怖気づいたり、圧倒されたりするかもしれません。この章では、改善が必要な場合にどうしたらいいか、いくつかアイデアを提示したいと思います。

両親が一緒に暮らしていない場合

子どものもう1人の親と離れて暮らしている場合でも、大事なのは、その親について敬意をこめて話すこと、欠点を強調するのではなく長所を高く評価することです。それを難しいと思うのもわかります。とりわけ困難な離婚を経験したあとではそうでしょう。ただ、子どもにとってそれがどれほど重要かわかれば、少し容易になるかもしれません。子どもは両方の親に対して帰属意識を持ち、愛着を抱き、どちらの親も自分の一部であると感じています。自分という存在を生んだ2人のうちの一方がもう一方からたびたび悪く言われていると、子どもはそれを自分のこととして内面化してしまい、自分のことも「悪い人間」であると見なすようになります。また、どちらの親に対しても同じように忠実でいたいという思いに引き裂かれることもあります。

では、子どもが両親の別離と折り合いをつけるにはどうしたらいいのでしょうか? 両親が協力して連絡を取りあい、子ども自身が両方の親と定期的に、密に連絡を取りつづけているほうが、子どもはうまくやっていけます。その状態を保てれば、子どもが過度に落ち込んだり攻撃的になったりする可能性は低くなります。同居していないほうの親と子どもとの関係については、両親のあいだに好意的で明確なコミュニケーションが成立していると、よりうまくいきます。一方の親(100パーセントではありませんが、たいてい父親)が離婚のあと疎遠になってしまうと、子どもは不安や、怒り、鬱、自尊心の低下に悩まされる確率が高くなります。イギリスでは、両親が別れた子どものうち4分の1以上が、別離後3年が過ぎると父親と連絡を取らなくなってしまうのですが(日本では、この数字はおよそ7割にのぼります)、これは大変憂慮すべきことなのです。

別れた相手と良好な関係を保つことが不可能な場合もあるでしょう。次に紹介するメルのケースもそうです。メルには、ノアという6歳の息子がいます。メルはノアの父親であるジェイムズと5

年間つきあっていました。ずっと一緒に暮らしていたわけではなく、2人は自分たちのことをきちんとしたカップルとは見なしていませんでしたが、一緒に過ごした時間はとても楽しいものでした。メルのケースは極端に見えるかもしれませんが、別れた相手と親としての意見が一致しなかった経験のある人にはきっと役に立つでしょう。

メルが妊娠したとき、ジェイムズはメルが中絶するものと思いました。メルにその気がないとわかるとジェイムズは激怒して、関係を絶とうとしました。いま、ジェイムズは最低限の養育費を払っています。煩わしい父子鑑定の手続きを経てようやく同意した取り決めです。ジェイムズには、息子と関わるつもりはいっさいありません。

ジェイムズと似た立場の人々と話をすると、彼らはいまのままの生活が気に入っているのだと言います。依存してくる存在の重要性を認めてしまうと、生活が変わってしまうのではないかと思い、脅かされているように感じるのです。

けれども、子どもは「もの」ではなく1人の人間です。たとえ20年間あなたに依存せずにいられないとしても、親の生活を変えるだけの存在ではありません。人生を豊かにしてくれる源にもなりえます。

また、子どもは無視したからといって消えるものではありません。悲しいことに、一部の男性は(女性も)子どもから実際に遠ざかろうとします。まるで、関係がないふりをすれば子どもが本当にいなくなるかのように。メルはノアの父親に失望しましたが、それをノアに話さないほうがいいことはわかっていました。息子に父親のことを訊かれたら、たくさんあった長所や才能を思いだし、それを話すことにしています。将来、もしノアの父親が息子の人生に関わりたいと願ったら、メルがジェイムズについて肯定的な話をしていることがきっと助けになるでしょう。ノアが大きくなると質問も増え、メルにとっては大変でした。息子が真相を知ったら、父親に見捨てられたことを自分のせいであるかのように受けとめ、自己肯定感を損なったり、ジェンダー感が歪んだり、大人になってからの行動に悪影響を及ぼすことがあるかもしれないと心配しています。

メルはこうした落とし穴に気がついているので、それを避けてノアを育てることができますが、それでも父親がそばにいない事実をノアが重く受けとめずに済む保証はありません。すべてがうまくいく処方箋がないこともあるのです。メルには愛情溢れる親しい家族や友人がたくさんいるので、そういう人々が父親のいない隙間をいくらか埋めてくれると感じています。

メルのケースを紹介したのは、別れた相手と協力して円滑な関係を築くのが常に容易であるとは限らないと示したかったからです。良好な関係が築けないとき、私たちにできるのは、子どもの前で——できれば、自分の心のなかでも——もう1人の親をできるかぎり中傷しないようにすることだけです。

苦痛に耐えやすくする方法

私たち大人は子どもの人生から苦痛や不安を取り除きたいと願います。つきあう人を選んだときにちょっと運がなかったせいで、または近しい人々とのあいだに対立があるせいで、子どもが苦しむようなことはぜひとも避けたいところです。しかし子どもを完全に守ることは不可能です。不安、解けない謎、切望、喪失といったものがまったくない人生などありえません。

子どもが苦痛に耐えられるようにするには、苦痛を感じているときに一緒にいることです。あなたにとって、子どもや親しい人々のそばにいるのは大事なことです。相手が見せてくるもの、相手が感じていることに心を開き、受けいれる必要があります。苦痛を完全に取り除くことはできなくても、否定したり押しやったりせずに受けいれれば、苦しい期間を一緒にやり過ごすことができます。そうやって心を寄せて一緒にいることで、何があっても耐えやすくなります。こうした感情の問題については第3章で詳しく説明します。

両親が一緒に暮らしている場合

親が2人で子育てをしているなら、2人のあいだの愛情、善意、思いやり、敬意が子どもの安心感につながります。けれども、子どものいる人なら誰でも知っているとおり、子育ては2人の関係に緊張をもたらします。自由は制限され、パートナーと2人きりで過ごす時間や親しい人々との時間は減り、自分1人の時間も減るか、完全になくなります。セックスの機会も減り、パートナーとの関係も変化します。睡眠のパターンも崩れ、それまでよりはるかに少ない睡眠時間でなんとかやっていくしかなくなります。

家族がそれぞれ子育てについて異なる哲学を持っているかもしれませんし、家庭内の力関係も変化します。仕事の習慣も変わるでしょうし、もし有給の仕事を辞めたら、あなたの自己評価も変わるでしょう。人づきあいにも影響があります。元同僚と連絡を取ることは激減し、乳児に気を取られているうちに遠ざかる友人もいるかもしれません。

それだけではありません。パートナーと2人だけの関係から、子どものいる家族としての関係へ移行するには慣れる時間が必要です。そのうえ、ようやく慣れたと思っても状況はまたすぐに変化します。子どもも家庭も成長しつづけるからです。こうした変化は、パートナーや子どもに対する苛立ちの一因にもなります。苛立ちを感じたら、きちんと自覚するほうがいいでしょう。そうしないと、八つ当たりを正当化してしまう可能性があります。

変化を受けいれ、変化とともに動き、変化を利用できるほうが、変化に抗うよりも有益です。どのように融通を利かせるか考えるほうが、失ったものを取り戻そうとするよりもはるかにいいのです。ときには昔の生活が懐かしくなるでしょう。それでも、新しい生活を受けいれ、身を委ねる必要があるのです。

第1章に登場したマークを思いだしてください。彼は夫婦から3人家族への変化によって自分の生活がひっくり返ってしまったと憤慨していましたが、その後、変化を受けいれることを学びました。自分自身の過去をたどって憤りの源を見つけ、子育てを退屈な重労働としてただ切り捨てるのではなく、意義あることと思いなおしたのです。マークが親としての責任をパートナーと共有できるようになったとき、妻のほうも昔の自分を少し取り戻し、子どもだけにとらわれることはなくなりました。

議論していいとき、いけないとき

たいていの家族は議論をしますが、これは衝突に対処する（あるいは対処しない）方法であり、その問題を解決する（あるいは解決しない）方法でもあります。意見の相違それ自体が関係を、ひいては子どもの置かれた環境を損なうことはありません。実際、パートナーとの仲がうまくいき、家庭もきちんと機能しているような人でも、意見の不一致はあり、議論をします。しかしそういう人は相手に対する正当な評価と敬意を保ち、お互いの違いを認め、相手の気持ちに耳を貸します。

ここでは、議論をするときのポイントをお話ししましょう。どんな衝突にも、それが起こる背景があり、議論の的になるのはその背景です。さらに、衝突についてあなたや相手がどう感じるかという問題があります。その後、問題解決に取り組むプロセスがあります。

相違に向きあうには、相違が生じる背景を自分がどう感じるか知り、それを共有することが重要です。次のステップは、相手がその背景をどう感じるか知り、それを考慮に入れることです。感情が置き去りにされると双方ともにどんどん加熱して、文句の応酬になり、お互いの理屈をボールのようにネット越しに打ちあうことになります。私はこれを「ファクト・テニス」と呼びます。相手に打ち返すものは次から次へと見つかります。こういう議論では、有効な解決策を見つけることよりも、ポイントを取ることが目的になってしまいます。しかし相違に気づき、それに取り組む目的は、相手を理解して妥協点を見つけることであり、勝つことではありません。

ある家庭内の典型的な議論を見てみましょう。ここでの争点は皿洗いです。以下に挙げるのは、議論がファクト・テニスになってしまった例です。

サーバー　困るのはね、皿を洗わないで置いておくと、汚れが固まって落ちづらくなること。だからすぐにやって（15ラブ）
レシーバー　日中はためておいて、一度にまとめてやったほうがうまく時間が使えるから（15オール）
サーバー　汚れた皿を放置するのは不衛生でしょう（30－15）
レシーバー　洗ってしまえばバクテリアなんて全部死ぬでしょう（30オール）
サーバー　汚れた皿にハエがたかるから（40－30）

レシーバー　いまは冬だから、ハエなんかいないよ（デュース）

一方が最終的に理屈を思いつかなくなり「負け」と見なされると、「敵」に対して愛情や思いやりを持てなくなります。仮に「勝者」がいい気分になるとしたら、その陰には相手の犠牲があります。

意見の相違や衝突に対処する別の方法は、相手の気を逸らすことです。私はこれを「見て、リスだ！」の作戦と呼んでいます。あなたやほかの誰かを悩ませている物事について話すのではなく、話題を変えるのです。皿が洗われていないのを見たとき、その問題に直接触れずに、別のことを言ったりしたりする方法です。ある話題を先延ばしにすることが適切な場合もありますが、互いの意見の相違についていっさい話しあわないのは問題です。衝突をすべて遠ざけていると、親密さも遠ざかってしまうからです。多くの話題がタブーになり、礼儀正しくお互いを迂回するだけというのは寂しいものです。

3つめの方法は、「殉教者」になることです。帰宅したとき、こんなふうに言うのです。「汚れた皿のことは気にしないで、私が洗うから」。不幸にも、こういう状況になると、相手が罪悪感を抱くことはなく、最終的には「殉教者」が怒って相手を責めるようになるか、「迫害者」に変身して侮辱の言葉を浴びせはじめます。

「迫害者」は「皿を洗わずに放置するなんて、ほんと最低ね。あなたの衛生観念にはもううんざり」などと攻撃します。こんな言葉を投げかけたら、相手が反撃したくなるのも当然です。

こうした衝突はどれも家庭内の雰囲気を良くするものではありません。衝突があると、子どもは警戒し、安心感が脅かされ、身の回りのことに興味を持ったり心を開いたりできなくなります。意識とエネルギーの使い方が非常モードに切り替わるからです。

では、理想的な議論の方法とはどんなものでしょうか。意見の相違に向きあうときには1つずつ取り組み、何が問題なのかよく考えることが大切です。不満をためこんで、一気に相手にぶつけるのはやめましょう。攻撃や非難ではなく、その問題についてあなたがどう感じているかを話すところから始めます。皿洗いの話に戻ると、次のようになります。

「朝、皿洗いをしてから出かけたのに、帰ってきたときにまた皿が汚れているのを見るとうんざりする。自分で使ったものは、昼間のうちに洗っておいてもらえると、本当にうれしいんだけど」

理想は相手に勝つことではなく、理解してもらうことです。きっと次のような返事があるでしょう。「ああ、ごめん、うんざりさせたいわけじゃないんだ。今日はすごくたくさんやることがあって。帰宅してこんな家のなかは見たくないよね」。そうすると、こう返したくなるでしょう。「そうか、あなたも忙しいものね。気にしないで。じゃあ、洗ってくれたら私が拭くから」

経験から言って、議論してうまくいくことが多いのは、「あなた」を主語にするのではなく、「私」を主語にした場合です。たとえば「スマートフォンをいじっていて、何か言っても答えてもらえないと私は傷つく」のように。「スマートフォンをいじっているとき、あなたはいつも私のことを無視するんだから」というのは良くない例。他人から決めつけられ、批判されるのが好きな人などいません。ネガティブな内容であればなおさらです。代わりに自分が聞いたこと、見たことをどう感じるか説明するのであれば、自分のことを話しているだけなので、相手にとって聞きいれるのがはるかに容易になります。

もちろん、不満を訴えたからといってそれが必ずうまく伝わるわけではありません。しかし良い働きかけとは、相手をコントロールするのではなく、良い関係を築くものです。あなたが何を感じ、何を求めているか開示すれば、良い関係を築く助けになります。反対に、相手をコントロールしても良いつながりは生まれません。

「あなた」ではなく「私」を主語にして話すこと、自分の感情を自分のものとして認め、相手の感情を知って受けいれることが、家庭内で意見の相違が避けられないときの最善の対処方法です。とげとげしい気持ちが減り、理解が促されるので、子どもも安心していられます。また、これを手本として、子ども自身も敬意のある知的な議論の方法を身につけられるでしょう。

そもそも意見の不一致による言い合いが生じるのは、一方が（本当はそうではないのに）「相手がわざと攻撃している」と思ったときです。以下は典型的な家族（伝統的な家族と呼んでもいいでしょう）の例です。

息子のジョニーは22歳の学生で、父親の古い革ジャケットをまじまじと見て、こう言います。

「父さんは60歳だし、もうこれ着ないよね。もらっていい？」

父親のキースは教師で、職場で息子世代の若者を理解できないと思うような出来事があり、自分も年を取ったと感じているところでした。それで、息子の言葉が気に障りました。キースは声を荒げてこう言います。「なんだ、私が死ぬまで待てずにもう遺品の物色か？」

ジョニーはこれをわけのわからない言いがかりだと思い、攻撃されたように感じます。「なんだよ、訊いてみただけじゃないか。どうしていつも文句ばかりつけるんだよ？」

「文句なんかつけてないだろう。ただ、もう死んだ人間みたいに扱われるのがいやなだけだ」

大して深刻な口論ではないので、きっと最後には父親がジャケットを放って、「だったら持っていけよ」と言うでしょう。息子は「もういいよ。棺桶に入るときだって着るものが必要だろ」と答え、2人で笑いあって休戦。しかし口論の本当の原因がわからなければ、少しいやな気分が残るし、似たことがまた起こるでしょう。

次に、現場に賢明な仲裁者がいるものと想定して、先ほどの状況を見直してみましょう。

「息子は私に死んでもらいたいと思っているんだ」キースが言います。

「思ってない。ジャケットがほしかっただけだよ」ジョニーが言います。

「同じことだ」とキースは言いますが、じつは同じではないと自分でも気がついています。

仲裁者はこう言います。「同じことではないけれど、キース、今日のあなたにとっては同じように感じられるのですね。でもジョニーにそれを知るすべはありません。あなたは攻撃されたように感じました。ジョニーはあなたがそう感じたことに気づいていなかったので、あなたの報復をただの言いがかりだと思いました。だから反撃したのです」

「そのとおりだよ」とジョニーは言います。

キースが黙っているので、仲裁者は言います。

「攻撃されたように感じたからといって、実際に攻撃されているとはかぎらないのですよ」

「息子は私に60歳だと言ったんだ!」キースは言い訳がましく答えます。

「そう、息子さんは事実の裏に自分の気持ちを隠していました。いままで目にしてきた〝ファクト・テニス〟のせいで身についた癖です。もっと言えば、あなたは自分が60歳であるという事実を受けいれられないようですね。だからその革ジャケットのような若さのシンボルにしがみつこうとした。それは別に悪いことではありません。もしそれが本当ならただそう言えばいいのです」

互いに少し歩み寄ったときの会話はこんなふうになるかもしれません。

「父さんの革ジャケット、すごく好きなんだ。もらっていい?」

「ちょっと考えさせてくれ……おまえが本当にほしがっているのはわかるが、まだ手放す気になれないんだよ。確かに、もう着ないかもしれないが、自分が年を取ったことに慣れる時間が必要なんだ。いまのところは、若かったときの服が手もとにあると落ち着くんだよ」

「ごめん、ぼくが頼んだせいで、60歳になったことを思いださせちゃって」

「ああ、かまわない、思いだしたほうがいいんだ。私も年を取ったもんだよ、生徒が何を言っているかぜんぜんわからない」

「たとえば？」

「ソーシャルメディアが何かってことは理解したが、〝左にスワイプする〟とはどういう意味だ？」

「ああ、それはね……」

やってみよう ―― 議論を分解して考える

家族と意見の不一致があったときのことを思いだしてください。誰が正しくて、誰が間違っているかにとらわれることなく、ジョニーとキースの例のように分析してみましょう。次に、状況を外から眺め、2人の感情を考察してください。それから賢明な仲裁者の役を演じ、不一致があったときの会話をどう変えればいいか、考えます。

以下は、難しい話題について話すとき、あるいはあなたが苛立ったり、議論が切迫したりしているときに思いだすべきことです。

(1) 自分の感情を認め、相手の感情を考慮する

自分が「正しく」、相手が「間違って」いる、自分は「賢く」、相手は「馬鹿だ」などと思わないように。人間関係や家庭が最も摩耗するのは、自分が正しいと主張して譲らない人がいるときです。「正しい」「間違っている」という観点から考えるよりも、互いにどう感じているかを考えましょう。

(2) 自分自身の気持ちを明示し、相手の気持ちを決めつけるのはやめる

「私」を主語にして話し、「あなた」を主語にして話すのをやめる。

(3) すぐに反応せず、じっくり考える

反応する前に必ず熟考が必要なわけではありませんが、もし苛立ちや怒りを感じたら、立ち止まってその理由を理解しようと努めましょう。先の例では、キースがそうしていれば、息子からジャケットがほしいと言われたときに感じた怒りが、本来息子に向けられるべきものではないと気がついたはずです。

(4) 自分の弱さを怖れるのではなく、受けいれる

キースの例に戻ると、老いについて不安を抱き、その不安を怒りで覆い隠したのは、自分の弱さ

を許せなかったからだと気づいてもよかったはずです。自分の弱さを許すこと、自分の本当の姿をオープンにすることでしか、密接な人間関係は築けないのです。

(5) 相手の意図を決めつけない

一方的に決めつけたり、自分の気持ちを投影したりせずに、相手が本当はどう感じているかを理解するように努め、もし自分が間違っていたらそれを認めましょう。自分自身の気持ちを理解し、そのうえで相手の気持ちを理解することは、交渉の土台となるだけでなく、健全な人間関係や親身な子育ての基盤にもなります。こうした方法でやりとりを始めるのに、遅すぎることはありません。

親がこれをすべて実行できれば、親子間の接し方のパターンはたいていすぐに改善します。

親愛の情を育むには

カップル間や家族間で相手の気持ちをよく考えられるようになるには、大きな善意が必要です。もし自分にそれが足りないと思うなら、補強する必要があります。

では、善意を育むにはどうしたらいいでしょうか？　主な方法は2つあります。

(1)つながりを築こうとする試み、関心を引こうとする試みに反応すること。(2)相手を敵と見なすのではなく、相手と一緒にいることに安らぎを見いだすこと。要するに、競争ではなく、協調・協力することです。

心理学者のジョン・ゴットマンと、その同僚のロバート・レヴェンソンは、１９８６年にワシントン大学内で〈愛情研究所〉をたちあげ、多数のカップルに2人の関係について話してもらうという実験をしました。意見の不一致について話しあったり、２人の出会いや楽しい思い出についておしゃべりをしてもらったのです。

そのあいだ、対象者たちはストレスレベルを測定されていました。

一見、すべてのカップルが冷静に話し合いをしているようでしたが、ストレステストではまったく違う結果が出ました。本当に冷静だったのは一部のカップルだけで、残りのカップルでは心拍数の上昇や大量の発汗など、闘争・逃走モードであることを示すあらゆる兆候が見られました。

しかし新たな事実が判明したのは6年後、追跡調査をしたときでした。高いストレスを示したカップルはすべて、別れるか、一緒にいたとしても関係が機能不全を起こしていました。ゴットマンはこうしたカップルを「不幸に見舞われた人々《ディザスターズ》」と呼び、最初の実験でストレス兆候を示さなかったカップルのことは「達観した人々《マスターズ》」と呼びました。

データからわかったのは、「ディザスターズ」のカップルがお互いに相手を一種の脅威と見なしていたことでした。友人より敵に近い存在だったのです。ゴットマンは長い時間をかけて何千組ものカップルを研究し、ストレス値が高いカップルほど「ディザスターズ」に近く、別れるか、関係が機能不全になる可能性が高いことを発見しました。

これは何を意味しているのでしょうか。パートナーと一緒にいて感じるストレスや脅威が強いほど、相手に対して反感のこもった冷淡な態度を取ることが多くなります。2人の関係が勝つか負けるか、正しいか間違っているかを土台として築かれたものであれば、パートナーに対して親愛の情よりも敵意を感じるようになります。そうなると2人の関係は悪循環に陥ってしまいます。

人が2人いれば、どちらかが一歩先んじた状態にあるのがふつうです。広告でさえ、ターゲット層に「自分はほかの人間よりも優れている」と思わせることによって宣伝を成功させています。これはターゲットとなる消費者に「自分はモテる」と思わせる方法に次いで有効なのです。家庭用洗剤の広告によく登場する「ダメなパパ」や、この商品を買えばあなたがパートナーより優れていることの証明になりますよと言わんばかりのコマーシャルがそれです。

反対に、一緒にいることで落ち着き、安心するカップルは、互いに対して温かく、愛情をこめて接していることが多いものです。ゴットマンは別の実験で、130組のカップルを対象に、別荘で1日を過ごしてもらうことにしました。そのときの発見によれば、一緒に過ごすカップルはつながりを求める「試み」をするそうです。たとえば、2人で本を読んでいるときに、一方が「ねえ、聞いて」と言うとします。相手が自分の本を置いて聞く姿勢を見せると、つながりを求める試みは成功したように感じられます。人は相手の反応を――サポートしてくれそうな兆候や、興味のあるしるしを――求めているからです。

相手の試みにこたえるのは、相手の感情的なニーズを満たすことにつながります。6年後（追跡調査を実施した時点）にすでに別れていたカップルでは、こうした試みにこたえる割合が平均30パーセント程度でした。こういう毎日の小さな積み重ねが、親愛の情やお互いを大切にする関係を生みます。それがなければ2人の関係を維持することはできません。パートナーとしての関係を成功させるカギは、相手に興味を持ち、敏感に反応することです。そして、カップルについて言えることは、すべての人間関係に当てはまります。子どもとの関係も同じです。

注意を向けてほしいと求められて反応すること以外にも、親愛の情を育むためにできることがあります。あなたはパートナーや家族、子どものなかに、高く評価できる長所を探すことができます。反対に、欠点や間違いを探すこともできます。どちらを選ぶかは、あなた次第です。私なら自分が聞きたいほうを選びます。同時に、あなたは思いやりを示すことも選べます。そして嬉しいことに、思いやりは伝染します。ある研究によれば、あなたが相手にやさしくすると、相手にもその態度がうつる可能性が高いのです。

もし天秤のバランスが悪いようなら、批判側の重りを、高く評価できる側へ少し移してみる。これはパートナーや家族との関係においても、人生全般においても大事なことです。私が育った家庭では、天秤が批判のほうにやや傾いていましたので、それを変えるために努力が必要でした。ついうっかり古い習慣に戻ってしまうと、批判の有害さを身に染みて感じます。

思いやりを持つのは、犠牲になったり主張を捨てたりするのとは違います。また、怒りを感じたときにそれを抑えるという意味でもありません。思いやりを持つというのは、自分がどう感じるか、なぜそう感じるかを、相手を責めたり侮辱したりせずに説明することです。

また、自分の行動で家族を動揺させたり苛立たせたりするつもりがないからといって、相手がそう感じないとはかぎりません。自分が言ったりしたりしたことへの反応として誰かが気分を害したなら、たとえそれが意図したものでなくても、言い訳をせずに耳を傾け、相手の気持ちを確認することが重要です。同じ物事でも人によって受けとめ方は違います。自分と感じ方が違うからといって、その人が間違っているわけではないのです。他者との違いは、誰が「正しい」かという議論のきっかけにするのではなく、あるがままに尊重する必要があります。

世のなかにはさまざまなアドバイスが溢れています。家族やほかの人間関係において、些細なことは気に病まなくてよいという意見もあるでしょう。反対に、問題が大きくなる前に、小さな苛立ちのうちに摘みとっておくようにという勧めもあるでしょう。目指すべきは、たとえ自分と違っても、相手がどう感じるかを理解すること、相手の立場を思いやって共感を示すこと、できれば自分も共感してもらうことです。話を聞いてもらえること、理解してもらえること、共感してもらえることは、誰にとってもプラスになります。これを家庭内の最優先事項にすれば、家庭が新生児を迎えるのにふさわしい場所、子どもの成長を促す良い環境になります。

やってみよう

家族の投げかけに敏感になる

あなたの関心を引いてつながりを築こうとする家族の試みに敏感になり、目をそむけるのではなく、できるだけその試みに向きあいましょう。相手が誰であるかは問題ではありません。人間関係はかけがえのないものであり、関心を引く試みに向きあうことは、人間関係を維持するうえでとても重要です。

私たちはそれぞれ異なる個人ではありますが、同時に社会というシステムの一部であり、環境の産物でもあります。本章で見てきたように、そのシステムや環境を子どもが育つ健全な場所にするために、私たちにもできることがあるのです。

第3章

感情に向きあう

Feelings

人間は頭で考える前に感じるものだ、乳幼児や子どもはほかの何よりも感情に従って生きているのだということを、親になるといやというほど思い知らされます。あなたが子どもの感情にどう反応し、どう応答するかは重要です。なぜなら人間にとって、人生で大事な人々に自分の感情を見てもらうこと、理解してもらうことは、とても大切なことだからです。

乳児は100パーセント感情だけで生きています。感情の固まりと言ってもいいでしょう。私たちは子どもが感じることをすべて理解できるわけではありませんが、ときには子どもが落ち着くまで長い時間をかけてなだめなければならないこともあります。これは子どもの心の健康の基礎を築くために、愛情をこめてすべき仕事です。生まれて最初の数年のあいだ、親が子どもの感情に真剣に向きあい、共感を示しつつ受けいれれば、その子は何かいやなことがあってもいずれ好転すると思えるようになります。

あなたが子どもの感情に敏感に反応すれば、子どもは自分の感情との健全なつきあい方を覚えます。それがどんな感情であれ——極度の怒りや悲しみであれ、穏やかで落ち着いた充足感であれ、溢れんばかりの歓喜や寛大さであれ——うまく扱えるようになります。これは心の健康の土台となることなので、本章はこの本のなかで一番重要かもしれません。

感情の扱い方を学ぶ

子どもの感情を無視したり否定したりしつづけていると、先々の心の健康を害する可能性があります。親であるあなたは自分の反応に無自覚だったり、相手にしないほうがかえっていいのだと思い込んでいたりするかもしれません。自分以外の人々、とりわけ自分の子どもが幸せでないとき、私たちが選ぶ反応の1つは、厄介な感情を否定することです。それが正しいことのように思えるからです。子どもの感情を軽視し、目を逸《そ》らすように仕向け、アドバイスしたり叱りつけたりして、その感情を捨てさせようとするのが適切な行動だと感じているのです。愛する人に不幸でいてほしいとは誰も思いませんし、相手の不幸や怒りに対して完全にオープンでいれば、不安や危険を感じることもあるでしょう。不幸や怒りを自分が助長しているような気がすることさえあるかもしれません。しかし、そうした感情は否定されてもただ隠れるだけで、見えないところで悪化し、あとになってトラブルを引き起こします。大声で怒鳴る必要があるのはどういうときでしょうか。自分の言っていることを聞いてもらえないときです。感情も、聞いてもらう必要があるのです。

子どもに対してあなたが過去にどう反応したとしてもあまり気に病んでほしくないのですが、ただ、子どもの感情をあるがままに、真剣に受けとめることの大切さは強調しておきたいところです。成人の鬱の最も一般的な原因は、その人に現在起こっている物事ではなく、子どものころに親との関係でなだめられることがなかったせいなのです。

理解され慰められるかわりに、感じることそのものを禁じられたり、泣き寝入りするまで放置されたり、怒りの感情に1人で対処するしかなかったりすると、現実と感情のずれが蓄積されるにつれ、不快感や苦痛に耐える能力がどんどん低くなっていきます。忍耐力が減ってしまうのです。困難な感情を押しこめておくスペースがいっぱいになると、感情が行き場を失います。一方、親からなだめられた経験が充分にあると、楽観的になれて、抑鬱や不安の影響を受けづらくなります。心の健康を害することを完全に避ける方法はありませんが、どんな感情を経験しようと受けいれてもらえる、どんなにいやな気持ちになろうとそれはいずれ過ぎ去ると教えられていれば、確実に助けになるのです。

どんな親でも間違いをおかします。重要なのは、間違いそのものよりも、その間違いにどう対処するかです。だからもし、いままで子どもが怒っていたり不幸だったりするときに気づかないふりをするのが最善の方法だと思っていたとしても、心配無用です。子どもの感情に反応するときのパターンを、子どもが見てもらえている、聞いてもらえていると思えるように、これから変えればいいのです。

新しい方法を取り入れることに最初は違和感があるかもしれませんが、すぐに慣れるでしょう。まず、いままで子どもの感情にどう反応してきたか考えてください。おおまかに言って3つのパターンがあります。子どもへの反応は、自分自身の感情への反応と似ているはずです。そのときどきの感じ方や状況によって、次の3つのうちのどれかが当てはまるのではないでしょうか。

抑え込む

感情を抑え込む傾向のある人なら、強い感情を前にして「シーッ」とか、「大騒ぎしないで、たいしたことじゃないでしょ」とか、「勇気を出して」などと言うでしょう。

いつも子どもの感情をはねつけていると、あなたが本当はどう思っているかに関係なく、子どもはだんだん感情を見せなくなります。

過剰に反応する

これは感情を抑え込むのとは正反対の態度です。子どもを思うあまり、あなた自身が子どもと同じくらいヒステリックになったり、一緒になって泣いたりします。まるでその苦痛が子どものものでなく、あなた自身のものであるかのように。これはよくある間違いです。たとえば、子どもが保育園に行きはじめて、親子で新しい環境に慣れる前の最初の数日に起こります。

こんなふうに感情を乗っ取ると、子どもはやはりあなたに感情を見せなくなります。子どもはあなたに重荷を負わせているように思うか、あるいは、心を侵害されているように感じるのです。

受け皿になる

受け皿になるというのは、すべての感情をあるがままに受けいれることです。自分のためにそうできるなら、子どものためにも自然とできるはずです。子どもの言動に過剰に反応することなく感情を真剣に受けとめ、落ち着いた、楽観的な状態を保つことができます。「まあ、かわいそうに、あなたは悲しいのね。抱っこしてほしい？　それならこっちへ来て。ほら、気持ちが落ち着くまで抱っこしていてあげるから」

見ていてもらえるし、なだめてもらえるけれど、決めつけられることはない。それがわかっていれば、子どもは自分の気持ちを話してくれるでしょう。

子どもが必要としているのは、親が自分の感情の受け皿になってくれることです。つまり、あなたがそばにいて、子どもが感じていることを知り、受けいれ、それでいてあなたが圧倒されることはない状態です。これは心理療法士がクライアントに対して取る態度と同じです。

受け皿になるとは、子どものなかにある怒りを目の当たりにし、なぜ子どもが怒っているのかを理解し、場合によっては子どもの代わりにその怒りを言葉にして、怒りを表現する適切な方法を示すことです。怒りに対して罰を与えたり、親のほうが圧倒されたりしてはだめなのです。ほかの感情についても同様です。

どういう感情なら気詰まりを感じないかは人それぞれです。子どものころの体験にもよるからです。どの感情が何を連想させるかは、成長過程の経験によって決まります。あなたが対立を通してコミュニケーションを取る習慣のある家庭で育ったなら、大声や怒鳴り声に慣れていることでしょう。それどころか、そういう大声から愛情を連想することさえあるかもしれません。反対に、あらゆる対立を避けようとする家庭で育ったなら、怒りに触れると心底居心地が悪いと感じるでしょう。コントロールされていると感じながら育ったなら、温情や愛情に接しても信用しないか、落ち着かない気分になるかもしれません。何かしら作為があるかもしれないと思うからです。

やってみよう

自分の感情をどれくらいゆったり受けとめていますか？

この課題は、あなた自身の感情や子どもの感情への普段の反応を見きわめるものです。以下に挙げる感情を1つずつイメージしてみてください。不安。愛。怒り。興奮。罪悪感。悲しみ。喜び。どの感情が心地よく感じられますか？　どの感情に不快感を抱くでしょうか。容易に対処できるのはどの感情ですか？　その感情があなたに向けられたときはどうですか？　ほかの人のなかにその感情を見つけたときは？

たとえ扱いづらくても、私たちには感情が必要です。扱いづらい感情は車のダッシュボードの警告灯のようなものだと考えてください。燃料が空になりかけて警告灯がついたときにすべきことは、警告灯が光らないように電球を取り外すことではないはずです。車がもっとよく走るように必要なことをするでしょう。感情も同じです。気を逸らしたり鈍らせたりするのではなく、必要な問題に取り組むために使うべきなのです。感情は、自分が望むものを認識し、一直線に進むために利用しましょう。

感情をあるがままに受けいれることが、なぜ重要か

感情は、私たちの行動のすべてに、そして決断の一つひとつについてまわります。親が自分の感情をどう扱うかは、子どもが自分の感情の扱い方を学ぶ際に影響を与えます。感情と直感は密接につながっているので、感情を否定すると、子どもの直感を鈍らせてしまう危険があります。子どもの直感は身の安全を守るために必要です。

たとえば、『子どもが聴いてくれる話し方と子どもが話してくれる聴き方大全』（きこ書房）という優れた本のなかで、著者たちはある子どもの話をしています。その子は友達と一緒に地元のプールに遊びにいったのですが、すぐに1人で帰ってきました。「どうしてこんなに早く帰ってきたの？

それも1人で」と母親が尋ねると、娘はこう説明しました。「プールに年上の男の子がいて、その子がワンちゃんの真似をしてあたしたちの足をなめようとしたの。友達はおもしろがっていたけど、あたしは気持ち悪いと思った」。おそらくその友達は、性的な事柄に反応しないように、「馬鹿なこと言わないで、大騒ぎしないで」と親から言われて育ったのでしょう。自分の感情を真剣に受けとめるように促された経験がないのです。そのせいで、彼女たちの安全が損なわれてしまう可能性があります。子どもの不安をはねつけるのは簡単ですが、親が子どもの話を聞かずに「馬鹿なこと言わないで」と言いつづけると、子どもは自分がやっているのは馬鹿なことなのだと思ってしまいます。

やれやれ、子どもの安全を守って、食事を与え、身の回りを清潔に保つだけでも大変なのに、さらに、子どもに共感を示す必要があるですって？　と、あなたは思うかもしれません。私は「コツ」とか「ライフハック」といった言葉があまり好きではないのですが、もし子育てのコツを1つ挙げるとすれば、子どもが感じていることについて真っ向から戦いを挑まないことです。8歳の子どもが「学校に行きたくない」と言ったとします。あなたが急いでいるとき、自分自身の気がかりな予定があるときに、思わず出てしまうのは「行きなさい。この話はこれで終わり」という言葉でしょう。けれども、「あなたはいま、本当に学校がいやなのね」と言うほうが、子どもにとってはずっと耳に入りやすいのです。これで対話への道が開けます。

子どもの感情を否定するのが近道になることは、ほとんどありません。たとえば、急いでいるときの親はたいてい幼児に無理やりコートを着せようとしますが、子どものほうはそれをいやがります。その後、じゃあ自分で着なさいと言うのですが、そのときにはもう子どもは着ないことに決めています。だから最初に子どもを尊重して、感情を受けいれる時間を取ったほうがいいのです。力まかせに捕まえるのではなく、コートを着る時間だよと予告し、その後、どういう反応をするか観察し、耳を澄まし、よく考えます。

子どもがコートを着ることを拒むなら、「暑すぎていやなのね、だからコートを着たくないんでしょう。わかった、外に出て、寒くなったら着ることにしよう」と言いましょう。もし毎朝急いでいるのなら、子どものゆっくりしたペースを尊重し、子どもの感情を受けいれる時間をつくるために、もう少し早く起きるのも1つの手です。そうすればバトルになる可能性も減ります。

ケイトという母親が、息子のピエールが幼いころのことを話してくれました。ピエールには何かに動揺して泣くことが1日に何回もあったそうです。

私にとってはたいてい些細に思えることでした。雨が降っているからとか、ちょっとつまずいたからとか、動物園でペンギンと一緒に泳ぐことは禁止されているとママが言ったからとか。私は息子の気持ちを理解しようと努力しました。自分にとっては些細なことでも、幼児にとっては重大なことというのはよくあると知っていたからです。けれど、息子が4歳になってもまだそういうことが続いていたので、この子は自分で立ち直る力を身につけられないのではないかと思いはじめました。私が甘すぎたのかもしれないとも思いました。もしかしたら、あなたはなんでもないことで騒ぎすぎだと言うべきかもしれない、と。それを思いとどまったのは、自分が両親から、「馬鹿な真似をしないで、もっとお姉さんになりなさい」と叱られたとき、どんなにいやな気持ちになったかを覚えていたからです。

いま、息子は6歳で、何日も泣かずに過ごすことが増えてきました。以前なら涙が溢れていたような出来事にも自分で対処しています。息子はこんなふうに言うんです。「気にしないで、ママ、なんとかなるよ」とか、「お膝が痛いあいだだけ抱っこして。すぐ治るから」とか。変化は少しずつ、ゆっくり起こりました。息子の感情を受けいれてなだめることをやめなくて、本当によかったと思います。

おそらく、当時はひどく時間を食うことのように思えたはずですが、ケイトは結果的には一番の近道を選んだのです。子どもが負の感情を抱くことを親が叱ると、泣いて悲しむ理由を2つ与えてしまうことになります。1つは悲しいと思ったもともとの出来事。もう1つは、親が腹を立てていること。コントロールするのではなく、心を寄せて、泣いている子どもをなだめるほうがよいという考え方を貫きましょう。子どもが必要とするときに感情をしっかり受けとめれば、子どもは徐々に感情をなだめる方法を内面化し、最終的には自力でできるようになります。

もしあなたが負の感情を抱くことをとがめられて育ったなら、同じやり方で自分の子どもに接することもあるかもしれません。そういう間違いをおかしたくないなら、ケイトのように、悲しんでいるのを叱られたときの気持ちを思いだしましょう。何かを悲しいと感じるのは、人生にはよくあることです。しかし、悲しいと感じると叱られるというパターンが内面化されていると、何かひどいことが起こったとき、自分が泣くこと自体に罪悪感を持ってしまうでしょう。

子どもの感情を受けいれるより、子どもが感情を示したことを叱るほうが簡単に思えるかもしれません。とりわけあなたが両親から感情を否定されて育った場合には、子どもの感情につきあうのは未知の世界に飛びこむことのように感じられるでしょう。実際、そうなのです。あなたは上の世代から受け継いできた感情の鎖を断ち切り、子どもの心の健康の土台を築こうとしているところです。ちなみに、うっかりしてあまり反応しないことがあった、または過剰に反応してしまったというような間違いがあっても、おおむね態度を改めることができたなら、子どもの心の健康があとあとまで損なわれることはありません。

自分の感情に――たとえどんなに強い感情でも――居心地の悪さを覚えなくなることが、子どもの感情を受けいれ、なだめられるようになるための鍵です。自分自身の感情を取るに足りないものと片づけてしまうようでは、子どもの感情の受け皿になることはできません。親がヒステリックになって自分の感情さえ受けいれられないようなら、子どもの感情については言うまでもありません。

大人にも自分自身の感情を扱う練習が必要です。抑えつけることなく、ヒステリックになることもなく、感じたことをあるがままに受けいれ、自身をなだめる方法を見つける。あるいは、周りの人がそれを手伝ってくれるのを受けいれる。自分自身を定義するのではなく、自分の感情を定義するのも1つの方法です。子どものためにも同じことができます。「私は悲しい」とか「あなたは悲しいのね」と言う代わりに、「私は悲しく感じている」とか「あなたは悲しく思っているように見える」と表現してみましょう。こういう言葉を使えば、悲しみと同化するのではなく、悲しいという感情を客観視していることになります。些細なことが大きな違いを生むのです。

また、あなたや子どもの感情について口にする習慣をつけることも大事です。子どもは成長するにつれ、頭のなかで論理的な思考をするようになりますが、完全に理屈だけで生きるようになるわけではありません。人間とは常に感情につきまとわれる生き物です。ただし、写真や絵を使ったり、自分の感情を理解し説明する言葉を使ったりすることはできます。そうやって感情の言いなりになる状態を卒業すると、感情は子どもの役に立ちはじめます。子どもが感情を表現しようとしたら、親がそれを言葉にしたり、絵に描いてみせたりするのも、子どもが考えを整理し筋道をつける助けになります。

子どもがうれしそうなときに共感を示すのは簡単ですが、負の感情をあるがままに受けいれるのはやや難しいかもしれません。もしあなたが「昼食の前にアイスクリームを食べてはだめ」と言ったせいで子どもが泣いているのなら、必要なのはアイスクリームを与えることではありません。また、子どもが保育園に行かなくて済むように仕事を辞めるのも、子どもが悲しそうな顔をするたびに屈するのも間違いです。大切なのは、子どもの感情を真剣に受けとめ、何かを決めるときに考慮に入れることです。否定したり気を逸らしたりするのではなく、ありのままに受けいれ、理解してなだめ、逃げたり距離を置いたりしないことです。

たとえばきょうだいを嫌ったり、おばあちゃんの家に行くのをいやがったりといった、親が子どもに持ってほしくない感情をありのままに受けいれるのは、最初は抵抗があるかもしれません。けれども、自分がきちんと目を向けてもらえている、理解されているとわかれば、子どもにとっては訴えるべきことが1つ減るのです。

2019年出版の『ランとタンポポ』（"*The Orchid and the Dandelion*" 未邦訳）という本のなかで、著者のドクター・トム・ボイスは、サンフランシスコ地震が起こったときのことを記しています。1989年、学校が始まることによるストレスが子どもの免疫システムにどんな影響を及ぼすかというデータを集めている最中のことです。地震というふだんと異なるストレス要因が研究に予期せぬ影響をもたらすのではないかと思った彼は、最初はがっかりしたそうです。しかし彼らは、地震が子どもの免疫システムにどう影響するかを調べることにしました。対象となったすべての子どもにクレヨンと紙を送り、地震の絵を描くように依頼したのです。一部の子は明るい、楽しそうな災害の絵を描きましたが、ほかの子は絵のなかに苦しみをこめ、地震の悲惨な様子を描きました。

震災後、どちらのグループの子どもがより健康だったと思いますか？　地震について楽しそうな絵を描いた子どもたちには、不安や火事、死、災難を表現した子どもたちよりも、呼吸器系の病気が長く続く傾向がありました。物語や芸術の創造を通して内面を表現するのは、大昔からの人間の特徴であり、私たちに恐怖をもたらす物事を支配する方法の1つなのだと、ドクター・ボイスは述べています。表現することによって恐怖が減るのです。私たちがつらいのを我慢しながら悲しみを表現するのは、表現するたびに悲しみが小さくなるからです。

ドクター・ボイスによると、一部の非常に敏感な子どもたちは環境から多大な影響を受けます。こうした子どもたちを、ドクター・ボイスは「ラン」タイプと呼びます。一方、生まれつきたくましい子どももいて、こちらのタイプは「タンポポ」タイプと呼んでいます。生まれたばかりのあなたの子どもが「タンポポ」なのか「ラン」なのか知る方法はありませんが、たとえ「タンポポ」であっても、感情に耳を傾けるに越したことはありません。「ラン」の子どもの場合、親が感情に敏感になることは不可欠ですが、「タンポポ」だろうと「ラン」だろうと、自分の感情に目を向けてもらえること、あるがままに受けいれてもらえること、理解してもらえることは、すべての人にとって有益です。

次に挙げる事例は、ルーカスという「ラン」の子どもに関するものです。ルーカスの両親は、最近の多くの家庭がそうであるように、2人とも働く必要がありました。昨今では、一方の親が常に家にいて家族のニーズに応えられるような余裕のある家庭はそう多くありませんし、家にいることが気質に合わない親もいるでしょう。子どもは惨めな殉教者のような親よりも、幸せな親といることを好みます。私もどちらかの親が必ず家にいるべきだなどと言うつもりはありません。ただ、あなたの子どもが自分の世界や家庭内の決まり事について独自の感情を抱くことを許容し、否定しないでほしいのです。これは、前向きなものだけでなく、すべての感情を許容されたほうが子どもが幸せになれるからなのですが、ドクター・ボイスによる地震のときの研究結果が示すように、感情を表し、それを聞いて理解してもらえたほうが、子どもがより強固な免疫システムを獲得できるからでもあります。私たちは愛するがゆえに子どもに幸せになってもらいたいと願っていますが、その愛が子どもの感情を否定するという罠に陥ることもあります。それが賢明な行動ではないことを、ドクター・ボイスの研究と、次に紹介する事例によって明示しておきたいと思います。

子どもの感情を無視すると、どうなるか

アニスとジョンは心やさしい両親で、10歳になる息子のルーカスにたっぷり愛情を注いでいました。2人は小さな事業を営んでいて、事業拡大のために必死で働かなければなりませんでした。新居を購入したときには、これも将来の安定に向けた投資の1つだと思って喜びましたが、それでもまだ経済的な不安を感じていました。

ルーカスは小さなころからベビーシッターに預けられましたが、なかなか落ち着きませんでした。両親はシッターを次から次へと雇いました。自分たちが稼ぐためには保育の手を借りるしかないと思っていたのです。シッターはルーカスの学校がある日には送り迎えをし、学校が休みの日には家

で一緒に過ごしました。シッターがいない時期には、友人たちやルーカスの祖母が手を貸しました。週末には家族が一緒に過ごす時間を確保し、ルーカスは充分幸せそうに見えました。両親はいつも息子のことを気にかけ、顔を合わせるのを楽しみにしていましたが、平日の夜に帰宅するのはたいていルーカスが寝たあとでした。ルーカスがもっと両親と過ごしたいと言えば、週末にはどこかに連れていってあげるからと約束しました。ルーカスはとくに問題ないように見えました。

そう、ルーカスは問題ないように見えたのです、10歳のとき、6階の窓から飛び降りようとするまでは。未遂だったのはジョンが偶然忘れ物を取りに戻り、なんとか息子を取り押さえたからです。シッターはキッチンで洗い物をしていました。とてもショッキングな話です。ただし、充分幸せなはずの環境にいるルーカスのような子どもが自殺をはかるのは稀《まれ》である、という点は強調しておきたいと思います。

ルーカスの両親は、息子と一緒にいるためにしばらく仕事を休みました。非常事態だとわかったからです。それまでは、ルーカスがそんなに苦しんでいるとはまったく思っていませんでした。ジョンは私にこう話しました。「思うに、私たちは自分が見たいものしか見ていなかったのでしょう」。また、ジョンはかかりつけ医の提案どおりに抗鬱剤を使うことには懐疑的でした。直感的に、薬でルーカスの感情を麻痺させることが正しいとは思えなかったのです。

ジョンは息子を個人経営のセラピストのところへ連れていきました。ルーカスが1人でセラピストに会うこともあれば、両親のうちのどちらかと一緒に会うこともありました。ルーカスは、学校の長期休みのあいだにどんな日々を過ごしていたか、セラピストに話しました。両親の友人たちの家を渡り歩いた末におばあちゃんの家に行って、その後シッターのいる自宅に戻るような生活でした。そんななかで、ルーカスは自分が厄介者のように感じたと言います。両親が電話で自分の面倒を見てくれる人の手配をする様子がとても大変そうに思えたからです。自分が両親に愛されていることは、そう聞かされていたので、ある程度は知っていました。けれども愛されていると感じることはできなかったのです。ルーカスは「プレゼント交換のときに回されるプレゼントになったような気がすることもあった」と言っていました。

また、ルーカスはセラピストにこうも話しました。「シッターと仲良くなっても、どうせすぐに辞めて別の人が来るんだ。そうすると、ぼくはなんだか悪いような気分になる。すごく好きだった人でも、辞めてしばらくすると忘れちゃうから。あっちもぼくのことなんか忘れちゃうんだろうし」

いつから悲しいと思うようになったか、ルーカスは覚えていませんでした。自分が悲しいと感じていることに気づいてすらいなかったのです。ルーカスが自分の気持ちを話そうとすると、それは両親にとっては聞きたくないことだったので、2人は息子の気を逸らそうとしたり、励まそうとしたり、否定しようとしたりしました。

親である私たちは、子どもの幸せを何より望んでいます。だから、子どもが幸せでないと、幸せであるかのように子どもや自分を無理にでも納得させたくなります。少しのあいだはそれで気分が良くなるかもしれませんが、子どもは話を聞いてもらえない、目を向けてもらえないと感じ、孤独感にさいなまれます。以下はルーカスの父親のジョンの言葉です。

以前なら、息子が幸せでないようなことを言ったり、そういうそぶりを見せたりしたら、こんなふうに言ったでしょう。「悲しまないで。土曜日になったら動物園に行けるから」とか、「新しいゲーム機を買ってあげるよ」とか。ところがセラピストと一緒に問題に取り組んでいるうちに、息子がそれを叱られているように感じているのだとわかりました。私は「そんなつもりじゃない！」と言いたかったのですが、セラピストから穏やかに制止され、「ルーカスの言っていることをそのまま受けとめてください」と告げられました。

学校から帰ったときに、私がいなくて悲しいと思っていることを私が肯定してしまったら、息子はもっと悲しくなるんじゃないかと思ったのです。それはつらい。しかし私たちはすでに重大な警鐘を鳴らされていて、軌道修正を必要としていたので、セラピストの言うとおりにしました。

息子が悲しいと言ったら、どんなふうに悲しいのか、どこで悲しくなったのか、悲しくなった理由がわかるかどうか尋ねるようにしました。私たちが息子の感情を受けとめると、息子は話を聞いてもらえたと感じたようで、驚いたことに、それで気分が少し上向いたのです。

また、息子に愛していると言うだけでは足りないことも知りました。息子が一番大事であることを態度で示す必要があるのです。実際、息子が一番大事だし、私たちが懸命に働いているのは息子のためでもあります。ただし、適度に一緒に過ごして愛していると伝える必要がありました。職場からのスカイプで「おやすみ」と言ったり、週末にお出かけをするだけでなく。

私は融資を受けて、1カ月のあいだ息子と家で過ごせるようにしました。2人でくつろいで、アニメを見たり、セラピストのところへ行ったりしました。息子はあまりしゃべりませんでしたが、口を開くことがあれば私は耳を傾けました。セラピストから口を挟まないで聞くようにと教わったので、ひと月のあいだにそれを習慣にすることにしました。

いまは息子もまた学校に通っています。私たち夫婦は、少なくともどちらか1人が必ず午後6時までに帰宅します。毎日、夜の2時間は息子と過ごすことを最優先事項にしているのです。一緒に夕食をつくったり、遊んだり、テレビを見たりします。これはぜひ言っておきたいのですが、その2時間はスマートフォンを見ないようにしているんですよ。

母親のアニスはさらにつらい思いをしていました。ルーカスがそんなにひどい状態だと気づかなかったことで自分を責め、息子を失うこともありえた、少なくとも重傷を負うかもしれなかったと思って怯《おび》えました。

しかし、罪悪感を抱いてもいいことは何もありません。必要なのは、間違いを認めたうえで行動を正すことです。これは本書でもくり返し強調していくつもりですが、完璧な人間などいないし、私たちはみな間違いをおかします。間違い自体はたいして問題ではないのです。大事なのは、その間違いをどうやって正すかです。断絶が子どもとの関係や子どもの心の健康に問題を引き起こすのは、それが修復されない場合だけです。セラピストとルーカスのセッションでわかったところによれば、問題は両親が共働きをしていることではなく、ルーカスがひどい孤独を感じていることでした。これも強調しておきたいところです。地震を乗り越えた子どもたちと同じです。一部の子どもが病気になったのは、地震自体のせいではありませんでした。その災害をどう感じたか、自分の気持ちをあるがままに表現できた子どもたちの免疫システムは、子どもたちを守ったのです。

アニスの罪悪感は、従来のジェンダーロールに由来するものでもあります。息子については母親である自分に責任があると思ってしまったのでしょう。当然ながら、子どもについては両親に等しく責任があるのですが、何世代も続いてきた慣習を捨てるのは難しいものです。だからといって、捨てなくていいわけではありません。家族のメンバーが別々の思い込みをしたままにならないように、こうした問題には話し合いが必要です。

この先、アニスの罪悪感はきっと払拭されるでしょう。アニスもジョンも、自分たちが息子の孤独の一因となっていたことに気づき、それを正したのですから。2人とも感情や経験をありのままに受けいれる方法を学び、いまでは息子に対しても、自分自身に対しても、お互いに対しても、それが上手にできています。

幸いなことに、子どもの大半は自殺を企てたりはしません。しかし警鐘が鳴るまで待たないでください。その警鐘がどんなものであれ——学校でのトラブルでも、怒りの感情でも、自傷でも、鬱でも、不安でも——それを待たずに、「いつもあなたのことを考えているよ」「あなたの感情を真剣にうけとめているよ」と、子どもに毎日はっきり伝えてください。子どもが自分の感情を絵に描いたり口に出したりするよう励まし、その感情を受けいれましょう。あなたの感情は大事なのだと子どもに示すことはとても重要です。

また、言葉だけではある程度までしか進めません。もっと先まで進むには行動が必要です。自分の愛を誰かに代理で示してもらうことはできません。ある程度の保育の代替ならかまいませんが、愛はだめです。愛は先延ばしにすることもできません。週末まで待てないのです。子どもには、少なくとも一方の親から、毎日愛が与えられる必要があります。小児精神科医、精神分析医のドナルド・ウィニコットは、子どもたちがかくれんぼをして遊ぶ様子を見て気づきました。「隠れていられるのは楽しいけれど、見つけてもらえないのは災難なのです」

同じことが人生にも言えます。大人も子どもも、いくらか秘密を持ちたいとは思うかもしれませんが、もし誰もありのままの私たちを見てくれなかったら――誰にも私たちがどこにいるかわからなかったら――それは災難なのです。

感情の断絶と修復

感情のことを考えるときは、常に断絶と修復について思いだしてください。私自身は娘に厳しい言葉を投げかけたことなどないし、子どもの感情よりも自分の感情を優先したこともないときっぱり言いきれればいいのですが、もちろんそんなはずはありません。私の両親も同じです。しかし私と娘のあいだには違いがあります。私の両親は、不当だったり間違ったりしたときも、決してそれを認めませんでした。私が成人したあとでさえ、アンフェアだったり、何かについて間違えていたことがわかったりしても決して謝りませんでした。私はそれがいやだったので、自分はやらないようにしようと決めました。

その決心はよかったのですが、ときには後悔するようなこともしました。そういう行動を取ったときに、もし自分でハッとしたり、あとになって気がついたりしたら、必ず娘に謝るか、考えや行動を変えるようにしました。娘の父親も私も、自分の行動が役に立っていないときにはそれを改め、どこでしくじったのか、娘に打ち明けました。これが娘にどんな影響を与えるか、最初はわかりませんでした。世代から世代へ伝わる感情の鎖のつなぎ目を一新しようとする実験だったのです。しかしその影響はすぐに現れました。

娘のフローが4歳くらいのある日の午後、キッチンでケーキを食べながらこう言いました。「ママ、車のなかでは不機嫌でごめんね。おなかが空いてたの。もう大丈夫だから」。娘はごめんねと言ったのです。自分の行動をふり返り、断絶に気がついて修復しようとしたのです。私は悪いことをしたら、正当化したり、誰かを責めたりせず、自分で責任を取るようにしてきましたが、娘がこんなに早く同じことをするようになるとは思ってもみませんでした。

しかしもちろん、そうなるはずでした。子どもは自分がされたことを人にもするようになるからです。感情に敏感になり、断絶が起きれば修復する。これは膠着《こうちゃく》状態に陥ったり、戦場になったり、勝つか負けるかの闘いになったりするよりもずっといいことです。

もう1つ驚いたのは、娘が最初に「あたし、だんだん腹が立ってきた」と言ったときです。怒りをそのまま態度に表す代わりに、言葉で表現したのです。私は「そうね、本当に腹が立つわね」と応じました。そうやって、娘は癇癪を起こさずに自分がどう感じているかを話すようになりました。

コントロールせず、共感する

デイヴは4歳になるノヴァの父親で、娘が自分のいつものやり方にこだわりすぎるのを不満に思っていました。ノヴァが自分のやり方を通せないときに癇癪の大爆発を起こすのが本当にいやだったのです。たとえば、車のお気に入りの席に座れないときにそうなります。デイヴは娘にもっと柔軟になってもらいたくて言い合いをしたり、うまく言いくるめようとしたりするのですが、たいていお互いにひどく腹を立てるだけで終わります。

娘に適応能力を身につけさせるにはどうしたらいいかと、デイヴは相談してきました。私は感情をありのままに受けいれることの重要性を説明しました。デイヴは試しにやってみることにしました。

ノヴァのいとこを何人か車で家に送る必要があったのですが、そのうちの1人が、知らずに娘のいつもの席に座りました。娘は泣きはじめました。いつもなら、「そんなことで大騒ぎしないで、別の席に座りなさい」と言うか、いとこに別の席に移ってくれるように頼んでいたでしょう。しかしそのときは、しゃがんで娘と目の高さを合わせ、やさしくこう言いました。「マックスがきみの席に座っちゃって困ったね。本当はあの席に座りたいのにね」。すると泣き声が少し小さくなって、娘はぼくを見ました。ぼくは本当に娘に同情していて、顔つきから娘にもそれがわかったようでした。また今度、あの席に座ったらいいよと話し、こう尋ねました。「いまはどこに座りたい？　窓際の席？　それとも前のチャイルドシート？」。驚いたことに、娘はチャイルドシートにさっさと腰かけて自分でベルトを締め、楽しそうにおしゃべりを始めたのです。

叱りつけたり、言いくるめようとしたりしても、ノヴァは意固地になるだけでした。けれども父親が本当に自分をかわいそうに思ってくれているのがわかると、自分の言い分にそれ以上こだわる必要がなくなったのです。デイヴは娘の感情をありのままに受けとめました。凍結した道路を車で走っていてスリップしたときのようなものです。もしハンドルを反対に切れば車は同じ方向にスリップしつづけますが、進んでいるほうにタイヤを添わせるようにハンドルを動かせば、車の制御を取り戻し、スリップ状態から脱することができます。

子どもの感情を受けいれるのが難しいのは、自分と感じ方が異なるときです。たとえば、あなたの7歳の子どもが深いため息をつきながらこう言ったとします。「ねえ、なんでどこにも行かないの？」。あなたは「何言ってるの、先週レゴランドに行ったばっかりじゃない！」とか「いつも出かけてるでしょ」などと返したくなるかもしれません。時間とお金をかけて子どもをテーマパークに連れていったのに感謝の1つもされず、怒りを覚えるかもしれません。

子どもの感情を否定すると、あなたが心から幸せを願う当の相手を遠ざけてしまうことになりかねません。反応を変えるのは直感に反する行動かもしれませんが、自分の感じたことが自然に受けいれられるのは誰にとっても気分がいいもので、子どもも例外ではありません。子どもは感じたことを話しているだけなのです。はねつけるのではなく、子どもとつながりを築く機会、思っていることを話しあうチャンスとして利用しましょう。

不満を否定しても、その不満は消えるわけではなく、より深い層に潜ってしまうだけです。先ほどの例に戻ってみましょう。

子　ねえ、なんでどこにも行かないの？
親　退屈しているみたいね。
子　うん、だって1日中家にいるんだもん。
親　本当にそうだね。じゃあ、どうしたいの？
子　またレゴランドに行きたい。

親　あれは楽しかったねえ。
子　うん。

子どもはこの会話に満足して、言い争いにエスカレートすることはきっとないでしょう。子どもだって毎日レゴランドに行けるわけがないことくらいちゃんとわかっていますが、一緒にいたい、同じように感じてもらいたいと思っていることを、親に知ってほしいのです。人生がいつも思いどおりになるわけではないという苦い教訓を学ぶにあたり、なだめてほしいのです。

これは誰にでも当てはまります。不快なことがあったとき、私たちは機嫌を取ってほしいわけではありません。対処するのではなく、共感してほしいのです。一人ぼっちでいやな気分に浸らなくて済むように、自分がどう感じているか、誰かに理解してもらいたいのです。

私の娘はもう成人ですが、先日、「運転免許の試験に落ちちゃって、ものすごく恥ずかしい」と言ってきました。子どもが嘆く姿を見たい人などいないので、機嫌を直してもらうために親が焦って間違いをおかすのはよくあることです。「恥ずかしく思う必要なんてないのよ」と言って、私は気を取り直してもらおうとしました。しかし娘はこう言いました。「ちがう。ハグしてくれるだけでいいの」

失敗することは誰にでもあります。私もいまだにそうです。しかし親が感情をはねつけるのではなく、共感を示せば、子どもは自分が必要としているものを知り、それを求めることができるようになります。

子どもが自分で自分の感情をあるがままに、真剣に受けとめられるようになるまで、手をこまねいている必要はありません。親が状況を読みとって、子どもの気持ちを代わりに言葉にしてみればいいのです。しゃべれる年齢の子どもでも、大人ほど明確に感情を表現することはできないかもしれません。だからこそ、先ほどの例のように、子どもは「なんでどこにも行かないの？」と言うのです。「家に閉じこもってじっとしていられない、どうしたらいいかわからない」という現実をうまく言葉にできないからです。親が子どもを観察して感情を言葉にすれば――子どもに共感し、つながりを実感できる瞬間を持てれば――子どもも自分の気持ちを話しやすくなります。

子どもが話せる相手になる

ごく幼い子どもはベッドの下にいる幽霊や怪物の話をすることがあります。そういうときは、話そのものにとらわれず、子どもの気持ちに注意を向けましょう。怪物がいるという子どもの考えを即座に切って捨てるのではなく、どんな感情が怪物の形をとって表れているのか、親が言葉にしてみましょう。「あなたは怖がっているみたいね、もう少しその話をしてごらん」とか、「その怪物のお話をつくってみようか。怪物の名前は何？」とか。こうすれば、あなたは問題の怪物を打ち負かすことができるかもしれません。自分の自然な流儀に合ったやり方をしましょう。

大事なのは、くだらないとはねつけることなく、子どもが落ち着くまで一緒にいることです。ことによると、その怪物は寝かしつけのときのあなたの苛立ちを表しているのかもしれませんし、あるいは子どもがうまく説明できない何か別の複雑な問題を表しているのかもしれません。感情の出どころがたどれないからといって、その感情が現実のものでないとは言えません。やはり受けとめる必要があるのです。

「馬鹿なこと言わないで。怪物なんてつくりものだって知っているでしょう」などと言っても、子どもは自分がおかしいのだろうかと思うだけで、気持ちが落ち着くことはありません。

大事なのは、コミュニケーションの回線を開いておくことです。あなたがくだらないと言ってはねつけると、子どもは「くだらない」ことを言わないように口を閉ざすだけでなく、大事なことまで言わなくなります。

「くだらないこと」と「くだらなくないこと」の違いは親にとっては明らかなので、子どもにとってもそうだろうと私たちは思い込んでしまいます。しかし何をどう感じるかは、本人にもどうしようもないことなのです。

あなたは子どもが話せる一番の相手になるべきなのです。もしあなたが、「おばあちゃんがおいしいスープをつくってくれたのに文句を言うなんて馬鹿ね」と言えば、子どもは変なピアノの先生が脚に手を置いてきたときもあなたに話せなくなるかもしれません。親にとってはこの2つの違いははっきりしていますが、子どもにとってはどちらも「なんか気持ち悪い」の一言でくくれる物事なのです。その「気持ち悪い」物事をあなたが無意味なものとしてはねつけるなら、子どもは恥ずかしい思いをしてまで何かを打ち明けるのはもうやめようと思ってしまいます。

おばあちゃんのスープと子どもの脚に触るピアノ教師の違いは歴然としていると思うかもしれません。しかし子どもはまだあなたほど長くこの世界にいないのです。あなたと同じだけの人生経験がなく、性的な物事についてまだ理解していません。嫌いなものを食べるときには警戒しても、不適切な触れられ方をしたら警戒すべきであることはまだ知らないのです。子どもにとってはどちらも感覚への攻撃です。「馬鹿馬鹿しい」と言えば、子どもからあなたへのコミュニケーションを封じこめることになります。それはとても危険なことです。

どんな感情も受けいれる

子どものために何を望むかと訊かれたら、あなたはおそらく「幸せになってほしい」と答えるでしょう。幸せになるための能力を子どもに望むのは、悪いことではありません。しかし私たちはこの「幸せ」という言葉にさまざまなものを盛りこみすぎていないでしょうか。完璧な時間を過ごす完璧な家族写真のようなものを考えていませんか？

幸せは、ほかのすべての感情と同じく、訪れては去っていきます。もし常に幸せだったら、比較できる精神状態を経験したことがないせいで、自分が幸せかどうかわからないはずです。子どもが幸せでいるためには、親が子どものすべての気分を受けとめ、子どもが経験している世界のすべての側面を受けいれる必要があります。楽しいことばかりではありません。

叱りつけたり、気を逸らしたりして、無理やり幸せにすることはできません。子どもがどんな経験をしようと、それをどう感じようと、あなたが子どもを愛して受けいれれば、子どもは幸せになる能力を身につけます。これは子どもだけでなく、あなた自身についても同じです。親も自分で自分を、自分のすべての気分を、受けいれる必要があるのです。

私は12歳のとき、親の友人に、幸せな子ども時代を過ごしているかと尋ねられたことがあります。私は「ううん、そうでもない。とくに幸せとは思ってない」と答えました。父がこれを小耳にはさみ、怒って私をとがめました。「馬鹿なことを言うな。おまえはすばらしく幸せな子ども時代を過ごしているだろうに」。怖くはあっても愛する父親にこう言われたので、私は自分が間違っているのだろうかと思い、混乱して、自分の気持ちに確信が持てなくなりました。

親は、自分を幸せにする物事は当然子どもも幸せにすると考えますが、必ずしもそうではありません。また、子どもが不幸せに見えれば、何かを失敗したように感じるかもしれません。そんな居心地の悪い思いをするよりは、私の父のように子どもを叱って、幸せであると感じるように無理強いしたくなるかもしれません。

当時の私にいまの知識があったなら、父に否定されたとき、自分がどう感じているか筋の通った説明ができたはずですが、そのときは頭がぼんやりして淀んだ空気に包まれただけでした。何かを感じているのに、お前はそういう感情は持っていないはずだと決めつけられたせいで、混乱したのです。その淀んだ空気のなかには恥ずかしさもありました。なんとなく、自分が間違えてしまったような気がしたからです。

父は私とつながりを築くチャンスを逃しました。口を挟んだあの瞬間ではなく、客人が帰ったあとに。私がどう感じているか、父は私に尋ねることもできたはずです。そしてその答えがどんなものであろうと、自分への攻撃と受け取るべきではありませんでした。私が感情を正確に言葉で表すのを手伝い、私の見方で世界を眺めてみればよかったのです。父が世界の見方を変えるべきだったと言っているわけではありません。ただ、私のものの見方、私が自分自身を見るときのやり方を認めて受けいれる努力はできたはずです。

子どもの悲しみ、怒り、不安を、矯正すべきネガティブな感情として扱うのではなく、子どもについてよく知るチャンス、つながりを築くチャンスと捉えるなら、親子の結びつきを深めることができるでしょう。そうなれば、子どもが幸せになる能力をより大きく伸ばせます。

職場から帰宅したあなたが、パートナーに「今日はひどい1日だった」と言ったとします。そのときの反応が「言うほど悪くないいんじゃない?」だったら、自分がきちんと受けいれてもらえているとは感じないはずです。追い払われたようにさえ思うかもしれません。こういう反応が日常茶飯事であれば、何も言いたくなくなるでしょう。

そうではなく、パートナーが「もっとその話をして」と言ってくれたら、上司がひどい態度だったことや、上司の不注意のせいですべての仕事をやり直さなければならなかったことを話せたはずで、さらに相手が「ひどい1日だったと思うのも無理はないね」と言ってくれていたら、あなたは少し気分が良くなったかもしれません。

反対に、もしパートナーが「つまりあなたがやるべきことは……」などとアドバイスを始めたら、たぶんあなたはもっと気分を害したでしょう。パートナーの反応が「見て、窓の外にかわいいリスがいる」だったら話すのをやめてしまうかもしれません。これ以上言ってなんになる？　と思うからです。相手の注意を逸らそうとするこうした発言は、一時的に不満を忘れる助けにはなるかもしれませんが、きちんと受けとめなかった感情はあとになって戻ってきます。

覚えておいてください。乳児でも、子どもでも、成人した子どもでも、あるいはパートナーでも、苦しい気持ちを打ち明けてきたら受けとめることです。かえって苦痛を悪化させてしまうのではないかと思うかもしれませんが、実際には相手が自分の感情と向きあうことを助け、相手の気持ちを楽にできるのです。

学校でひどい1日を過ごした子どもに同情するのは容易かもしれません。しかし、子どもが言っていることがどうしても承服しがたいことだったらどうでしょうか？　たとえば、「赤ちゃんが嫌い。病院に返してきて」とか。じつはこういうときこそ耳を傾けて理解に努め、子どもの感情をありのままに受けいれることがいっそう重要なのです。たとえばこうです。「そういえば最近、あなたと2

人だけで過ごす時間があまりないものね。赤ちゃんにいなくなってほしいと思うのも無理もないよね」「みんな赤ちゃんにばかり話しかけて、あなたにあまり関心がないように見えるのは面白くないよね」

「お兄ちゃんになって、どんな気持ち？」と尋ねてもいいでしょう。そしてどんな答えでも受けいれましょう。きょうだいを好きになってあげてね、などと言ってはいけません。子どもが自分の気持ちを自覚しているとき、必要なのはその感情の安全な受け皿です。

「幸せ」についての思い込み

精神分析医のアダム・フィリップスは、幸せを求める気持ちが私たちの人生を蝕《むしば》んでいると言います。どんな人生にも苦痛と喜びの両方がつきもので、苦痛を払いのけてすべてを喜びで押し流そうとすれば、あるいは、感覚を麻痺させたり気を逸らしたりすれば、私たちは苦痛を受けいれて緩和することができなくなります。

人はしばしば人生にゴールを設定し、このゴールに到達することで「幸せ」になれると思い込みます。そのとおりになることもありますが、何が人生に満足をもたらすかに関する私たちの思い込みはたいてい間違っています。

魅力的な人たちが立派な家やピカピカの車や美しいものに囲まれて微笑《ほほえ》むようなコマーシャル映

像のせいで、無意識のうちに間違ったイメージを抱いているのかもしれません。こうした映像によって無意識に条件付けがなされ、自分が求めているのはこれだと思い込まされるのです。ごくふつうの人たちが自分の怖れに向きあい、避けられない苦痛を受けいれ、自由と喜びを見いだす様子を表現した広告などありません。

私たちが知っておくべきなのは、負の感情を遮断しようとすれば正の感情まで締めだしてしまうという事実です。セラピストのジェリー・ハイドはこう言っています。「私たちの感情にはサウンドミキサーなどありません。メインのボリューム調節装置が1つあるだけです。悲しみや苦痛をフェイドアウトして、幸せや喜びのボリュームだけを上げることはできません。1つを下げれば全部下がります」

物質主義の文化にさらされる前の乳児や子どもは、どこに満足を求めるべきかについて、大人よりよく理解しています。それは人とのつながりです。親や保育者から理解されていると感じること、自分のいる環境から意味や道理を見つけること、そうやって世界とつながっていると感じることで、子どもは満足を覚えるのです。子どもが理解されていると感じられるように、怒り、不安、悲しみ、喜びなど、すべての感情を受けいれる必要があります。自身の感情にすら自由にアクセスできないようではだめなのです。

子どもの幸せを願うとき、たとえあなたが大量消費社会の影響を受けているとしても、子どもに願うのは物質的な満足ではないはずです。誰より賢くなることでも、世界一裕福になることでも、背が高くなることでも、一番輝いていることでもないはずです。念頭にあるのはおそらく、子どもの周りの人間関係の質でしょう。

親やきょうだいとの関係は習慣のように身について、その後の人間関係の設計図になります。自分が正しくなければ気が済まない、自分がベストでなければ気が済まない、物質的な満足なしではいられない、本当の気持ちを素直に表明することができない、考えや感情をあるがままに受けいれてもらえないといったパターンにはまり込むと、そこから生じる力関係が、人と親密さを築く能力や幸せになるための能力の成長を妨げてしまいます。

美容院を経営するシングルマザーのヒラリーの例を見てみましょう。

娘のタシが3歳のとき、弟のネイサンが生まれて、私は人から聞いていたとおりにやってみました。赤ちゃんからだよ、と言って、娘にプレゼントを買ったのです。けれども娘は騙《だま》されず、「小さい赤ちゃんがお金を持ってるわけないでしょ。お店にも行けないし」と言いました。最初は娘も、お姉ちゃんになったんだね、と言われるのをとても喜んで、お客さんたちに誇らしげにその話をしていました。でもしばらく経《た》つと、家に新生児がいることの新鮮味が薄れてきて、娘は以前より頻繁に癇癪を起こすようになり、お手伝いもしなくなって、再びおねしょをするようになりました。私はその間ずっと、間違った善意から、お姉ちゃんになるのはすごくうれしいことでしょう、と言い聞かせていました。だけど娘の行動はどんどん悪化しました。

ある晩、ものすごく消耗する……いえ、正直に言って最悪の寝かしつけのあと、私は自分の妹が生まれたときにどんなにいやだったかを思いだしたのです。妹が大嫌いだなんて、私はなんて悪い子なんだろうと思ったものでした。その後、もう少し大きくなると、自分がすごく悪い子なのははっきりわかっていました。妹とけんかすると、みんながそう言うからです。でも、どうしようもありませんでした。いっそのこと私か妹か、どちらかを選んでほしいと思いました。正直に言うと、いまでも理由もなく妹にイライラすることがあります。

弟を好きになるように娘のタシに無理強いするのは、私の子どものときと同じようにうまくいかないのだと気がつくと、娘のことがかわいそうになってきました。そこで娘の感情を理解して正確に言葉にしてみせることを、私たちのあいだにつながりが感じられるようになるまで続けようと決めたのです。すごく気持ちが離れてしまったように思っていたので。

翌朝、私は「ネイサンがここにいるのが本当にいやなのね」と言いました。タシは何も言いませんでした。私は続けました。「あなたの叔母さんが生まれたときのことを思いだしたの。私も本当にいやだった。私があなたにしたように、〝お姉ちゃんになるってうれしいでしょう〟ってみんなが言ってきた。私にとってはぜんぜんうれしくなかった。ごめんね、タシ、あなたもそういうつらい思いをしているんでしょう」

その日、タシが私をイライラさせても、私は叱らずに努力を続けました。「赤ちゃんにごはんをあげなきゃならなくて、あなたと遊べないのがいやなのね。ごめんね」。娘が私を独占できなかったり、弟のせいで何かを待たされたりするたびに、私は娘の気持ちを想像して、それを言葉にしました。

娘はすぐに元気にはなりませんでしたが、お茶の時間になるころには行動が改善されました。仲直りできたように感じました。私が娘の感情に抗わず、寄り添ったからです。娘とのつながりを取り戻せてすばらしい気分でした。タシはお手伝いまでするようになりました。おむつを取ってきてくれたり、お尻拭きを手渡してくれたり、弟のネイサンがお昼寝から目を覚ましたときに教えてくれたり。その夜は、ネイサンが生まれてから初めて、タシがおねしょをしませんでした。

子どもが何かを感じたら、それがどんなに不都合な感情でも、親がどんなに否定したいと思っても、子どもの感情を言葉にして正しく理解できているかを確認し、ありのままに受けいれる必要があることを理解しました。先日、公園から帰ろうとしたときに、3歳になったネイサンが最後にもう1回噴水の下をくぐりたいと言いました。たったいま着替えたばかりだったのに。また濡れたら、全身ずぶ濡れのまま車に乗らなければなりません。私の母が「濡れたまま車に乗るのはいやでしょ」と説得しようとしましたが、ネイサンは言うことを聞きませんでした。私は母を制止しネイサンに向かって言いました。「ほんとにもう1回濡れて遊びたかったんだね。がっかりさせてごめんね」。これでネイサンの気が済んだので、母は驚いていました。

それから、うれしい報告がもう1つあります。ネイサンとタシは、ときどきけんかをすることもありますが、たいていはとくに問題なく一緒に遊んだり、別々に遊んだりしています。

やってみよう

誰かの気持ちになってみる

他者の気持ちになってみる練習をしておくと、現実の場面でも少し対応しやすくなります。あなたと異なる考えを持った人やグループ（たとえば違う候補者に投票した人々）について考えてみましょう。馬鹿にして切り捨てるのではなく、彼らの環境、望み、不安について考えましょう。彼らの立場に自分を置き、なぜあなたと異なる決定に至ったのか、理解に努めましょう。彼らの感情に寄り添いましょう。

共感《エンパシー》を持つのは、案外難しいことです。自分のものの見方を捨てるのではなく、ほかの人々がなぜいまのように感じるのかを心から理解しようと努め、その人たちと同じように感じてみることです。

無理に気を逸らされると

気を逸らすというのは、子どもが体験していることからほかへ目を向けさせるために親が好んで使う戦略です。しかしあまり良い方法とは言えません。気を逸らすのはごまかしであり、長い目で見れば、そうやって操られるのは子どもが幸せになる能力を培う助けにならないからです。乳児の目を覗《のぞ》きこめば、嘘偽りのない目でまっすぐ見返してくるはずです。子どもというのは何歳であろうと、誠実さを向けられるに値する存在です。子どもの気を逸らすというのは誠実さのない、小手先のテクニックです。子どもの知性への侮辱でもあります。

気を逸らすことでどういうメッセージが伝わるでしょうか？　あなたが転んで、膝をひどく擦りむいたところを想像してください。そのときパートナーが、心配するのでも、痛みや出血や人前で転んだ恥ずかしさに関心を向けるのでもなく、お気に入りのテレビゲームをやらせてあげるからと約束したら、どう思いますか？

ただし、気を逸らすというこの手法は、相手を操るためのテクニックとして使うのはだめでも、まったく使う余地がないわけではありません。たとえば子どもが医師にかかるとき、注射に気持ちを集中するよりも、額を撫《な》でるあなたの指の感触に気持ちを向けさせるのは良いことです。この例では、子どもはすでに何が起こるか知っていて、気を逸らすことが慰めになっています。

子どもがあなたに接するときの態度には、あなたが子どもをどう扱ってきたかがそのまま表れます。学校の成績について話しあおうとしているときに、子どもが窓の外を指差して「見て！　リスだよ！」などと言ってきたら、きっと腹が立つでしょう。

また、保育園の先生やベビーシッターにも、子どもの気を逸らすのはやめて、共感を示してほしいと伝えておきましょう。衝突を避けるためにほかの子が使っているおもちゃから気を逸らすのは、相手を理解する助けにも、交渉によって争いを切り抜けるやり方を身につける助けにもなりません。厄介な感情を避けていては、それに対処する方法は身につかないのです。

もし子どもが、たとえば車のキーなど、あなたが与えたくないものをほしがった場合には、一時的に気を逸らすのではなく、それを手に入れることはできないのだと教える必要があります。「ほーら、このお人形を見て」と言うよりも、キーで遊んではだめだと言い聞かせる必要があるのです。子どもがそれを不満に思うなら、「キーを渡してもらえないから怒っているのね。あなたが腹を立てているのは、声を聞いたらわかるよ」と言えばいいのです。親が冷静に子どもの感情の受け皿になれば、子どもも自分の感情を受けとめる方法を覚えます。面倒に思えるかもしれませんが、こうして費やされた時間は子どもがこのスキルを内面化する助けになります。

感情や体験から気を逸らしつづけていると、知らず知らずのうちに子どもの集中力を削ぐことにもなります。怪我《けが》をしたり、心を傷つけられたり、望みを否定されたりしたときに、そこから気を逸らすように仕向けたら、子どもが困難な事態に向きあうのを邪魔することになります。困難な物事から逃げるようになってほしくないなら、気を逸らしてはだめなのです。

気を逸らすことの最も悪いところは、オープンで、親密で、良好な人間関係を築くときの邪魔になる点です。子どもが体験している物事をないがしろにするのは、1つには、あなたが状況を子どもの目を通して見るのではなく、自分の目で見ているからです。

たとえば、大人のあなたが母親と一緒に仕事に行けなくても、この世の終わりのように感じることはありません。しかし幼児にとっては違います。また、親は自分が子どもの苦痛の原因になっていることに罪悪感を覚えるので、子どもの苦痛を否定するほうが楽なこともあります。

では、親のうち1人が仕事に出かけ、幼児が慰めようもないほど悲しんでいるときには、どうしたらいいでしょう？　あなたが出かけるほうの親だったら、自信を持って出かけてください。あなたが冷静で、毅然として、楽観的な態度でいるほうが、子どもは安心感を抱きます。こっそり出ていくのではなく、関心と思いやりを示しながら堂々と出かけることが重要です。あなたがパニックを起こして大騒ぎをするのも子どもの助けにはなりません。また、子どもの傷ついた心を無視すれば、子どもが必要とする「鏡」になることができません。まずは子どもの気持ちを認めましょう。ハグをして、やさしくこんなふうに言ってください。「私が仕事に行くのがいやなんだね。お茶の時間には帰ってくるよ」

あなたが子どもと一緒に残されるほうの親や保育者なら、子どもの気持ちに寄り添うことです。「ママに行ってほしくなかったんだね。悲しいんだね」などと言って、まずあったことを認めます。

考えてみれば、大人だって大切な人がいなくなれば悲しむのは当然のことです。「ママはお茶の時間には戻ってくるよ」と予定を伝えてもいいでしょう。不在の時間の長さについて、嘘は言わないでください。子どもが時間に関して歪んだ感覚を身につけてしまうか、あるいは、次回からあなたの言うことを信じなくなります。

子どもと一緒にいて、あなた自身の居心地の悪さをきちんと意識し、心配はしても、過剰反応はしないことです。落ち着きを保ち、泣いている子どもを1人にしないでください。子どもの気を逸らしたり、「シーッ」と言ったり、子どもが感じている気持ちを感じていないかのように扱うのはやめましょう。子どもの言葉に耳を傾け、求められたらハグをしてください。しばらくすれば子どもはやることを見つけるでしょうし、あなたが何か提案してもいいでしょう。けれどもそれは苦しい感情のピークが過ぎてからです。この人がいなければ生きていけないと思うほど大切な人がいなくなったとき、そこに別の人がやってきて、あなたの深い感情を脇へ押しやったとしたら、どう思うでしょうか。自分の気持ちを表現して、現状にあきらめがついたあとなら、あなたが提案した遊びをやってみようと思えるはずです。深い悲嘆のまっただなかにあるときに、無理やりよそに目を向けさせられるのとはまったく異なるからです。

やってみよう

気を逸らすことについて考えてみる

あなたが動揺したときのことを思いだしてみましょう。気持ちを言葉にして、自分のなかで整理し、その状況に慣れたあと、映画を観《み》たり本を読んだりすることを気晴らしとして楽しめるようになるまで、どれくらい時間が必要でしたか？　大人と子どもでは何に動揺するかは異なりますが、だからといって、子どもの感情が大人の感情よりも弱いとか、現実に即していないとは言えないのです。

乳児は感情のままに生きることしかできません。いずれは子どもも自分の感情を観察して受けとめる方法を身につけます。しかしそれを1人で学ぶことはできません。成長する過程で、感情をすべて受けいれ、支えてくれる人が必要なのです。

わが子に幸せでいてほしいと強く願うあまり、私たちは子どもが怒ったり悲しんだりしているときに、はねつけてしまうこともあります。しかし子どもが心の健康を保つには、感情を受けいれてもらい、どんな感情でも適切に表現できる方法を身につける必要があります。それは私たち大人も同じです。自分自身の感情を否定せずに受けいれましょう。子どものあらゆる感情を受けいれるためにもそれは欠かせません。気持ちを言葉にするのを親が手伝うことで、ゆくゆくは子どもも感情を適切に伝える方法を見つけられるようになるのです。

Laying a Foundation

第4章

親になるための土台をつくる

妊娠と出産

妊娠

親になるための最初の出来事についての章が、本のまんなかにあるのは奇妙に思えるかもしれません。しかし、もしあなたの子どもがすでに生まれていても、それどころかティーンエイジャーや大人になっていても、この章はあなたの親子関係にいくらか光を当てるでしょうし、なぜここにあるかも読めばわかるはずです。子どもとの関係に行き詰まりを感じているなら、本章に出てくるアイデアが関係修復の助けになるかもしれません。子どもとの関係がこれから始まるところなら、愛に溢れた、生涯続く望ましい関係への舵取りに役立つかもしれません。

子育てを効率良くこなせる仕事か何かのように、自分の都合でコントロールできるものと思っている親をよく見かけます。忙しいし、それが自分の親から学んだやり方だからです。この考え方はいまだに優勢で、子育てを忙しい生活のなかに容易に組みこんでくれます。しかしたいてい代償があります。子どもを1人の人間として扱わず、共感せずに支配しようとするなら、ティーンエイジャーや大人になったときにあなたが話をしたいと思っても、子どもは心を開かないでしょう。

次に挙げる38歳の女性と81歳の母親の例は、妊娠についての章とは関係ないように思えるかもしれません。けれども、あなたが自分の親との関係をまだふり返ったことがないなら、妊娠はその好機であり、子どもとの将来の関係に何を望むかについて考えるチャンスでもあります。型にはまった関係ではなく、率直でオープンな関係を目指すにはどうしたらいいか、考えることができます。

親は子どもと絆を育みます。次に紹介するナタリーにも、母親とのあいだに絆があります。絆は単なる世代間のつながりをはるかに超えたものにもなりえます。率直であること、オープンであることで、愛情や好意に根ざした本物の結びつきがもたらされるのです。

「私の母に会ったらたぶん、きちんとしたいい人だと思うでしょうね。実際、そうなんです。ただ、私は母と一緒にいると自分らしくふるまえないのです。もっと頻繁に母に会いにいくべきなのでしょうけど、私のなかにそれをいやがる部分があって。無理やり気力を奮い起こさないとだめなんです」

ナタリーの説明から、親子関係がどこかうまくいっていないのは明らかです。後日母親のもとを訪れた彼女は、2人のあいだがしっくりいかない理由を考えてみたようでした。

何年か前、母との関係について一歩踏み込んでみることにしました。私がもっと本音で接すれば、母のほうも本音で応えてくれると思ったのです。そこで、パートナーと別れて以来、鬱の症状に苦しんでいることを打ち明けました。しかし母はこう言っただけでした。「そう、私のほうは相変わらず幸せよ」。それでこの話は終わりでした。

母には私の「つらい」感情が受けいれられないのだと、ピンときました。母は自分自身の「つらい」感情も否定してきたのだと思います。だから私が落ち込んでいると脅威のように感じるのでしょう。そのことをずっと話しあおうとしてきましたが、母の心のドアは固く閉ざされたままです。母にはやさしくしたいと思っていますが、38年経ったいまも私たちの関係はよそよそしいまま、礼儀正しい会話を交わすだけです。これ以上どこにも進めないような気がします。

娘のブリジットを身ごもったとき、私が年老いたら、娘には義務感だけで訪ねてくるようなことはしてほしくないと思いました。私のところへ来たいと思うにしても、来たくないと思うにしても、自分で行動を選んでもらいたいのです。そして私の前でも自分らしくしていられる、聞いてほしいことがあればなんでも打ち明けられると思ってほしい。それにはどうしたらいいか、妊娠中にたくさん考えました。母と一緒にいるときに私が自分らしくなれないなら、おそらく母のほうも同じだろうと思いました。

改めてこんなことを言うのは気恥ずかしいのですが、ブリジットの前では自分を偽らず、常に自然体でいようと決意しました。娘が生まれて、新生児だけが持つ純粋な率直さを向けられてみると、自分の決意は正しかったのだとわかりました。とにかく最善を尽くして、誠実であることで敬意を示そうと決めました。もちろん、娘の年齢に適したレベルで正直になるという意味です。

娘がニコニコしているときだけでなく、どんな気分のときにも心を開き、受けいれようと懸命に努力しています。自分の気分についても同じです。頻繁に泣く赤ちゃんがいて、なだめるのが難しいときには、自分自身の気持ちに向きあうのも大変です。子どもが泣くと、私のなかにもさまざまな感情が生まれます。無力感に襲われたり、腹が立ったり。深夜3時に子どもと一緒に泣くこともあります。けれどもそういう感情を自覚し、受けいれて、気遣いや愛情を示しながら、自分がこの腕のなかの子どもだったら母親に望むはずの態度で世話をしています。

娘を元気づけられなくても、それを失敗と感じないようにするには、意識して努力する必要があります。必死で間違いを正そうとしてしまう癖が抜けないのですが、そんなことよりもとにかく娘のそばにいて、理解に努めています。

簡単なことではないし、いつもできていると言うつもりもありませんが、一緒にいるときには全神経を集中して娘と話します。子育てマニュアルから切り抜いてきたような親にはなりたくありません。ありのままの自分でいたいのです。もっと大きくなったときに、娘が私と一緒のときも自分らしくふるまえるようになってほしいと願っています。

これから親になる人や、すでに親である人にとって、一番いいのはものごとを長い目で見ることです。つまり、乳幼児や学童やティーンエイジャーと関わることを、食事を与えたり清潔にしたりといった片づけ仕事のように見なすのではなく、彼らを最初から人として、一生のあいだ関係の続く相手として捉えるべきなのです。そうすれば、愛情に満ちた、安定したつながりを築くための最良のチャンスが生まれます。

人は親になったときに子どもとのつながりを築きはじめます。それは年を追うごとに強くしていけるもので、妊娠したときにすでに基礎ができつつあるのです。やがて子どもが実生活において独立し、社会のなかで独自のネットワークを築いたり大切な他者ができたりしても、互いの人生や関心事に気持ちを向けているかぎり、親子のつながりは育ちつづけます。

「理想の妊娠」に振り回されない

子どもとの関係は、ふつうはどのように始まるのでしょうか。妊娠を告げたとたんに、あなたはさまざまなアドバイスの集中砲火を受けるでしょう。食事のとり方について、飲んではいけないものについて、してはいけないことについて。アドバイスの内容は場所や時代によって異なりますが、このプロセスはだいたい同じです。

従うべき決まり事やアドバイスがこれだけたくさんあると、「理想の妊娠」というものがあるような印象を受けるかもしれません。そして無意識のうちに、非の打ちどころのない子どもを産む完璧な親が存在すると思い込んでしまうかもしれません。

そのような考え方は、子どもとの関係において邪魔になるだけです。妊娠、出産、子育てをなんらかの形で最適化できるようなものだと思い込むと、関係を築くべき人間を生むというより、完璧な作品をつくるような感覚に陥る危険があります。達成不可能な完璧さを求めて途方に暮れるよりも、妊娠することや親になることはプロジェクトではないと気づいたほうがいいのです。くり返しますが、妊娠や出産は、一生かけて好意や愛情に溢れた関係を築く相手をこの世界に送り出す営みなのです。

妊娠に関する決まり事やアドバイスは鵜呑《うの》みにしないほうがいいのですが、その理由はもう1つあります。すべての決まり事に従い、耳にしたすべての注意事項のとおりにすることで、仮にそのなかに本当に役立つ情報があったとしても、妊娠状態は完全にコントロールできるものであり、子どもが受け継ぐ遺伝的性質や病気は調整できるという、間違った思い込みをする危険が高まるのです。

妊娠に関する決まり事はじつにたくさんあって、文化が変わればその内容も変わります。それなのに、受けたアドバイスに従っていなかったことでパニックに陥ってしまう親もいます。たとえばイギリスでは、妊娠中は低温殺菌されていない牛乳は避けるように言われます。もし妊娠がわかる前にそれを飲んでいた場合、赤ちゃんの害になるような怖ろしいことをしてしまったと慌てる親もいます。

事前にわかるリスクもありますが、わからないリスクもあります。現実には、100パーセント安全な妊娠などありえません。妊娠とは本質的にリスクのある状態なのです。あなたの子どもはほかの大半の子どもたちとは異なっているかもしれず、したがって、「完璧」という厳格な枠組みには当てはまらないかもしれません。しかしあなたは愛すべき人間を生もうとしているのであって、芸術作品をつくろうとしているわけではないのです。

パプアニューギニアのカリアイ民族のような一部の文化では、完璧な妊娠のためにはできるかぎり出産間際に（できれば出産中に）夫婦が性行為をする必要があると信じられています。また、彼らの文化ではオオコウモリはごくふつうの食材なのですが、妊婦が食べると子どもに知的障害が生じたり、オオコウモリのような体の震えが生じたりするとも信じられています。

こうした慣習やタブーは世界中で見られ、人類学者はこれを「類感呪術」と呼びます。母親が妊娠中、または授乳中に食べたものやしたことが、さまざまな症状と結びつけられるのです。従うように言われた決まり事がなんであれ——科学で証明された医学的なものであれ、民間伝承であれ——それは住む場所によって異なり、また、絶えず変化してもいます。医療上のアドバイスを無視すべきだなどと言うつもりはありませんが、聞いた話の受け止め方はよく考えてください。

ちょっとうれしい研究結果もあります。イェール大学の研究によれば、妊娠後期のあいだ、週に5片以上のチョコレートを食べた女性は、妊娠高血圧腎症のリスクが40パーセント低下したそうです。チョコレートを食べると良い理由はほかにもあります。ヘルシンキ大学のカトリ・ライコネンは2004年に、母親が妊娠中に食べたチョコレートの量と、乳幼児の行動の相関関係を調べました。子どもが生後6カ月の時点で、不安そうか、簡単になだめられるか、微笑んだり声をたてて笑ったりする頻度はどれくらいかといったさまざまな項目で子どもの行動を評価したのです。妊娠中に毎日チョコレートを食べていた女性の子どもは、より活発で、微笑んだり笑ったりする回数も多いという結果が出ました。研究者たちが母親のストレスレベルも調べたところ、強いストレスを受けながらチョコレートを常食している女性の子どもは、強いストレスを受けながらチョコレートを食べない女性の子どもよりも、新しい状況に対して不安を示さないという結果が出ました。

問題は、アドバイスが間に合わなかった場合、子どもに悪いことをしてしまったのではないかと心配になるところです。私もチョコレートの話はあとになってから知りましたし、常食することもありませんでしたが、生まれてきた娘はよく笑いました。妊娠にまつわる俗説は、医学的に証明されたものであれ、慣習であれ、従っているうちは安心できるのですが、従えなかった場合に親が強い不安を抱えてしまうこともあります。しかし先ほども述べたように、妊娠は私たちが思うほど簡単にコントロールできるものではないのです。

たとえば妊娠中に身体的な危険が続くような状況下で生じる過度のストレス（「有害なストレス」）は、栄養不良と同様に胎児の成長に悪影響を及ぼすこともありますが、避けられるときには自然と避けるものです。難しい仕事に取り組んだり、ほかの人々との意見の相違を乗り越えたりといったときに生じるふつうのストレスは、おそらく胎児に影響を与えることはありません。

障害のある子どもが生まれたり、子どもが生き延びられなかったりする危険は常にあります。それについて私たちにできることはほとんどありません。危険を防ぐ魔法はないのです。オオコウモリを食べてしまっても、ほかのルールを守らなくても、ほとんど違いはないのです。

こうした俗説のたぐいが最も役に立つのは、親の妊娠中の経験が胎児に影響を与えることを知り、子宮内の環境を居心地よく整え、生後にも居心地のいい世界が待っていることを胎児に伝えようとするときです。あなた自身が生活を楽しみ、リラックスして、よく食べ、楽観的でいられるなら、生まれたあとの世界でも楽しい暮らしが待っているよ、と子どもに聞かせていることになるのです。

親子の物語を始めるにあたって、妊娠にまつわるさまざまなアドバイスに対してあなたがどんな気分になるかを意識するのも1つの方法です。適切なアドバイスなら、妊婦の感情を不安から楽観へと変えてくれるはずです。これから生まれてくる子どもが自分にとって悪い事態の引き金になるかもしれない、とは思わないほうがいいのです。そういう不安は、最良の親子関係の基礎を築こうとするときに役立つものではありません。私たちの他者の捉え方にはそれぞれ癖があり、子どものこともついふだんと同じように見てしまうのですが、胎児はようやく1人の人間になる入口に立ったばかりなのです。

不安をあおる話ではなく、どうすればうまくいくかを考えることに気持ちを集中しましょう。これは難産の話についても同じです。母親が気分良く過ごすことで、おなかの子どもにも良い影響を与えられます。行きたくない方向に気持ちを集中するのではなく、進みたい方向に目を向ければ、ポジティブなものの見方ができるようになり、より良い親子関係の基礎を築けるでしょう（それに、もし最悪の事態が本当に起きてしまったとしても、前もって怖がっていたことで悲しみが和らぐわけではありません）。

子どもが関わる物事については楽観的に考える習慣をつけましょう。子どもが成長し、学び、さまざまなことを理解できるようになるのを親が信じる必要があります。尊敬する誰かがあなたならできると信じてくれれば、どんなことをするにもはるかに容易になります。これはとくにおかしなことではありません。たとえばこの本だって、出版エージェントが私を信じてくれなかったら書いてみようと思うことさえできなかったでしょう。同じように、子どもが力強く成長するためには、あなたに信じてもらう必要があるのです。物事を楽観的に捉える習慣を身につけようという心がけは、妊娠中から始められます。

新生児に出会う前に、いろいろな人からさまざまな話を聞くでしょう。そうすると、自分で直接知りもしないうちから、子どものイメージが頭のなかで形を取りはじめます。聞いた話が自分のなかの子どものイメージにどんな影響を与えるか、よく考えてください。自分はそんなことはしないと思うかもしれませんが、私の経験では、たいていの人がそうしています。

『オリジン――私たちが生まれてくる前に学ぶこと』（"*Origins*" 未邦訳）という本のなかで、著者のアニー・マーフィー・ポールは、120人の妊婦を対象としたある実験について書いています。実験では、女性たちは胎児の動きがどんなふうか教えてくださいと言われます。子どもの性別がわかっている場合には、胎児の動きを言い表すときの言葉に大きな違いが生じます。胎児が女の子の場合に多く使われるキーワードは「やさしい」「うねるような」「おとなしい」などです。一方、胎児が男の子の場合には、「エネルギッシュな」「元気いっぱい」「鋭く突くような」といった言葉が使われます。胎児の性別を知らない女性が使う言葉は、このパターンに当てはまりませんでした。これは、生まれもしないうちから子どもに期待を押しつけたりしないために、私たちが自覚すべき事柄のほんの一例です。決めつけるのではなく、観察する習慣を身につける必要があります。

また、あなたがおなかの子どもについてどう考えるかは、将来の子どもとの絆にも影響します。胎児を寄生生物や人生の重荷、あるいは架空の友達のように考えていると、その子との関係に影響があります。新生児との対面を不安に思っているか、楽しみにしているかによっても、違いが生じます。

やってみよう――赤ちゃんのことをどう考える？

おなかの子どもについて考えるとき、自分のことも観察してください。子どもを思うときの様子と、それが将来の親子関係にどう影響するかを考えてみましょう。このプロセスを経ておくと、まだ見ぬわが子と関係を築きはじめるとき、より良い選択ができるようになります。

声に出して胎児に話しかけましょう。つながりを強化する助けになります。妊娠18週で、胎児はもう聞くことができるのです。また、あなたが自分自身の言葉を耳にすることによって自分と胎児の関わり方を理解しておくと、親子関係に何を持ちこもうとしているのか、自覚を深めることができます。生まれたあとも自然と話しかけられるようになりますし、子どもを自分とは別の個人と見なす習慣を身につける近道にもなります。

あなたはどちらの親タイプ？

出版されてから30年近く経ったいまも古びていない『出産にまつわる心理的プロセス』（*"Psychological Process of Childbearing"* 未邦訳）という独創的な本によれば、親には大きく分けて2つのタイプがあります。「律する親」と「手助けする親」です。著者のジョーン・ラファエル－レフは、「律する親」はどちらかというと大人中心で計画的に行動する傾向があり、「手助けする親」はより子ども中心で、乳幼児を自分たちの生活にはめ込もうとするよりも、乳幼児の1日の流れに合わせて行動する傾向がある、と説明しています。

「律する親」は、赤ちゃんのことも決まった日課に取り込もうとします。毎日決まった時間に決まったことをするほうが子どもも安心していられるはずだ、次に何が起こるか子どもにもわかっているのだから、という考え方です。親のほうもいつ何が起こるかがわかっていて、誰かに世話を頼む場合にも、頼まれた世話係が日課を守ります。秩序を保つこと、全体を把握すること、スケジュールを知っておくことで安心できる人々はこの考え方に惹《ひ》かれます。「手助けする親」もまた、子どもにとって予測がつくことは大事だと思っていますが、日課の予測がつくことよりも、反応の予測がつくことのほうがより大事だと考えています。赤ちゃんが、自分の発する合図に反応してもらえて、欲求はおおむね満たされると知っていれば、世界は安全な場所だとわかって安心できると考えるのです。

どちらのタイプがいいかを論じることにはあまり意味がありません。

誰もがどちらかの傾向を持っているはずですが、おそらくそれは文化や、あなたがどう育てられたかによります。それに、どちらのタイプになるかは流動的です。最初の子どもに対しては「手助けする親」だったとしても（世話をする乳児が1人だけならその子を優先できたとしても）、2人目以降になると、全員のニーズを満たすために規則的な日課に頼る必要が出てくるでしょう。たとえば、上の子ども（もしくは上の子どもたち）を学校に送らなければならないのに、下の子を1人で寝かせたままにしておくことはできません。赤ちゃんも起こして一緒に連れていくしかないのです。

両親のうち一方が「律する親」で、もう一方が「手助けする親」というケースもあるでしょう。その場合、自分の育児哲学を擁護するためにパートナーとやりあってもあまり役に立ちません。事実や数字や表や統計を持ちだして持論を後押ししたところで、お互い意固地になってそれぞれの陣地に引っ込むことになるだけです。

自分の態度は感情ではなく、事実にもとづくものであると、おそらく誰もが思っています。けれども、私たちは自分の感情に合った事実を探すのであって、その逆ではないのです。だからパートナーと議論をするときには事実を突きつけるのではなく、自分がどう感じるかという観点から話し、「良い」「悪い」という二項対立を避けるよう努めましょう。感情は感情です。良いものでも悪いものでもありません。「手助けする親」にせよ、「律する親」にせよ、子どものためだけでなく、自分に合っているからそちらを好むのだと認めてしまえば、各々の立場に必要以上に固執することはなくなるでしょう。

どちらの考え方を採るにしても、こと親子関係においては（ほかのたいていの人間関係においても）、相手を受けいれる姿勢、温情、思いやりが最も大事であることは忘れないでください。

ラファエル－レフによれば、「手助けする親」は妊娠期の感情の起伏に呑まれやすく、「律する親」は起伏に抗う傾向にあります。ラファエル－レフの観察では、「手助けする親」は妊娠中にはより内向きになり、自分の体のなかで展開されている奇跡を深く受けとめます。一方、「律する親」は妊娠中も普段の自分の役割をできるかぎり続けたがり、変化した自分の状態に「屈する」ことがないように努めます。妊娠を一種の侵略のように感じることさえあります。「手助けする親」は、胎児を想像上の友達のように思う傾向があります。

「手助けする親」は妊娠によって自分のアイデンティティが強化されたように感じ、「律する親」は妊娠によって自分のアイデンティティがいくぶん脅かされているように感じます。前者は出産を自分と子どもが共有する人生の変化と見なしますが、後者はただ苦痛なだけの出来事と見なします。

私がこうして両者の違いを並べ立てるのは、あなたがどんな感情を持ったとしてもそれは正常なことだとわかってもらうためです。もし妊婦仲間や新米の親仲間の大半があなたと反対のタイプなら、寂しく思うようなこともあるかもしれませんが。

世のなかには多様な議論、習慣、伝統、指導があり、あなたと反対のタイプのほうがよいのだと主張する本もあるでしょう。けれども本当に大事なのは、どちらのタイプであれ、子どもと自分自身に対して正直でいることです。それはつまり、あなた本来の傾向や感情を受けいれるということです。この傾向と感情があってこそ自分なのだと認めることです。

やってみよう

もうすぐ親になる人のために

親になるという経験があなたにどんな感情をもたらすか、意識してみましょう。いますぐにでも親になりたいですか？　それとも、心配で、逃げだしたいような気持ちでしょうか。

親になることについて自分が何を期待しているか、意識しましょう。その期待が自分の行動にどう影響しているかを自覚し、期待を管理してください。

たとえば、「もし〇〇だったらどうしよう」という心配事がたくさんあるなら、「もし〇〇だとしても、それがどうした」と考えるようにしましょう。子どもは簡単に騙されて、親に都合のいいようにふるまってくれるものだと思い込んでいたなら、そういう考えを捨てて、子どもをどう操るかではなく、どうつきあうかを考えましょう。自分の体を、赤ちゃんとコミュニケーションを取るための大切な道具と考え、そこに子どもがなじんで快適に過ごしているところ、あなた自身も子どもの存在を感じながら穏やかに過ごしているところを思い浮かべてください。赤ちゃんに話しかけましょう。あなたの声は聞こえています。赤ちゃんに会えるのを楽しみに待ちましょう。

もし一緒に子育てをする人がいるなら、この練習課題に取りくむことで生まれた変化について話しあってみてください。

やってみよう ―― すでに親になっている人のために

これを読んで、自分の妊娠中の態度は「間違っていた」と思っても――たとえば、ホルモンバランスのせいだけでなく、より大きな心配事があったせいで極度のストレスにさらされて感情的になっていたとしても――自分を責めるのはやめましょう。私たちは自分の周りの世界を理解したいと思っています。理解すれば事態を掌握しているような気持ちになれるからです。けれども、自分のせいで修復不可能な問題が生じたなどと思い込むのはやめましょう。

たとえば、妊娠中に自分やパートナーに大きな心配事があったせいで、子どもがいま抱えている問題（物事に集中できないなど）を持つに至ったのではないかと悩んでいませんか？　子どもの現状は、妊娠中の環境が理由ではないかもしれません。妊娠中にしたことをくよくよ考えるよりも、いま目の前にいる子どもを観察するほうが、子どものためにはずっと役に立ちます。ストレスの多い妊娠期間を送ったとしても、そのとき手に入った知識とリソースでできるかぎりのことをしたのだと考えて割り切りましょう。あなたが自責の念に駆られても、誰の助けにもなりません。

赤ちゃんとあなた

ここからの数ページでは、新生児との出会いについて、どのタイミングで何を感じるかを見ていきます。誰もが安産を経て即座に子どもと絆が結ばれることを望んでいます。出産は人生で最大かつ最高の瞬間だと喧伝《けんでん》されていますが、おとぎ話ではなく現実であるかぎり、すべてが計画どおりにいくとはかぎりません。また、出産と産後の数日を乗り切るために、自分が安全だと感じられるような縁起担ぎを必要とするかもしれません。助けが必要だと思ったら、迷わず頼みましょう。出産を完全に1人で乗り切れる人はいません。アドバイスについては、高望みだ、厳しすぎると感じる言葉よりも、安心できる言葉に従いましょう。そういうアドバイスに従えば、人生をあるがままに受けいれることができ、理想と違うとしても、間違っていると感じることはないでしょう。

出産計画を立てる

おそらく、あなたはすでに自分に合った出産スタイルを考えていることでしょう。無痛分娩にするか、水中出産にするか、あるいはそこまで極端ではない方法か。

これは時間をかけて調べる価値のあることです。最も望ましく、最もトラウマになりにくいと思える方法を探して計画を立てましょう。そのほうが、あなたと赤ちゃんが良いスタートを切れる可能性が高まります。

ほかの女性たちの話を聞いて知っているとは思いますが、出産は必ずしも計画どおりにはいきません。硬膜外麻酔が予定どおり入らなかったり、自然分娩のはずが緊急帝王切開になったりもします。計画を立てることは、あなたにとって望ましい出産への近道ですが、起こりうる必要な変更には柔軟に対応できるようにしておくべきです。人生の計画にも似ています。あなたにできるのは行き先を決めることだけで、その後のコントロールできない事態に対しては臨機応変な姿勢でいる必要があります。

私も妊娠中は自然で平穏な出産を望んでいたので、それに沿った計画を立てました。実現すればよかったのですが、計画どおりの出産にはなりませんでした。臍《へそ》の緒が首に巻きついて娘の心拍数が落ちてしまい、吸引分娩に切り替えることになりました。けれども、平穏な出産のために事前に練っておいたたくさんの計画が役に立ったのも事実です。

私の娘はすぐに特別治療室に連れて行かれました。娘と肌を触れ合わせることができなかったせいで喪失感がありました。私は当時（そしていまも）、産後直後の母子接触がとても大事だと思っていたのです。しかし、とにかく母子ともに生きていました。結局、娘はなんともなかったのですが、後遺症が出るかもしれないという理由で予防措置が取られました。私は立ちあがれるようになるとすぐに特別治療室に行って、娘と対面しました。病院のスタッフに言われても、その場を立ち去ることができませんでした。私はこれまで何度もこの話をしてきました。娘を出産したときの体験が精神的な痛手となったため、誰かに語る必要があったのです。25年以上経ったいまでは感情的にならずに話せますが、ここに至るまでにはある程度時間がかかりました。

いろいろな出産体験を聞く

元気な赤ちゃんを腕に抱けば、出産の体験がどんなに心の痛手になったとしても、感謝しなければいけないような気持ちになります。けれども同時に、体験を言葉にして吐きだしておくことも大事です。心の平穏を取り戻すために、必要なだけ、何度吐きだしてもいいのです。妊娠中に怖ろしい出産体験について聞く機会が多いのもそのためです。難産の経験のほうが、より語る必要があるからです。

初めて親になるというのは、それだけで圧倒されるような体験です。ましてや出産を乗り越えるとなれば、どんな形であろうと大変です。夢のようにすばらしい安産でも、やはり語る必要のある重大な出来事のように感じるでしょう。

自分の出産体験について、罪悪感を持ったり、裏切られたように感じたりする女性もいます。しかし覚えておいてください、完璧なものなどないのです。人生とはいつだって、望ましくない方向に進んだら軌道修正をする、そのくり返しです。正すことができるなら、どこかで間違ったとしても大きな問題ではありません。子どもを知り、つながりを築くすべを学ぶうちに、いつのまにか軌道修正ができているはずです。

私自身、出産後に娘と引き離されたことで自分の不安が増したかどうか、そのせいで最初の数カ月のあいだ赤ちゃんが余計にむずかったかどうかは、よくわかりません。出産直後に引き離されるようなハプニングがなくても同じだったかもしれません。生まれて間もないころ、なかなか赤ちゃんをあやせなくて心配になることがあり、娘にも生まれたときの動揺が残っているように見えました。しかし徐々にあやし方を覚え、自分もなだめられたような気持ちになりました。もし娘にとって出生時の体験がつらかったとしても（私にとってはつらかったわけですが）、時とともに私たちの傷は癒やされたのです。

本能に従う

私たちは、子どものことになるととかく急ぎがちです。早く陣痛が来てほしい、お産をスピーディに済ませたい、一晩中ぐっすり眠るようになってほしい、早く離乳してほしい、早く歩けるようになってほしい、早くしゃべれるようになってほしい、早く独立してほしい、早めに退職のための貯金をしてほしい……。しかしいったん落ち着いて、赤ちゃんに何ができるかを観察すると、そんなに慌てなくてよいことがわかります。もっといまを生きることを、子どもが教えてくれます。

出産直後に起こる数々のすばらしい例を見ると、それがよくわかります。赤ちゃんには母親の胸を探す機能がもともと備わっていて、大人が考えるほどの助けがなくても、お母さんの乳房を見つけることができるのです。これは「ブレスト・クロール」と呼ばれる現象です。スウェーデンのカロリンスカ研究所でウィドストロムや同僚がこれについて研究し、出産直後の新生児を母親のおなかの上にのせると、自力で母親の胸にたどり着くことを発見しました。最初の15分ほどはとくに何も起こらないのですが、その後、新生児は前に進もうとし、脚を使ってグイと動いたり、休んだりをくり返します。

35分も経つと、新生児はまず手を口に持っていきます。それから把握反射によって母親の乳首を握り、刺激します。45分ほど経つと哺乳反射が始まります。55分経つと、新生児は自力で母乳を飲みはじめます。これは後続の研究でもくり返し確認されました。母親の胸に羊水をつけておくと、新生児はさらに容易に進む方向を見つけられるようです。

赤ちゃんが母親の乳首を見つけるためにこうした本能的な衝動を身につけて生まれてくるのは、驚くにはあたりません。哺乳類の新生児としては標準的な行動です。ほかの動物と同じく、生まれ落ちた世界で生き延びるために、新生児にはさまざまな反射行動があります。なかでも一番わかりやすいのは泣き声をあげることで、泣くことによってあなたに一緒にいてほしいとか、何かを変えてほしい、抱きあげてほしい、授乳してほしいなどと伝えるのです。

さらに研究が進むうちに、母親と肌を触れ合っている赤ちゃんのほうが、母親の隣に置いたベビーベッドのなかにいる赤ちゃんよりも、泣いている時間が短いことがわかりました。生まれて25分以内に母親と肌の触れ合いがあった赤ちゃんは、平均して60秒泣いただけでしたが、ベビーベッドのなかにいた赤ちゃんは18分ほど泣きつづけました。その後1時間、母親との触れ合いを続けてブレスト・クロールをした赤ちゃんはまったく泣きませんでしたが、対照群の赤ちゃんは16分以上泣いていました。さらにその後の1時間半は、母親と触れあって過ごした赤ちゃんは平均して10秒ほど泣いただけでしたが、大半の時間をベビーベッドで過ごした赤ちゃんは12分以上泣きつづけました。

新生児はほかの哺乳動物に引けを取らないくらい自然にこうしたことができるのですが、私たち大人がそのプロセスの邪魔をしてしまうのです。ほかにも邪魔になる要因はあります。たとえば鎮痛剤とか、帝王切開とか。こうして、かつてのあなたや私も含め、本当に大勢の赤ちゃんが自発的な人生のスタートを妨害されてきました。しかしそれでもおおむねバランスの取れた、きちんとした生活のできる人間に育ち、生涯続くすばらしい絆や友情を育むことができるようになります。

ブレスト・クロールの研究や実践から、赤ちゃんに必要なものを知るにはよく観察すればいいのだとわかります。じっくり見ていれば子どもからヒントが得られ、何かを押しつけるだけでない、自然なリズムのやりとりができます。本能のままにブレスト・クロールをしたり、あなたを見つめたり、あなたを求めて泣いたりといった自然な行動をさせるのは、子どもを尊重し、信頼することとイコールであり、自分が何かしてもらうだけの存在ではなく、主体性を持った人間なのだと、生まれてきた子どもに教えることにもなります。

親子のつながりを築くための、初めの一歩

妊娠中ずっと、あなたが感じること、食べるもの、あなたを取り巻く音、あなたの体から発せられる音を通じて、あなたの体は周囲の環境について赤ちゃんに伝えてきました。赤ちゃんがあなたの体から外に出ても、その環境は続きます。

多くの親が、生まれた瞬間に子どもとのつながりを感じ、溢れるような愛情を覚えます。次に紹介するのはエマの例です。

生まれてきた息子のジョンと絆が感じられなかったらどうしようと心配でした。それまで他人の子どもにはほとんど興味が持てなかったので。だけど息子を抱いたとたん、このうえなくかわいらしい子どもだと思い、強烈な愛情を覚えたのです。出産には10時間かかりました。妊娠中はたくさん歩きましたし、分娩室ではお産用の椅子を使いました。これが私には合っていました。痛かったけれど、陣痛には波があるので、痛みと痛みのあいだに休息を取ることができたし、次に何が起こるかわかっていたので、それが大いに役立ったと思います。もうすぐ生まれるというときに、少し吸入麻酔を使いました。息子が生まれたあとは、ほかのお母さんたちがかわいそうになりましたよ。だってあの人たちの赤ちゃんは、うちの息子ほどかわいくないから！　あのときは特別で、唯一無

二の体験に感じられたので、ほかのお母さんたちも私と同じように思っていることに気づきませんでした。でも、あの人たちもやっぱり自分の子どもを溺愛していて、私のことをかわいそうだと思っていたんですね。

エマの反応はおそらく、「愛情ホルモン」と呼ばれるオキシトシンが大量に分泌されたために起きたものです。ただ、オキシトシンの分泌は、分娩中に投与される薬や出産時の精神的なショックのせいで妨げられることがあります。つまり、エマの言う「溢れるような愛情」が湧いてこないケースもありえます。

以下はミアの例です。

息子のルカを出産したとき、陣痛促進剤を使いました。出産はこれ以上ないくらい痛かったです。人生最悪の痛みでした。麻酔医が針を入れられなくて、硬膜外麻酔が使えなかったのです。ルカが生まれたときは、ショック以外の感情がありませんでした。私の母が一緒にいてくれたので、息子のことは母に抱っこしてもらいました。理由はわからないのですが、自分にはまだ心の準備ができていないように感じたのです。その後、息子は特別治療室に連れていかれ、そこで1日を過ごしました。

最初の2週間は、ルカが自分の息子だと信じることさえできませんでした。きっと治療室で取り違えられたのだろうと思ったので、ＤＮＡ検査を受けようかと真剣に悩んだほどです。とにかく、母がいてくれてよかった。母は私の心配事を冷静に聞いてくれて、私の感情に異を唱えませんでした。「そういう気分は長くは続かないから」と言って。母は1カ月のあいだ一緒にいてくれました。それで、折々にこんなことを言うんです。「あら、ルカはあなたと同じ目をしているわね」とか、「あなたが赤ちゃんだったときとそっくり」とか。それで私も徐々に息子とのつながりを感じはじめました。

ルカが生後6カ月になったころ、ようやく本当の絆が結ばれたように感じました。水泳のベビークラスでルカを抱っこしてプールに入ると、息子はこぶしで水面をたたくんです。それでこっちを見あげて声を立てて笑うんですよ。私も一緒になって笑いました。

正直に言って、最初の2、3カ月は大変でした。息子とのあいだに絆があるような「ふり」をしているように感じていたんです。なんとかやり過ごすことはできましたが、落ち込むこともありました。

自分は変人だとか、産後にこんなふうに感じるのは「自分だけ」などと思わないでください。必要なのは話を聞いてくれる相手、あなたの感情を受けいれてくれる相手です。いずれは自分の感情を受けいれることができるようになります。自分を責めるのではなく、現状を受けいれる必要があるのです。ミアとルカの親子関係に進展が見られたときも、それが鍵となりました。ミアの母親は、ミアと言い争ったり、そんなふうに感じるなんてあなたは間違っていると話したりせず、ただ受けいれたのです。

やってみよう

赤ちゃんの気持ちになってみる

床に寝そべってみましょう。そしてその姿勢のまま、寂しいとか、おなかが減ったとか、喉が渇いたとか、居心地が悪いと感じながら、言葉がしゃべれないのはどんな気分か想像してみてください。心と体だけがあって、座ることも、寝返りを打つことも、誰かと一緒にいると感じることもできないのはどんな気分でしょうか。あなたにできるのは、そこに横たわって自分の気持ちに浸ることだけです。

次に、その状態から解放されたらどんな気持ちになるか、想像してください。抱きあげられ、快適な状態にしてもらい、誰かにぎゅっと抱きしめてもらえたら、どう感じるでしょうか。ただし、それでもまだ言葉も、過去も未来もなく、いまこの瞬間と、心と体があるだけです。赤ちゃんはそういう状態であることを忘れないでください。

親にだってサポートは必要

自分のエネルギーが不足しているときに、子どものために時間を割き、常に温かい反応をするというのは難しいことです。理由はさまざまで、疲れているからかもしれないし、自分の親にそんなふうにしてもらったことがないからかもしれません。親として子どもを養育するには、まず自分が養育された経験が必要です。とはいえ、自分のなかにどれほどの蓄えがあるか、どれだけ長く持ちこたえられるかがわかったら、あなたはきっと驚くはずです。しかしそれも無限に続くわけではありません。もしエネルギーが枯渇したように感じたら、誰かのサポートを受けてください。

サポートには、たとえば家事の手助けがあります。人手を借りて余裕が生じれば、子どもにもっと意識を向けたり、睡眠を取ったりすることができます。あるいは、誰かと話をして、共感してもらうのもいいでしょう。自分の親とは違う子育てを目指して試行錯誤するような場合にも、その話を聞いてもらうのです。子育てをするなかであなたが何をどう感じようと非難することなく、ただ話を聞いてくれる相手なら、プロでなくてもいいのです。親とはこういうものと決めつけずに受けいれてくれる人なら、友人や家族でも充分よい聞き役になれます。子どもを傷つけるのは親が抱く感情や妄想ではなく、親が子どもに対して実際にどうふるまうかです。第1章のマークの例を思いだしてください。マークが家族を捨てて逃げだしたいと思った事実は、息子に悪影響を与えたりはしませんでした。実際には逃げなかったからです。
以下はシャーロットのケースです。

以前は、娘を傷つけてしまうかもしれないと思い、不安に取り憑かれていました。夜泣きがひどくて毎晩のように起こされていたときには、投げ飛ばしたり揺さぶったりしてやりたいと思いました。そんな考えが浮かぶこと自体、何よりこたえました。こんなことを考える自分が本当に恥ずかしくて、もし誰かに話したら、きっと娘を取りあげられてしまうだろうと思いました。そうなっても当然だと、自虐的に考えることもありました。こんな思いに取り憑かれたのは、10代のころに両親を殺したいと思ったときだけでした。そのときの気持ちはいまほど深刻なものではなかったのです。本当に、このままではいつかキレて娘を傷つけてしまうかもしれないと思いました。

もうこれ以上耐えられないと思い、勇気を奮い起こして妹に話しました。妹は、誰だってそんなふうに感じることはあるものだ、自分なら、そんなふうに考える自分自身をただ眺め、知らない人の話を聞くように自分自身の声に耳を傾けるだろう、と話してくれました。妹が私を頭のおかしくなりかけた人間ではなく、ごくふつうの人として受けいれてくれたことで、本当に救われました。このことがあったあと、娘を傷つけてしまうかもしれないという不安は徐々に弱まりました。もしぶり返すようなことがあってもまた妹に相談すればいいのです。もっと早く話せばよかったと、いまは思っています。

親として理想的とは言えない考えについて、人に話すことなどできないと思い込んでしまうと、あなたの感情や妄想はより大きく、より手に負えなくなります。話ができること、感情を浄化できる場所があることは重要で、それがあれば、良くない考えを実行に移して子どもを傷つけてしまうこともないでしょう。

支援者にふさわしいのは、あなたの話にきちんと耳を傾けてくれる人、あなたが言いたいことを理解し、あなたの感情に圧倒されることなくすべてを受けいれ、どっしりした受け皿になれる人です。あなたがどれほど不安に駆られ、悲運をかこっていても、それは一過性のものであるとわかっている人です。相談相手の楽観的な態度があなたの助けになるはずです。ミアが母親から受けたのも、シャーロットが妹から受けたのも、そういうサポートでした。

こうした精神的なサポートがあなたに必要なのは、赤ちゃんも同じようにあなたからのサポートを必要としているからです。子どもを支えられる親子関係を築くのがあなたの仕事です。そして、あなた自身も同じサポートを受けていなければ、そういう心遣いを差しだすことは難しいのです。一番そばにいる親しい人に、必要な助けについて詳しく説明するといいでしょう。

それから、実際的な助けも必要です。察しのいい人が手伝いを申しでてくれるかもしれませんが、そうでなければ自分から言いましょう。また、精神的なサポートが必要なのは子どもの母親だけではありません。父親にも必要です。人間は1人で寡黙に強く生きられるようにはできていません。

私たちは群れで暮らす動物であり、群れの一員です。だから群れに助けを求めましょう。最近では家庭生活を維持するための経済的負担もかなり重くなっています。家を買ったり借りたりするコストが昔の何倍にも跳ねあがっているからです。政治家がこうした不公平を是正するのを待つあいだ、新米の親に対しては、上の世代の人々が精神面でも経済面でも可能なかぎり助けるのがいいでしょう。

必要なのは、子どもとより良いつながりを築くための助力であって、子どもを突き放すための助力ではありません。

次に紹介するシーナのケースは、助力の誤った用い方によって何が起こり、どのように軌道修正されたかがわかる一例です。シーナはパートタイムのスタイリストで、すでに子どもが2人いたところに、双子を妊娠しました。

シーナは、出産予定日のひと月前に、双子のうち一方の発育状態が良くないので陣痛促進剤を使う必要があると言われました。出産は、シーナにとっても双子にとってもつらく危険なものになり、1人は元気に生まれましたが、もう1人は保育器に入らなければなりませんでした。元気だったチャーリーだけが先に帰宅し、シーナは保育器に入ったテッドと一緒に病院に残って、4週間後にようやく退院できたのです。しかしシーナのパートナーのジャドには、家族のために休みを取るつもりはありませんでした。ツアーで家を離れることが多かったからですが（ジャドは有名なミュージシャンなのです)、出産時にシーナとテッドを失いかけた事実に正面から向きあうことができなかったせいもあったかもしれません。

家に戻っても、シーナには自分が双子の母親であるという現実がうまく受けいれられませんでした。頭ではわかるのですが、まったく実感がわかなかったのです。チャーリーの世話をするために雇ったベビーシッターをそのまま雇いつづけ、チャーリーはシッターの子であるかのように感じていました。そのせいでひどく落ち着かない気分になったのに、なんの問題もないと思い込もうとしました。

自分が元気であることを周りの人々に見せつけるかのように、シーナは外出を増やし、夜遊びもしました。しかしチャーリーとの結びつきの欠如はシーナを蝕みつづけたのです。それでもシーナは問題を直視することなく、気晴らしのためにさらに出かけるようになりました。

チャーリーが泣いても、シーナはなだめる気になれませんでした。シッターがそばにいなければ上の子たちか、ジャドか、自分の母親にチャーリーの相手をしてもらい、自分が相手をするしかないときには、なだめようとはせず、チャーリーの気を逸らそうとしました。これは自分の感情を直視しないまま気晴らしに走るのとよく似ています。

双子が4歳になったころにようやくチャーリーのことも息子として受けいれられるようになりました。「ずっとショック状態だったのだと思います。そして、それに気づいてすらいなかったのです」とシーナは言います。

チャーリーにはどんな影響があったでしょうか。いま、双子は10歳です。テッドやほかの子どもたちは楽天的な性格ですが、チャーリーは心配性で、母親にベッタリです。チャーリーは人間関係がうまくいくことを当然とは思えず、愛されるためには努力しなければならないと感じているようです。「チャーリーはテッドのためになんでもするんですよ、テッドがお礼さえ言わなくても」とシーナは言います。チャーリーの「相手を喜ばせたい」という態度がきょうだいや友達にはときどきうっとうしく感じられることもあり、そうなるとチャーリーは嫌われまいとして、ますますほかの人々のために努力するという悪循環が生じます。チャーリーのこの不安はおそらく、生まれた直後に母親から引き離されたことや、母親が戻ってきたあともうまくつながりが築けなかったことと関係があります。シーナによれば「チャーリーがリラックスして見えるのは、私と2人きりでいるときだけ」だそうですが、4人の子どもがいて仕事もしているシーナにとって、チャーリー1人のために時間を確保するのは簡単なことではありません。

いまは週に1回、2人でアート教室に通っています。これが助けになっているとシーナは言います。教室が休みのときも、必ず週に1回、同じ時間帯に2時間、2人だけで一緒に絵を描いて過ごします。

チャーリーとのあいだに断絶が起きたのは、難産だったことと、誕生直後の4週間を一緒に過ごさなかったせいだとシーナは思っています。「チャーリーは私の赤ちゃんのようなにおいがしなかったんです。テッドはしましたた」。また、もっと早い段階でどんな助けがほしかったか尋ねると、「当時カウンセリングを受けていれば、出産後のショックを直視して、うまく言葉にできたかもしれません」と言っていました。チャーリーは泣くことでシーナに目を向けてもらおうとしましたが、母親のシーナも誰かに目を向けてもらうことを必要としていたのです。当時は自分を大事にする方法がわからず、そのせいでチャーリーを思いやることもできませんでした。現実から逃げだすほうが容易だったのです。

最近では、シーナはチャーリーと2人きりの時間を心から楽しみながら、できるかぎり一緒に過ごすことで断絶を修復しようとしています。本書でもくり返し述べてきたように、関係を修復するためにベストを尽くすなら、断絶は決定的な問題ではないのです。

シーナとの結びつきが強まりつつあるいま、チャーリーは安心して人間関係を築けるようになってきました。むやみに相手の関心を切望する気持ちが薄れれば、人と接することをもっと楽しめるようになるでしょう。新生児のころのなんでも吸収するスポンジのような状態には戻れませんが、心は石でできているわけではないのです。人間関係は生きているかぎり何度でもつくり直すことができます。ただし、もしシーナが断絶を放置しつづけていたら、チャーリーは大人になってからの恋愛でも同じように不安定なパターンをたどることになったはずで、そうなれば彼にとって愛は喜びではなく、切望の痛みとして感じられることでしょう。

チャーリーがもっと人を信頼し、人間関係に苦しまないようになるには、さらに助けが必要です。自分の感情を理解するために、生まれたときの話を聞きたがるかもしれません。人と接するときに感じる不安が自分のせいではなく、感受性の強い新生児のころに起こったことが原因なのだとわかれば、それも助けになるでしょう。

子どもたちの父親のジャドは、シーナとチャーリーのつながりが希薄だったことに気づかず、自分でチャーリーと強いつながりを築こうとはしませんでした。もしジャドがチャーリーの誕生直後から一番のケアラーになっていれば、チャーリーが問題を抱えることもなかったかもしれません。私は子育てに人の手を借りることには全面的に賛成です。ただ、まずは親と子の強い結びつきが必要なのです。

ジャドを非難しているわけではありません。彼は過去の大勢の男性がしてきたことをしただけです。乳幼児の子育てを母親と有給のヘルパーに任せたのです。育児は母親の役割であるという考え方はいまも根深く残っているので、強く意識して打破しようとしないかぎり変えることはできません。

シーナが困難を直視せず気晴らしに走る行動パターンを身につけたのも、おそらく幼いころの養育者が問題から気を逸らすような育て方をしたからです。ジャドが子育ては男の役割ではないと思い込んでいるのも、そう教えられてきたからです。教えられて身についたものが、子どもとの関係を築くときに邪魔になることがあります。自分の文化や、育ちや、そのなかで身に染みついた信念を自覚することは、人間関係を築いたり修復したりするうえでとても重要です。

たいていの親には家族や有給のヘルパーによる助けが必要です。しかし子どもの人生において一番大切な人間は、やはり親です（ここで言う「親」は、「はじめに」でも書いたとおり、子どもに対して主要な責任を負う人という意味です）。どんな人にも、人生において安全な拠りどころとなる人間関係が必要なのです。有給のヘルパーはいずれ辞めてしまうので、ヘルパーとのあいだに一番のつながりがある場合には拠りどころが損なわれ、後の人生に影響が出ます。それに、子どもというのは、親にとって一番大事なものは自分だと思いたいのです。

やってみよう

必要なサポートは？

1枚の紙の中心に、あなたの名前か、あなたを表すマークを書いてください。その周りに、サポートしてくれる支援ネットワークを書き込みましょう。自然に手を貸してくれそうなのは誰か、自分から頼まなければならないのは誰か、考えてみてください。

たとえば、あなたのお母さんなら、話を聞いてくれたり、1年分の家賃を払ってくれたりするかもしれません。お姉さんか妹なら、食事をつくってくれるかもしれません。パートナーなら、掃除や家計のやりくりを一緒にしてくれるかもしれません。ほかの助力については、たぶん自分で手配する必要があるでしょう。自分と似た状況にあるほかの親たちとのサークルに参加するとか、必要ならプロのサポートを受けるとか。それが書けたら、何もしなくても得られそうなサポートには実線を、自ら手配しなければならないものには点線を引いて、略図をつくり、必要なサポートの種類（精神的なものか、実際的なものか）についても考えましょう。略図ができたら隙間に注目し、そこを埋める手段を講じてください。

産後直後だけでなく、子どもが独立するまでのあいだ、サポートが必要になる可能性は常にあります。この課題は数年ごとにくり返し、必要な助けが得られるように準備しておきましょう。

アタッチメント理論

赤ちゃんの気持ち

あなたには、赤ちゃんより圧倒的に有利な点があります。親になると何が起こるか、ある程度予測がついている点です。自分の親が弟や妹の世話をしているところや、ほかの親が子育てをしているところをきっと見たことがあるでしょう。自分の子どものころの様子を覚えているかもしれませんし、子育てブログや育児本を読んだかもしれません。それになんといっても、自分も昔は赤ちゃんだったのです。そのころの経験は無意識の領域に追いやられているかもしれませんが、きっとまだ残っているはずです。

一方、赤ちゃんには、親になるのがどういうことかはまったくわかりません。赤ちゃんとして生きるのだって初めてで、何もかもが初体験です。初めての体験というのは深い印象を残すものですが、大人にとっては初めての体験は減る一方です。初対面の人に会えばその人の第一印象は残りますが、人間一般に関する私たちの哲学が劇的に変わることはありません。

休暇で初めての場所に旅行に行ったとして、そこで出会った人々がたまたまとてもやさしくて、天気も最高だとしたら、その土地に好意的なイメージを持つでしょう。同じように、赤ちゃんにとっては、生まれ落ちた世界が安全で愛すべき場所であるほうが、人生がずっと楽になります。たとえその後の人生でどんな災難が降りかかっても、自分は大丈夫だと思えれば、本来の道から簡単に外れたりせず、回復も早いはずです。こうした自信は、養育者であるあなたから身につけることができます。

気がついたら突然砂漠にいた、と想像してみましょう。食べ物も家もなく、飲み物すらなく、さらに悪いことに一人ぼっちです。そのまま1時間放っておかれたらどんな気持ちになるでしょう。2時間経ったら？　その後ようやく遠くに人が見えたら？　きっと叫んだり、怒鳴ったり、手を振ったり、必死になって注意を引こうとするはずです。もしかしたら、赤ちゃんもこんなふうに感じているのかもしれません。

新生児は母親の子宮から外の世界に出てきたばかりです。子宮内はもともと胎児のニーズに合った環境でした。ところが生まれたあとは、親に対して自分からニーズを知らせなければなりません。赤ちゃんの体からヒントを読みとり、何を必要としているか理解できるかどうかは、親である私たち次第です。子どもがなんとかコミュニケーションを取ろうとし、親もそれにうまく応じようとするのは、砂漠に放りだされた人が遠くに見かけた人々の注意を引いて助けてもらうのに似ています。

もしも砂漠のまんなかで一人きり、というのが人生最初の体験だったら、見つけた人々がどう反応してくれるかによって、あなたの世界観や性格が決まります。ニーズに合った反応があったか、とんちんかんな反応があったか。注意を向けてもらえるまでに長時間叫ばなければならなかったか。ニーズはすぐに理解され、満たしてもらえたか。そしておそらく何よりも、話し相手を求めているあいだ、どの程度放置されたかによって、心の奥に1つの感情が植えつけられ、別の強力な経験によって書き換えられるまで、長く初期設定として機能します。

赤ちゃんはこの世界にやってくるとき、他者と愛着《アタッチメント》——つまり絆——を築くようにプログラムされています。アタッチメントのあり方が気楽で、親密で、愛情のこもったものであるか、ひたすら愛情を求めるような粘着質で複雑なものであるか、あるいはそうした働きかけがまったくできず、一匹狼でいるほうがいいと自嘲気味に思うのかは、アタッチメント理論によれば、赤ちゃんのころにどんな関わり方をされたかによって決まります。

アタッチメントには4つの型があります。(1)安定型アタッチメント、(2)不安・葛藤《アンビバレント》型アタッチメント、(3)回避型アタッチメント、(4)無方向型アタッチメントです。赤ちゃんにとって望ましいのは「安定型」のアタッチメントを育むことです。そのためには、あなた自身と養育者とのあいだにどのアタッチメントがあったのか、ふり返ってみるといいでしょう。もし安定したつながりがなかったなら、赤ちゃんと絆を結ぶためには、自分のなかから自然に湧いてくる反応を超えた、より一層の気遣いと、自覚と、慎重な検討が必要です。

安定型アタッチメント

赤ちゃんのころ、親密さや支えを求める気持ちが一貫して満たされていたなら、周囲の人はだいたい良い人だと感じながら育ってきたことでしょう。つまり、人を信用して、周りの人とうまくやっていくことができ、おおむね楽観的で、他人と良好なつながりを築くことができます。これは快適な人生を送る助けになります。自分はまあまあ良い人間で、周りもだいたい良い人たちだと思っているので、自然と運も巡ってきます。砂漠に放りだされても、いつか誰かが見つけてくれるし、そんなに必死にならなくてもその人たちが一緒にいてくれるので、孤独を感じることもありません。

私たちが目指すのはこのスタイルです。ときどき、生後数カ月の赤ちゃんが突然まとわりついてくるようになったと心配する親がいます。赤ちゃんがあなただけを求めるのはよくあることです。あなたにくっついていれば安心だと思うからで、これは良いことです。ただ、心理療法士の用語で言う「対象の永続性」をまだ理解できていないだけなのです。「対象物は見えないときにもそこにある」ことを認識する能力が未発達だからです。あなたが赤ちゃんのニーズに応えていれば、いずれこの認識能力が育ち、あなただけにくっつこうとする段階は終わります。ただし、それが早いか遅いかは人によって違います。

不安・葛藤《アンビバレント》型アタッチメント

子どものころのニーズがあまり満たされず、長時間大声で訴えても養育者の注意を引くことが難しかった場合、気づいてもらうために大騒ぎをする癖が身についている可能性が高く、自然な人づきあいができません。自分をあまり良い人間とは考えられず、周りの人のことも信頼に値する人間だと思えずにいるかもしれません。砂漠で遭難した人が、通りかかった人の注意を引くために飛んだり跳ねたりしなければならないようなものです。ごく幼いころの経験がその後の人生の青写真になることは多いのですが、最初の人間関係のパターンを書き換えるような一貫したポジティブな経験が頻繁にあれば、安定型のアタッチメントを育むことも可能です。

回避型アタッチメント

どんなに泣いても誰にも応じてもらえないことが何度もあると、赤ちゃんはあきらめてしまいます。「どうせ注意を引けないなら、試しても意味なんかない」という思いが心に根づいてしまうのです。自分が誰かに影響を与えられるとは思わず、理解してもらえることを期待しないまま、一匹狼として成長します。砂漠で通りかかった人に対しても、注意を引こうと手を振るのをやめてしまいます。だって意味がないのですから。相手のほうはおそらく、手を振ったり叫んだりしてこないので、助けは必要ないのだろうと思ってしまいます。このスタイルのデメリットは、後の人生で他人を寄せつけなくなってしまうことです。けれども、不安・葛藤型のアタッチメントと同じく、さまざまな取り組みと実践によってスタイルを変えることが可能です。

無方向型アタッチメント

砂漠のまんなかで通りかかる人が足を止めてくれず、もし止めたとしても、あなたのニーズを満たしてくれるのではなく、あなたのほうが彼らのニーズを満たさなければならないとします。食べ物を与えてくれることもなく、それどころか暴力を振るってくるとしたら？　そんな目にあった人がどういう信念を持ち、ほかの人とどう関わるようになるか、想像してください。おそらく他人を害悪の源と見なすようになり、共感《エンパシー》する力も道徳心も育たないでしょう。

やってみよう

あなたのアタッチメントタイプは？

子どものころのあなたが養育者とのあいだに築いたアタッチメントはどのタイプでしょうか？　アタッチメントのパターンが上の世代からどのように伝わってきたか、たどれますか？　もしあなたが不安・葛藤型か、回避型か、無方向型だと思うなら、自分がされたことのうち、何を変えればいいでしょうか。もし安定型のアタッチメントだと思うなら、その安心感はどこから来るのでしょう？　どうすれば、自分の子どもと接するときにそれを再現できるでしょう？

赤ちゃんのサインに敏感になる

乳児の泣き声が要求のように聞こえることがあります。赤ちゃんの泣き声を「強制力のある泣き声《コアーシブ・クライ》」と呼んだりするのはこのためです。すべての哺乳類がこうした泣き声に自然に反応するようにプログラムされているのは、それが種の存続のために欠かせないからです。たとえばシマウマがライオンに気づいて群れに知らせると仲間が即座に反応するように、こうした声に従ってしまうのは仕方のないことなのです。

赤ちゃんの感情に曖昧なものはほとんどありません。何かに苦しんでいるときには必死に訴えます。乳幼児の「不足」と「ニーズ」はだいたい一致します。赤ちゃんはあなたがいなければ生き延びられないのです。

赤ちゃんの泣き声を無視しようとすると、親のほうも本来の性質に反して自分自身の一部を遮断することになります。また、赤ちゃんの発達を阻害することにもなります。親密な関わりが、赤ちゃんにとっても親子の絆にとっても不可欠だからです。子どもの脳はひとりでに育つわけではなく、環境内にいるほかの人の脳と関わりを持つことで発達します。私たちの脳は周囲の人々との関わりによって死ぬまで発達しつづけますが、生まれた直後の何日か、何カ月か、何年かというのは、脳内のネットワークが最も多く形成される時期です。だから私たちが赤ちゃんのそばにいて、関わりを持ちつづける必要があるのです。

あなたが赤ちゃんだったころに親から自然な反応が得られなかったなら、子どもの泣き声に応えようとするときに、なんらかの感情がよみがえってくるでしょう。くり返しますが、親になることについて落ち着かない気持ちになったり絶望を感じたりするなら、サポートを受けてください。あなたの感情の受け皿になってくれる人が必要です。自分が受けとめてもらえれば、次はあなたも子どもの感情の受け皿になることができます。

苦しいのに支えてもらえない、満たされないと感じると、赤ちゃんはその苦痛を自分から切り離すようになります。1人で放っておかれて付き添いなしで眠ることを教えこまれた乳児を調査した研究によると、泣くのをやめたとしても、乳児のストレスレベルは泣いていたときと同じくらい高いままだそうです。苦痛から自分を切り離すのは、哺乳類が生き延びるための自然な反応の1つですが、これにはマイナス面もあります。切り離したはずの感情が不意に戻ってくることがあるのです。記憶へのアクセスが制御できなくなり、フラッシュバックを起こすことがあります。

親になることが苦痛である場合、その理由はなんでしょうか。それは、自分に子どもができることで、子どものころに切り離した感情がよみがえるきっかけとなるからです。場合によっては不快で、奇妙で、当惑するような感情です。はっきりした形を取らないこともありますが、間違いなく負の感情の引き金となるものです。

泣いても応じないようにしている場合、赤ちゃんが感情を切り離す原因をあなたがつくっていることになります。これは一見問題ないようにも思えますが、切り離された感情は後になって浮上することがあります。そんな危険をおかす必要はありません。

もし、お子さんが小さいときに泣かせっぱなしにした時期が長くあったなら、あなたはこれを読んで不安や怒りを感じているかもしれません。しかし自分を（あるいは私を）責めても何もいいことはありません。状況を修復するためにできるのは、子どもの気持ちを重要でないもの、くだらないものと見なすのをやめ、真剣に受けとめることです。

子どもがあなたに近寄りたがったら、そばにいてください。自分がしたことや、なぜそうしたかを話し、本人に非がないことを伝えてもかまいません。もし子どもが原因不明の困難な感情に悩まされているなら、そうやって話すことで自分の感情を理解する助けになるはずです。自分が感じていることを真剣に受けとめてもらえるのは、子どもが（あるいは大人でも）何歳であろうと癒しになります。親が弁解もせず、責めることもせずに真剣につきあえば、本当に強力な薬になります。

赤ちゃんに完璧に合わせることは、大人である私たちにはできません。誤解や断絶が生じるのは避けられないのです。それでもできるかぎりやってみることです。適切な反応によって子どもの安心感を育み、子宮内から外の世界への移行がスムーズにできるように手を貸しましょう。あなたの耳に届く赤ちゃんの泣き声は、自然が訴えてくる声なのです。孤独は子どもにとっては不快なものであり、喉の渇きや空腹と同じく満たされる必要があります。

ホルモンはあなたを別人にする

妊娠中や産後には、何もかもがそれまでの10倍ほどの強度で感じられることがあります。

ヴィクトリアは臨月で、2番めの子どもがもうすぐ生まれるところですが、こう言っています。

「冬季オリンピックのスピードスケートを見ていたら、応援していた女性選手が転倒してレースから脱落したんです。そのとき、大泣きしてしまったんですよ。ぜんぜん私らしくない。普段はそんなに感情的ではないんです」

あなたらしくないかもしれませんが、それがいまのあなたです。もし普段より感受性が強くなっていても、おかしくなったなどと思わないでください。感情が大げさになっている気がしても、それが重要ではないとか、その理由は大したことじゃないとは思わないように。たとえば、女性選手がベストを尽くしたのに脱落してしまったところを見て動揺するのは、あなた自身の不安が投影されたのかもしれません。選手のために泣くことで心を解放する必要があったのでしょう。それに、選手が立ちあがって再びスタートラインに並ぶ姿は、あなたにとって良いお手本になります。

ホルモンのせいでどこからともなく強い感情が湧いてきたように思えるかもしれませんが、普段感じていることが少々大げさになっただけです。感受性が強化されている状態は、あなた自身や赤ちゃんのニーズに敏感に反応する助けにもなります。

孤独は親も苦しめる

孤独に苦しむのは赤ちゃんだけではありません。10カ月の慣らし期間があるとはいえ、私たちは赤ちゃんの誕生によって、ある日突然親になります。慣れない新生活のなかで一人ぼっちになるのは本当に危険です。大家族で暮らしているとか、地理的にも心理的にも近い人々のなかにいるのでないかぎり、新米の親が孤独を感じるのはふつうのことです。

ユーリは32歳で、一児の母です。子どもの父親のヨハンは、子どもが生後2カ月のときに出ていきました。「子育てを1人でやるなんて話が違うと思いましたけど、ソフィが生まれてすぐにヨハンは出ていきました」とユーリは言います。ユーリはショックを受けてパニック状態になり、次に孤独に陥りました。たとえパートナーが出ていかなかったとしても、孤独は多くの親を苦しめる感情です。ユーリの孤独感をさらに悪化させたのは、両親の無理解でした。

孤独というと、社交スキルが低いとか、変わり者だからなどと思われがちです。孤独には不名誉と恥がついてきます。しかしそういう考え方はやめるべきです。孤独はあらゆる人を苦しめるとても強い感情です。必要なことをするように（一緒にいる相手を見つけるように）という警告なのです。人間は群れをなす動物です。私たちは、食べる必要があるときに空腹を感じ、危険な場所から逃げる必要があるときに体に痛みを感じ、誰かに受けいれられていると思いたいときに孤独を感じます。孤独は喉の渇きや飢餓感と同じように、必要な感情です。危機的状況にあるときにそれを無視すれば、心と体の健康を壊す大きな原因になります。

1人になるのがそんなにいやなら、何かのグループに参加するか、もっと友達をつくればいいのではないかと思うかもしれません。しかし、残念ながら、そんなに簡単ではありません。ユーリは疲れきっていて、孤独に対処するためのエネルギーは残っていませんでした。難しい理由はもう1つあります。孤独は拒絶に対する強い警戒心の引き金となるため、私たちは拒否されることや冷淡にあしらわれることに過敏になってしまうのです。そうやって身構えていると、より拒絶されやすい態度をとってしまうことがあります。口に出したせいで実現してしまう予言のように、拒絶されると思っているせいで本当に拒絶されてしまうのです。

パートナーが出ていったあと、ユーリの自己評価は急降下して、自分のことを「役立たず」だと思うようになりました。地元の広告に出ているような親のサポートグループや、ママと赤ちゃんの音楽教室に参加することも考えましたが、出かける気になれず、家で丸まって寝ていたいと思うだけでした。こんなふうに感じるのは人間だけではありません。社会生活をする生き物はたいてい、一度群れから引き離されると、群れに戻るときや新しい群れに加わるときに弾きだされることを警戒して、さらに孤立してしまいます。研究結果によると、ラットやハエでさえ、一度離れると群れのまんなかに戻ることができず、端のほうに留まろうとします。

一方、人間にはラットやハエより有利な点があります。必要なものを得るために、本能を抑えて理性を働かせることができるのです。しかし簡単なことではないので、やらなくていいようにあらゆる言い訳を考えだそうとします。新しいグループにうまくなじめず、その理由を並べたてるのはふつうのことです。よくあるのは、劣等感に浸る（「みんなには自分が何をやっているかちゃんとわかっているけど、私にはわかっていない」と思う）か、優越感に浸る（「離乳食とおむつの話しかしない新米の親のグループになんか入りたくない」と思う）ケースです。数カ月前には人事課の有能な社員だったユーリが、サポートグループに参加する気にさえなれないのは意外かもしれませんが、そういうものなのです。孤立している人というのは、自分は他人より優れている、あるいは劣っていると思うことで社会的なつきあいを軽んじ、それを言い訳にして参加を避けることが多いものです。優越感も劣等感も引きこもりの悪循環へとつながり、孤立感を増大させます。

ユーリにとって、自分が孤独であることを認め、支援グループに参加するよう自分に言い聞かせるのは、とても大きな一歩でした。

フェイスブックで見つけた母乳育児支援のグループに参加して、世界が変わりました。週に2回、午後に誰かの家に集まるんです。ほかのママたちに自分の経験を聞いてもらえるのは気分がいいし、自分も誰かのサポートができたときには、役に立っているんだと思えて。このグループはオンラインでも活動しています。夜中なんて本当にありがたいんですよ！　だいたいみんな起きているんです。いまになってみれば、自分は役立たずだと思うのが癖になっていただけだとわかります。いろいろな心配事も、ほかの親たちに話したからといってなくなるわけではありませんが、なんとかなると思えるようになるんです。

やってみよう

孤独に対処する

1. 自分が孤独だと認めるために、心の準備をする。否定したり、孤独を感じているからといってネガティブな判定をしたりしないこと。
2. 孤独が自分にどういう影響を与えるか理解する。社会的な種の一員として、孤立するのが危険であることを忘れないでください。
3. 自分が過度に警戒していることを認め、それを克服する。新米の親が、優越感や劣等感を抱いてグループに参加したがらないのはよくあることです。孤独が生みだす不信にしがみつくために言い訳をしないこと。
4. 自分から動いて、人の手の届くところにいるようにすること。利用できる親子教室を探したり、地元の親たちとオンラインでつながれないか検討したり、友達に遊びにきてもらったり、自分から友達を訪ねたりしましょう。

産後鬱はなぜ起きる？

孤独も産後鬱の原因になることがありますが、出産後や、親の責任を実感したあとの抑鬱状態にはほかにも多くの原因があります。産後鬱の症状として挙げられるのは、苛立ち、深い悲しみや落胆、無力感、不安、不眠、小さなことをするにも多大な努力がいる、他人の目から隠れたい、自傷行為を考えるなどで、極端な場合には精神疾患になることもあります。毎年10～15パーセントの新米母が産後鬱になります。また、いくつかの研究によると、10パーセントの父親が同じように精神の不調に悩むそうです。

以下は、ポーラの産後鬱の体験です。

息子のリッキーは私が抱っこしないと金切り声をあげ、抱きあげても同じように金切り声をあげました。パートナーに抱っこしてもらうと、彼女のほうが私よりもうまくあやせるようでした。私はいったい何をしているんだろう、という気分になりました。息子のおむつを替えるときに、怪我をさせてしまったらどうしようと怖くなり、自分がそんなふうに感じているのがひどく恥ずかしくて、保健師に訊かれても「大丈夫」と答えていました。

こんなに泣くなんて息子はどこか悪いに違いないと思い、お医者さんのところへ連れていきました。けれども悪いところは見つからず、医者に連れていったことも恥ずかしくて、ますます落ち込みました。

私なんかいないほうが息子は幸せなのではないかと思いはじめました。だって母乳さえうまくあげられなかったのですから。乳首がひどく痛んだのです。哺乳瓶でミルクを飲ませていると、さらにだめな親になった気分でした。

生後3カ月のころが最悪でした。完全に神経が参ってしまって、パートナーにも弟にも私がうまく対処できていないことがばれてしまい、「大丈夫」と言っても、もう聞きいれてもらえなくなりました。死んでしまいたい、少なくとも逃げだしたいと思っているのを白状しなければなりませんでした。母親になることが、とても大事《おおごと》のように感じられたのです。惨めさが厚い雲のように頭上に垂れこめていました。

パートナーにとってもつらかったはずです。赤ちゃんの世話をほとんど引き受けるはめになったのですから。それでも彼女は私と同じ暗い場所に落ち込んだりはしなかった。ほかのことをすべてこなしながら話しあう時間までは取れないと考えたパートナーは、私をセラピーに行かせました。追い払われたように感じて腹が立ちました。彼女と赤ちゃんがペアで、私はのけ者にされたと思ったのです。

いまになってみれば本当にあったこととは思えないのですが、自殺しようとして具体的な方法まで考えました。私がいないほうがみんな幸せに暮らせると思い込んでいたのです。でも、先にセラピーを受けてみようと思いました。

セラピストには、私自身の乳児期のことを訊かれました。思いだせなかったので家族に尋ねました。いとこの話では、私は生後3カ月のときにおばあちゃんとおばに預けられたそうです。両親は私を置いて1カ月間外国を旅行しました。どうしてそんなことをしたのかと両親に尋ねると、赤ん坊中心の生活にちょっとうんざりしてしまって息抜きが必要だったんだと父は答えました。母は「旅行から帰ってきたときにはひどく動揺したわ。お前が私を覚えていなかったんだもの」と言いました。そのことをまだ怒っているような口ぶりでした。

母には赤ん坊の私がいるだけでは充分ではなかったのだと思うと悲しかったし、私を置いていったことには腹が立ちました。そして、なぜ息子の存在に違和感があるのかわかりました。母にとっては、まさに私が違和感のある存在だったからです。なぜパートナーと息子がペアで、自分がのけ者にされたように感じたかもわかりました。乳児のころの自分が本当にのけ者にされたからです。「子育てがうまくできなくても不思議はないんだ。両親にもできなかったのだから」と思うようになりました。

こうした連鎖が判明したことが、いくらか助けになりました。本当に少しずつではあったけれど、回復しました。息子が8カ月になったときには、私はこの子の母親なのだ、だからそばにいてあげなければと実感できるようになりました。息子のために自分がいること、自分のために息子がいることを受けいれられるようになったのです。以前よりも息子とのつながりが感じられ、息子が泣いても自分に向けられた罰のようには感じなくなりました。

　毎週セラピーに通うようになって1年が過ぎると、少しずつ新しい自分を知るようになり、その自分を好きになりました。いまでは、息子はやさしくて素敵な22歳の青年なんですよ。


　ポーラのように、自分の感情の背景を知ることが役に立つ場合もあります。自分はどうしてこんなふうに感じるのか、何かしら説明がつくはずだとわかっていれば、その内容までわからなくても充分な場合もあります。

　赤ちゃんとの関わりのなかで出てくる反応や衝動について話し、それを受けいれてもらえれば、無意識のうちに過去の自分を投影するのではなく、赤ちゃんを1人の個人として理解できるようになります。子どもを傷つけてしまうかもしれないと想像したり、いまの人生を捨てて子どもから逃げだすことを空想したからといって、それだけでモンスターになるわけではないのだと思えるようになります。空想は、ただの空想であるかぎり害にはなりません。空想や感情について話をすることで、最初にそれを感じたのはどこだったか突き止められることもあります。自分自身が育ってきた過程をふり返り、その感情を捉えなおすことができるのです。これはネガティブな過去の影響を最小限に抑える助けになります。

　誰にでも、決めつけることなく話を聞いてくれる相手が必要です。自分を100パーセントさらけ出せる相手です。赤ちゃんはあなたをそういう相手として必要としています。あなたにとっては、話を聞いてもらう相手はほかの親でもいいのです。セラピストや医師と話がしたいと思うなら、躊躇しないでください。子どもを産むというのは精神的にも肉体的にも大変なことです。あらゆるホルモンがあなたの感情を増幅させます。もしも赤ちゃんや家族から離れたいと感じたら、サポートやプロの助けを求めたほうがいいでしょう。

以下はグレッチェンの産後鬱の体験です。

仲のいい友達のなかで、子どもができたのは私が最初でした。以前の生活が恋しかった。仕事も、人に会うこともできなくなって寂しかった。仕事では、私は意欲的な成績優秀者でした。でも母親としては、いつも間違ったことばかりしているような気がしました。正しいと思えることは全部やりました。ベビー教室にも通ってみましたが、そこへ行くと、自分はほかの母親と比べて何かが足りないと思ってしまうんです。

赤ちゃんが泣くと気に障って、あやそうとは思えませんでした。赤ちゃんをどこかに忘れてきちゃうんじゃないかと心配で、出かけることがものすごくストレスになりました。だからたいてい出かけずに済ませました。誰かが家にやって来ても出ませんでした。着替えることさえ面倒に思える日もあったし、不眠気味でした。お産のときに鉗子《かんし》を使う必要があって、自分の体を侵害されるような感触がとてもいやだったのですが、ようやく眠りに落ちてもすぐに目が覚めて、悪夢のようなあのお産の場面を頭のなかで再現してしまうんです。

たいてい、パートナーが帰宅する直前に着替え、「すべて順調よ」と話しました。自分が役立たずのように感じるなんて言ったら、きっと批判されると思ったのです。彼は私が神経質で不安定になっていることに気がついていて、どうかしたのかとよく訊いてきました。「ただの睡眠不足だから大丈夫」と私は答えました。本当は大丈夫ではなかったのですが。

その後、地元の別のベビー教室に、重い足を引きずって出かけていきました。また大丈夫なふりをするつもりでした。パートナーが帰宅したときに話すネタがほしかっただけなんです。そこにいた女性の1人、スージーが、自分はうまく対処できていないと発言し、どんなにひどい気分であるかを説明しはじめました。ほかの母親たちにアドバイスされると、スージーがさらに落ち込むのがわかりました。私は勇気をふり絞って言いました。「私も、同じ」。そして自分の経験を彼女に話したんです。私たちは友達になりました。スージーが鬱の母親のための教室を見つけてきて、私たちが参加するべきなのはこれだと思いました。その教室には託児所があって、母親はみんな工作をしました。子どもみたいに、小さな端切れを紙に貼りつけてコラージュをつくったんです。私たちにとっては最高の経験でした。切ったり貼ったりしながら、全員で気ままにおしゃべりをしました。私は別に変じゃない、ほかの人も似たような経験をしているんだとわかって、落ち込んだ気分が変わりはじめました。

あれから3年経って、息子との関係は良好です。出だしは厄介でしたが、そんなにダメージはなかったみたいです。いまでは2人めの子どももいます。女の子で、1年前に生まれました。前と違っていまは孤立していないし、すべてが完璧でなくてもだめだとは思わなくなりました。息子が生まれたあとに鬱になったのは、ホルモンのせいもあったのかもしれません。

赤ちゃんが生活に入りこんできたときのあなたの経験や感情は、正しいわけでも間違っているわけでもありません。どんなに奇妙で、ふつうでないように思えても、自分だけの胸にしまっておくのはやめましょう。グレッチェンがしたように、気の合う人を見つけて話してください。プロの助けを求めてもいいのです。そこまで悪くないからとか、もう手遅れかもしれないからなどと思わないでください。正しい軌道に乗っていると感じられれば、あなただけでなく、子どものためにもなるのです。

やってみよう　隠された小部屋

この課題は「ガイド付きの瞑想《めいそう》」と呼ばれるものです。1つのシナリオを心の目で見て、じっくり探索し、あなたの隠された心の奥底で何が起きているかを発見します。

部屋が3つあるところを想像してください。最初の部屋は受付です。2つドアがあって、受付から2番めと3番めの部屋に行けます。3つの部屋があるこの建物は、親としてのあなたを喩《たと》えたものだと思ってください。さて、心の目を開いて、受付の部屋に行きましょう。ここは訪問客を受けいれる場所です。ここでは、あなたはよそ行きの顔をしています。

2番めの部屋は、あなたが最も迷いを感じる場所です。ここは困難と弱さの部屋で、怒り、後悔、恥、ストレス、悲しみ、不満など、負の感情が詰まっています。この部屋に入ったときに何が感じられるか、考えてみましょう。辺りを見まわして、自分自身を批判することなく、目に入るものを心に留めてください。この部屋で過ごすあいだ、ここの空気を感じながら、自分の呼吸を意識してください。もし息を止めていたり呼吸が浅くなったりしていたら、普段の呼吸に戻しましょう。最後にもう一度困難の部屋を見まわしたら、受付に戻ります。ここは公共のラウンジのような場所です。困難の部屋のドアを閉めたときにどう感じるか、意識してください。困難がまだそこにあることを忘れないように。

今度は3番めの部屋のドアを開けましょう。ここはあなたが最もポジティブでいられる場所です。この部屋ではすべてがうまくいき、親としての自分に誇りを持てて、子どもと一緒にいるときの喜びが感じられます。おそらく、受付にいるときより誇らしい気持ちになります。室内を見まわして、どんな様子か、確認しましょう。周りを見ながら、この部屋にいるときの気持ちを意識してください。

さて、また受付に戻りましょう。そこに立って、2つの閉じたドアの向こうに何があるか感じとってください。私たちはみな、よそ行きの顔のほかに、こうした部屋を持っています。誰にでも、親としての自分について思うところがあり、そのなかにはすばらしいことも、そうでないこともあります。大事なのは、自分のプライベートな困難の部屋と、他人の表向きの顔を比べないことです。

私たちは、受付の奥にある2つの部屋について話せる相手を必要としています。愛情に満ちているときも、子育てでモヤモヤした感情が生じたときも、受けいれてくれる相手が必要なのです。

Conditions for Good Mental Health

第5章

心の健康を育む

私たちの社会でようやく「子どもの心の健康」が注目されるようになってきたのは喜ばしいことです。ただ、残念なのは子どもたちの心の健康が危機に瀕している点です。この章では、子どもが生まれてから数年間をおもに取りあげます。子どもの心に安心感を定着させるには生後の早い時期が非常に重要だからです。しかし、これまでくり返し強調してきたように、子どもが大きくなっていても、幼いころに生じた断絶を修復しようとする試みが遅すぎることはありません。

恵まれない、ひどい子ども時代が後の人生で必ず心の健康に問題をもたらすわけではありませんし、理想的な子ども時代を送っても絶対に異常事態から守られる保証はありません。そうは言っても、子どもが心の健康を害する可能性を最小限に抑えるためにできることはあります。子どものために、そしてあなた自身のためにも、健康な心と体をつくる最良の手段を選ぶべきです。

親子の絆

心の健康状態を示す重要な指標の1つは、親と子のあいだの結びつきの強度です。

人間は群れをなす動物です。何千年ものあいだ、家族をつくって暮らしてきました。私たちは互いに絆を結びながら種として生き延びてきたのです。なかでも重要なのは親と子の絆です。あなたは子どもと絆を持とうとするでしょうし、子どものほうも生まれつきあなたとつながりを築くようにできています。では、どうしたらその絆を双方にとって満足のいく、健康と幸福を生みだすものにできるのでしょうか。これまでも、赤ちゃんの相手をすること、赤ちゃんが自分の感情や気分を体験するときに孤独を感じなくて済むようにそばにいること、また、赤ちゃんにとって親と触れ合える距離にいることが大事だという話をしてきました。

しかし体だけでなく、心も触れあうにはどうしたらいいでしょう。なんといっても、赤ちゃんには言葉が通じるわけではないのです。絆を結び、関係を築くために必要なのはギブ・アンド・テイクです。ここで言うギブ・アンド・テイクとは、親と子が相互に与えあう影響のことです。たとえばあなたと私が互いに影響を与えあえば、私たちのあいだには唯一無二の関係が生まれます。あなたと赤ちゃんのあいだに無意識のうちに生じているのも、それと同じ唯一無二の関係です。乳幼児期の話から始めるのは、それが親子関係の始まりだからです。私がこれからお話しするのは、双方向のコミュニケーションや望ましい対話など、親子以外のすべての人間関係にも通じるものです。

コミュニケーションは「ギブ・アンド・テイク」

赤ちゃんは音をたててあなたとコミュニケーションを取ろうとします。ノイズ、ジェスチャー、訴えるような泣き声、順番にやりとりするゲームは、すべて会話の前触れです。あなたの応答を期待しているのです。

もしここで「シーッ」と言えば、赤ちゃんとのコミュニケーションをあなたが歓迎していないと伝えることになります。何度も「シーッ」と言いつづけていると、子どもは自分が歓迎されていないと思うようになります。私も「シーッ」と言うのは好きではありません。おしゃぶりは、親が注意を向け、愛情を込めて触れながらなだめるときに使うのはかまいませんが、口をふさいで大事なやりとりができなくなるような使い方をするのは好ましくありません。

子どもが感情を言葉で表現できるようになるまでは、私たちが観察してヒントをつかむ必要があります。乳幼児には独自の世界の見方があります。私が考える一番幸せな親とは、進んで子どもから学べるくらいオープンで、子どもの世界観を取り込んで自分の世界を広げていける人です。人格やものの見方を尊重されて育った子どもは、自然とほかの人を尊重することを覚えます。価値観や経験が1つではないことを当然だと思えるようになるからです。

あなたが赤ちゃんの親で、子どもを見つめたり、ジェスチャーや顔の表情で「会話」をしたいと思うなら、それでいいのです。その「ゲーム」がギブ・アンド・テイクの対話につながって、親子の結びつきを強化し、親子関係を発展させます。徐々に言葉が優位になってくると、ボディランゲージはそれほど目につかなくなりますが、完全になくなるわけではありません。観察し、声にしっかり耳を傾け、子どもがあなたに与える影響を受けいれるのも、ボディランゲージの一種です。これは大人の人間関係でも同じです。

対話では、視線やジェスチャーを交わすだけのものでも、音や言葉を含むものでも、双方が相手からの影響を受けます。「ジェスチャー」にはすべての体の動きが含まれます。意図的なものもあれば、無意識のボディランゲージで相手の気分や思惑がわかるものもあるでしょう。一方が与えるだけで、他方がスポンジのように吸収するだけではありません。双方が影響を与えあうのです。それが充実した関係を発展させる方法です。これはもちろん親子のペアにも当てはまります。先を急ぐあまり、順番に行ったり来たりするやりとりではなく、「するほうとされるほう」のように、一方が「主」でもう一方が「従」になってしまうと、対等なコミュニケーションは成立しません。これは相手に反応できる余地を与えないことで起こり、習慣化されると良好な関係への道が失われます。

授業中の教師を想像してください。生徒を引き込む教師は、教室内の反応を読み、教え方を調整します。生徒から学ぶことを怖れません。生徒が何を知っているか察し、相手に考えさせることによって興味を持続させ、生徒が理解したのを確認してから次の情報を導入します。反対に、教師が一方的に生徒に情報を与えるだけだと、生徒は落ち着きをなくし、多くを学べないこともあります。

人間関係において一番ストレスがたまるのは、自分が相手になんの影響も与えられないときです。何を言っても何をしても相手に聞きいれてもらえないと、私たちは望みをなくし、孤立した気分になり、反抗的にさえなります。だから、親が子どもからの影響を受けいれることは重要なのです。相手の影響を受けるとどうなるかという見本を示すことにもなり、子どももあなたからの影響を受けいれやすくなります。

最初の対話

赤ちゃんとの対話の1つに、呼吸を合わせることがあります。赤ちゃんは呼吸を無意識におこなっています。しかし時間が経つにつれ、自分の意思で呼吸をコントロールできることを知り、自分で調整するようになります。抱っこしたり、添い寝したりする大人に、無意識のうちに呼吸を合わせることもあります。呼吸を同調させるのは親子のつながりの一部です。私も赤ちゃんだった娘に添い寝していたときにいつのまにか呼吸が合っていたことがあり、娘のほうも私と呼吸を合わせようとしているのだと気づいて感動と深い満足感を覚えました。たぶん、歌を聞かせたり、一緒に歌ったりするのも、呼吸を合わせて一緒に遊ぶことができるからなのでしょう。

やってみよう――呼吸の練習

パートナーや友人と向きあい、順番に、自分の呼吸を相手の呼吸に合わせましょう。相手に合わせたとき、合わせてもらったときにそれぞれどう感じるかを意識し、リラックスできるまでやってみてください。しばらくのあいだ（少なくとも、この課題に自分がどう反応しているかわかるまで）続けましょう。

赤ちゃんとのコミュニケーション

生後間もない赤ちゃんとのやりとりには、目を合わせたり逸らしたりするゲームもあります。一緒に考えることができるのがこのゲームの特徴です。ゲームのあいだ、赤ちゃんが無表情で目を逸らしてそっぽを向いたままになることもあります。そういうときはゆったり座り、赤ちゃんの次の動きを待ってください。赤ちゃんは興味深そうな表情で笑いながら、また親のほうを見るでしょう。親はやさしい、高めの声でこんなふうに言えばいいのです。「あら、お帰り、戻ってきたのね！」。すると赤ちゃんは、満足するまで同じプロセスをくり返します。

母親と4カ月の子どもとのあいだで、見て、聞いて、反応するなかに、順番に起こるギブ・アンド・テイクのパターンが見られれば、子どもが1歳になるころには母親とのあいだに安定したアタッチメント（愛着）が築かれているでしょう。砂漠の喩えで考えるなら、赤ちゃんは救出され、受けいれられたように感じています。自分のニーズがおおむね満たされることを当然だと考えられるようになっています。

もちろん、絆を育むときにも間違いは起こります。観察が足りない、きちんと聞いていない、子どもの目で世界を見ることが充分にできていないといった理由から、親が自然なプロセスを遮ってしまうこともあります。親が赤ちゃんからのヒントをあまりにもたくさん見逃してしまったり、求めるものが多すぎたりすると、赤ちゃんは一番大切な人間関係で安心感を持てなくなります。そういうときには親が関わり方のパターンを変え、もっとよく見て、敏感に反応する必要があります。

同調を必要とするやりとりが、自然に楽々とできずに消耗する、手がかかりすぎると感じる人もいるかもしれません。もしそう感じても、あなたが悪いわけではありません。あなたが赤ちゃんのときに受けた扱いに原因があるのかもしれませんし、あるいは、自然に人に合わせることができないとか、できるけれど苦手ということだって当然ありえます。

対話《ダイアローグ》が難しいとき

私自身もこういうやりとりが苦手で、努力を要しました。たぶん、話を聞きいれてもらえたり考慮してもらえたりすることが、子どものころにあまりなかったからでしょう。一方（大人）が常に「する側」で、もう一方（子ども）が常に「される側」であるべきだと無意識のうちに思い込んでいる人は多いのですが、それでは親子のやりとりは行き詰まってしまいます。

あなたは子どもからの影響を自然に受けいれられるでしょうか。子どもの話を聞きいれ、それに反応することが、とくに意識しなくても簡単にできますか？　すべての親にそれができるわけではありません。自分のなかに眠るその能力を意識的に働かせる必要がある人もいます。自分の子どもから影響を受けることに抵抗がある人もいるでしょう。これは「対話恐怖症《ダイアフォビア》」と呼ばれる症状で、人から影響を受けること、「される側」になることが苦手なのです。

私たちには、自分が幼いときにされたことを人に対してする傾向があります。このため相手に反応するという、持って生まれた自然の能力が鈍くなっていることもあります。乳幼児のころに、衣食住などの実際的な面ではきちんとケアされながら、相互関係の成立するやりとりは経験してこなかった人もいます。自分の感情を真剣に受けとめてもらえず、「もの」に近い存在と見なされてきたなら、1人の人間ではなくただの「赤ちゃん」や「子ども」、「多くの子どもたちの1人」として扱われてきたなら、そして大人に影響を与えることを許されてこなかったなら、その人にはやや対話恐怖症の傾向が見られるかもしれません。

乳幼児にとって、相手から反応してもらいたいと思うのは「欲求」ではなく、「必要」なことなのです。子どもの泣き声や、視線や、順番にやりとりをするゲームに親が反応しなかったら――子どもが求めるギブ・アンド・テイクの関係で、親が自分の役割を果たさなかったら――子どものなかに不安定な、あるいは回避型のアタッチメントや、そこから生じる特性を育ててしまう危険があります。そうなると、きちんと機能する人間関係を築くことが難しくなります。

もし自分に対話恐怖症の傾向があると感じても、自分を責めたり、恥ずかしいと思ったりしないでください。ギブ・アンド・テイクの邪魔になっている行動を変えて、子どもに調子を合わせてみましょう。問題に気づき、正面から取り組んだことを誇りに思ってください。ほかの人の対話恐怖症のほうが目につきやすいこともあります。相手が乳幼児でも、ティーンエイジャーでも、大人でも、ギブ・アンド・テイクの関係を築くことになんらかの抵抗を感じるなら注意が必要です。あなたが一方的に話をしているようなら気をつけてください。自分の思い込みに抗って、子どもが必要とする双方向のやりとりを心がけてください。

ここまで読んできて、後悔に満ちた悲痛な気持ちになっている人もいるかもしれません。しかし、「もう遅すぎる。私は対話恐怖症で、そのまま子どもと接してしまった」などと思わないでください。あなたと子どものあいだには独自の結びつきがあり、それをより良いものにするための取り組みはいつだって始められるのです。子どもの話をよく聞くようにするとか、子どもの見方で世界を見てみるとか、子どもが自分とは別の人間であることを受けいれるとか、子どもからの影響を受けとめるといったことはいつでもできます。

もう大人になっていたとしても、親から対等な存在と見なされたり、親に理解してもらえることには大きな意味があります。もちろん、子どもが大人になる前に断絶を修復したっていいのです。いままで子どもを払いのけるような真似をしてきたと思うなら、それをやめればいいのです。完全にあなたのものの見方を変えるべきだとか、子どもの言うことだけを聞きいれるべきだなどと言っているわけではありません。しかし、子どものものの見方も、あなたのものの見方と等しく価値があることを忘れないでください。

ここで、42歳のジョンのケースを見てみましょう。

ついこのあいだ、「あなたって人から何か言われることに耐えられないのね」とパートナーに言われました。ひどくショックでしたが、よくよく考えてみれば、何か知らないことがあると自分は心底恥ずかしくなるのだと気がつきました。「あなたのキャッチフレーズは『知ってるよ』で決まりね」とも言われました。確かに、私はその言葉を頻繁に使っていました。本当に知っているときも、じつは知らないときも。

その後、父を訪ねました。たくさんの飲み薬がごちゃごちゃになっていたので、いつどの薬を飲めばいいかわかるように、父のために表を書きました。すると父は皮肉な口調でこう言うのです。「86年も生きてきたのに、おれが薬瓶のラベルの読み方を知らないとでも思っているのか、ええ?」父も自分が知らないことを人から言われるのが大嫌いなのだと、そのとき気がつきました。

率直に言って、父のこういう態度が昔からずっと私を傷つけてきたのです。

適切な返答はこうでしょう。「表にしてくれてありがとう、ごちゃ混ぜになりそうだったんだよ」。しかし父は人から、とりわけ息子から何かを指摘されることに我慢がならないのです。私はとうに

40を過ぎましたが、父にとってはいまでも小さな男の子なのです。

それから、私自身、自分の息子の話をちゃんと聞いてこなかったことに気がつきました。私が知らないことについて息子が語れるとは考えたこともなかったし、息子にも私の「知ってるよ」という口癖がうつりかけていました。

パートナーの助けを借りて、もっとオープンに人の話をよく聞くように、知らないことがあっても恥ずかしいと思わないようにしようと努めました。いまでは息子にもいろいろなことを教えてもらい、見くだすような態度を取らないように気をつけています。親子関係が本当に変わってきましたよ。これまでは息子のためのスペースがなかったのです。コミュニケーションは私から息子へ、教師から生徒へ、一方通行でいいと思っていたのですが、いまでは息子が自分を見せるためのスペースを残しておくことを覚えました。息子がどんな人間か、父親として知っていると思い込むのではなく、積極的に知ろうとするようになりました。

これまでの私はよくいる古くさい男で、人の指示に従うのが嫌いでした。自分が知らないことを他人から言われると耐えられなかったのです。それがいまでは、いつも誰かの指示をあおいでいます。自分の無知を指摘されれば相変わらず恥ずかしく思いますが、恥のせいで好奇心を押し殺したり、息子の話を聞かなかったりするのはもうやめました。だからといって身が破滅するわけではありません。むしろその反対です。それに気づいてから、息子との距離がずいぶん縮まったように感じています。

ときどき、変化を起こすことを強く怖れる人がいます。変化というのは、たとえば対話恐怖症に抗う決心をすることで、ジョンがしたのもこれでした。実際には、小さな行動の変化が大きな利益をもたらすのです。

やってみよう

あなたの行動パターンは？

子どもがあなたの注意を引きたがるたびにいつも雑用や仕事、電話など、差し迫った用事があると感じ、それを口実にして子どもを追い払っているようなら、おそらく対話恐怖症が行動に表れています。また同じことをしてしまいそうになったら、追い払いたい衝動をこらえて、子どもがやりたがることを一緒にやってください。

やってみよう

人から何か言われるのをいやがっていませんか？

すでに知っていることを誰かから言われたらどんな気分になりますか？　あるいは、知っているべきなのに知らないことを誰かから言われたら？　正直な気持ちを話してみましょう。その際に生じた感情がどんなものであれ、その原因はあなたの子ども時代にあるのかもしれません。

子どもから片時も目を離さずにいる必要はありません。しかし、ある研究結果から、子どもが親の注意を引こうとするたびに無視していると、子どもにとってはそれが苦痛になることがわかっています。母子を対象とした実験で、母親が赤ちゃんと向きあって座り、赤ちゃんに反応して真似をしたり、ジェスチャーをしたりしてはいけない（つまり、感情面の反応をいっさい見せないように）という指示を受けるものがあります。母親たちがこれを3分間実行したところ、赤ちゃんたちは不快感を示しました。不安そうな顔や、恥ずかしがったり悲しんだりする様子が見られ、それが数分間続いたのです。赤ちゃんにとっては独り芝居をさせられたようなものです。

子どもは養育者との双方向のやりとりを必要とします。それがないと、自分は無力で、自分の行動にはなんの影響力もないのだと思うようになります。そういう赤ちゃんの経験を仮に言葉にしてみると、こんな感じかもしれません。「私があなたになんの影響も与えられないなら、いなくても同じでしょう」。こうして自分から働きかけることをあきらめてしまう子どももいます。大人が充分に反応しないことで、やっても無駄だと教えてしまっているのです。

積極的に観察する

「自分は相手の話を聞いている」と思うときには、たいてい口をはさむ隙ができるのを待っているだけです。私たちは、相手が伝えようとしていることを理解するよりも、どう応えよう、どう反応しようと考えるほうにエネルギーを使っています。一方、相手からの影響を黙って受けいれようとすると、怖い気もします。言葉にしてしまえば怖くないのですが、もし本当に聞くことに集中相手からの影響を受けいれたら、自分がなくなってしまうのではないかと感じて怖くなるものです。しかし実際はその正反対で、大きくなるのです。以下はジョディとその娘、ジョーの例です。

娘のジョーが生まれて最初の数週間は、あまりにも依存してくるのでひどく消耗しました。娘に対してはオープンでいたかったし、泣き声にもちゃんと反応したかったけれど、苦労しました。娘の要求に屈すると自分が失われるような、自分が乗っ取られるような気がしたのです。

娘の要求に対して壁をつくるのではなく、もっと心を開こうと思ったとき、助けになったのは娘を観察することでした。一緒にいて、きちんと注意を向けているときは、娘が私を呼ぶことが少ないのです。徐々に要領がつかめてきて、娘が泣きだす前に先手を打てるようになりました。娘がストレスを感じる前に、娘からのヒントを読み取れるようになったのです。

家事や仕事をするときも、実況中継みたいに絶えず娘に話しかけるようにしました。娘が言葉を返してくるチャンスができるように。何も用事がないときも、スマートフォンや本を手にするのをやめて、娘に注意を払うようにしました。

そのうち、いつも私から何かを見せるのではなく、娘の好きなものを見せてもらうほうが満足感を得られることに気づきました。娘が何かを見ていたら、それを近くに引き寄せたり、娘をそばまで連れていったりして一緒に見るのです。立ち止まって何かをじっくり見ることを、娘が教えてくれました。私はそのやり方を忘れていたんです。葉っぱやテントウムシを観察したり、〈スポンジ・ボブ〉のアニメを見たりしても、そんなにワクワクするわけではありませんが、娘が何かに集中している姿を見ると胸がいっぱいになります。畏敬の念が湧くというか、まあ、ただのふつうの愛情かもしれませんが。

娘が少し大きくなって、言葉を話すようになると、聞くことに集中したほうが娘との関係がうまくいくことに気づきました。ときどきそれを忘れて、私が一方的に話したり、言葉をかぶせるようにして話を先取りすることもありますが、そういうときはあの子の反応が鈍るんです。それでわかるんですよ、ああ、うまくいかなかった昔のコミュニケーションに逆戻りしているって。

娘のためのスペースをつくっておくと、自分もくつろいだ気分になれて愛情が湧いてきます。あの子に対してだけじゃなくて、ほかの人に対しても。娘はいまはもうほとんど大人ですが、私も以前より大人になった気がします。娘を見て、娘の話に耳を傾け、娘の見方で物事を見ることで、視野がぐっと広がったからです。いまこうして、娘がいかに私に影響を与えたかについて話していると、愛《いと》しい気持ちでいっぱいになります。この愛情は、たぶん親になる前には持てなかったものです。娘のおかげでひと回り大きな人間になれた気がします。

ジョディの経験で着目すべき点は、赤ちゃんとの関係や一緒にいるときの姿勢であり、新しい反応の仕方のパターンを彼女が子どもとの関わりのなかで身につけたことです。どう反応しようか考えるのではなく、何かを教えるだけでもなく、子どもの話に集中して耳を傾けることによって、ジョディは娘とのあいだに深い愛情に溢れた関係を築きました。これは私たちみんなにできることです。赤ちゃん、学童期の子ども、成人した子ども、そしてじつは誰とでも。

スマホ依存の影響

距離的には近くにいるのに、子どもが発するヒントを見逃してしまう。その理由が、そう、あなたがスマートフォンやパソコンばかり見ているせいだとしたら、それは子どもを悩ませる原因になります。友人と一緒に出かけたときに、その友人がずっとスマートフォンをいじっていたらどう思いますか？　きっとイライラするはずです。あなたはもう大人なので、深刻なダメージを受けることはありませんが、その友人との関係が良くなることはないでしょう。しかし子どもはまだ人格形成の途中であり、人間関係における習慣をあなたとのあいだで身につけている最中なのです。

アルコールや薬物への依存が親になるうえで妨げになるのはよく知られています。そういう人にとっての最優先事項は常に依存対象であり、子どもは必要とする関心を向けてもらえないことが多いからです。スマホ依存もそれとたいして変わりません。幼い子どもの目の前で、ゲームで遊んだり、メールをチェックしたりして、長時間スマートフォンをいじるのはお勧めできません。親と接する機会を子どもから奪い、子どもの心に空虚な隙間をつくってしまうからです。そういう空虚な隙間があると（大げさに言っているわけではなく）後の人生で何かの依存症になる危険が高まります。人とのつながりが持てない虚しさを忘れるために、常習性のある薬物や強迫的な行動などでその隙間を埋めようとするからです。

また、子どもがスマートフォンやパソコンに依存するようになる危険もあります。実際に接することで有意義な人間関係を築くよりも、画面を介して人とつながるほうがずっと早いと思うかもしれませんが、その2つは等価ではありません。

スマートフォンを手放せないのは、人とのつながりを維持する必要があるからだと思うかもしれません。でも、お子さんもあなたとつながりを保つ必要があり、こちらのほうがより重要です。子どもには、脳内のネットワークをつくるのにそうした接触が不可欠だからです。人は孤立状態では成長することができません。人には人が必要なのです。

これは子どもの世話に関わる全員が知る必要のあることです。ベビーシッターにも、保育士にも、友人にも、家族にも知らせてください。みんなが常に画面を見つめていると、子どもも画面を見つめたくなります。ただし、いままで子どもを無視してきたことに気がついても、「子どもの人生をめちゃくちゃにしてしまった！」とは思わないこと。まだ大丈夫です。いまからそれをやめて、子どものためのスペースをつくるだけで、関係を修復することができます。

人には生まれつき対話する力がある

母親にとって、赤ちゃんの前で無表情のままでいるのがいかに難しいかを試す実験があります。その結果を見ると、乳幼児からのシグナルは非常に強く、私たちは反応するようにつくられているのだとよくわかります。だから自然に身を任せればいいだけなのです。

順番のやりとりをする能力、相互に作用しあう対話の能力は、私たちが持って生まれたものです。対話のプロセスは生まれたときに始まり、止まることがありません。生まれる前から始まっている可能性もあります。出産のときに陣痛と休息が交互に起こるのも、一種の対話と言えるかもしれません。

対話では、一方が取ったアクションが相手の反応を引きだします。順番にやりとりをするなかで、親と赤ちゃんは互いに相手のリズムに合わせようとします。双方が相手に合わせ、相手から学びます。そうやって、一緒にいるときの独自のパターンをつくるのです。赤ちゃんは親と1つのパターンをつくりだしますが、その同じ赤ちゃんがもう一方の親とはまた別のパターンを、きょうだいともまた別のパターンをつくりだします。

こうしたパターンは大人が主導するものではなく、赤ちゃんとその相手とのあいだに共同でつくられるものです。かっちりしたものではなく、そのときどきの気分や、お互いの力の入れ具合によって変化します。息がぴったり合うこともあるでしょうし、嚙みあわないこともあるでしょう。そんなときには調整が必要です。

子どもが何を求めているか知るには、観察し、試し、もう一度やってみて軌道修正する、そのくり返しです。ある目つきが「これからもっと笑うよ」という意味で、それと似た目つきが今度は「おなかが空いたよ」という意味だとわかるかもしれません。赤ちゃんが泣いたり、何かのジェスチャーをしたりしても理解できないのはよくあることなので、それはそれでかまいません。ただし、その場合にも自分なりのやり方で反応する必要があります。

子どもを理解するための勘はそれほど重要ではなく、大事なのはやりとりのパターンをつくることです。私も母親になりたてのころ、自分は親としての能力が足りないのではないかと思ったことがありました。これは喉が渇いているときの泣き方だとか、あれは暑いときの泣き方だとか、あなたもすぐにわかるようになるわよ、と言われてもピンとこなかったのです。私にとって赤ちゃんの泣き声は、私の注意や観察や関わりを求める音であり、言葉とは異なるタイプのコミュニケーションでした。赤ちゃんの泣き方の意味が書かれた辞書はありません。しかし、ひとたび観察とやりとりのパターンができあがると、ずいぶん楽になりました。

赤ちゃんは、家族と一緒にいることでコミュニケーションの方法を覚え、つながりを築くことを学びます。家族のほうも、赤ちゃんと一緒にいることによって学び、それぞれに独自の伝達システムをつくっていくのです。ちょうど、一流のコメディアンが会場の雰囲気を読んで観客に合わせたパフォーマンスをするのと似ています。まったく同じ観客はいないし、まったく同じ赤ちゃんもいません。何カ月か経てばお互いのことがよりよくわかり、より満足のいく過ごし方ができるようになっているでしょう。観察と順番のやりとりが一番重要な部分です。たとえその大半が無意識のうちにおこなわれているとしても。

以下はサイモンの例です。

息子のネッドを見ていて、ネッドが最初からコミュニケーションを取ろうとしていたことに気がつきました。何を言おうとしているのか毎回わかるわけではありませんが、よく観察することが理解の助けになりました。親が何かする必要があるときのサインと、そこまで切迫していないときのサインの見分けがつくようになったのです。

息子はちょうど2歳になったところで、かなりの単語を覚えていますし、短い文章をしゃべることもできます。しかしまだ、必要なものを常にはっきり言えるわけではありません。だから、それを察するために、いまでも息子を注意深く観察する必要があります。

先週末、私たちは別の一家と一緒にレストランに行きました。その家族には息子より大きい子どもたちがいて、息子は大喜びでその子たちとしゃべったり遊んだりしていました。しばらくして、息子の目がどんよりしてきて、遊び相手の子どもたちのことをもう見ていないことに気づきました。これは息子が何かに飽きて、少し静かな時間がほしいと思っているサインだと私たちは知っていました。もしこのサインを見逃せば、次に来るのは大泣きか、癇癪です。

このときは私が気づいたので、ちょっと散歩に行きたくないかと尋ねると、息子はうなずきました。私は息子を抱きあげ、レストランの外へ連れだしました。2人で外の草の上に座ると、息子は1、2分私にもたれていたのですが、その後ヒナギクを摘みはじめ、それを私にくれました。私たちはいつものゲームを始めました。息子が手渡してくるものを、私が数えるのです。「ヒナギクが1

つ、ヒナギクが2つ、ヒナギクが3つ……」。その後、息子は私から花を取り戻し、また私にくれました。

息子が落ち着いて再び活動を始め、もうあのどんよりした目をしていないことが見て取れました。ヒナギクの遊びをおしまいにすると、息子が辺りを見まわしはじめたので、私はこう言いました。「なかに戻って、ごはんを最後まで食べてしまおうか?」。息子はうなずき、私の手を取るとテーブルまで引っぱっていきました。

自分でも驚いたのは、息子に夢中になっていたおかげで友人たちのグループから離れているのをまったく苦に思わなかったことです。息子は体全体でコミュニケーションが取れることを教えてくれました。私は息子を見て、気分の変化や、何を必要としているかがわかるようになりました。

赤ちゃんから親への要求が少ないことを――「手がかからない」とか、「育てやすい」とか、「いい子」と言われる状態を――良いことと見なす人もいます。しかし赤ちゃんが大人の生活に最低限の影響しか与えないようにコントロールするのは、人間性を否定する行為です。親は赤ちゃんからの影響を受けいれる必要があります。そうしないと、子どもは過剰に適応して自分を親の付属物と感じるようになり、自意識や人間性の一部を損なってしまいます（私たち自身もそうやって大切な資質の一部を損なってきたかもしれません）。赤ちゃんはまだ言葉を知りませんが、私たちは観察することで赤ちゃんを理解できるようになります。観察のスキルを磨けば、子どもが何歳であろうと、子どもを理解し、より良い関係を築く助けになるのです。

子どもだって1人の人間

私たち大人は、相手に敬意を表する気遣いが大事だと知っています。しかしときどき、赤ちゃんもそうやって接するべき「人」だということを忘れてしまいます。たとえば目の前にいる子どものことを、大切な事業計画のパートナーだと考えてみてください。

そうすると、次に何が起こるかを話して聞かせ、少し間をおいてから行動に移ることを習慣にするのが大事だとわかります。たとえば、こんなふうに言いましょう。「これから抱っこして、チャイルドシートに座らせるよ」。そして、子どもがその言葉を受けいれるのを待ってから、「さあ、ベルトを外すよ。ベビーカーから抱きあげて、チャイルドシートに座らせるからね」と伝えます。まだ言葉がわからない相手に一方的にしゃべるのは少し恥ずかしいかもしれませんが、言葉は聞いて学ぶものです。それに、言葉より重要なのは、あなたと子どもとのあいだのやりとりなのです。

そのうち子どもも慣れ、ギブ・アンド・テイクの型が決まってくると、反応を待って間をおいたときに、抱っこしやすいように子どものほうから腕を伸ばしてくるようになります。同じことを、おむつを替えるときや着替えをするときにもやってみましょう。子どもと直接関係のある活動に、できるだけ多く子どもを巻き込んでください。

人は関係のなかで成長します。相手に対してオープンになればなるほど、相手の微妙なまなざしやジェスチャー、動揺しているのかくつろいでいるのかといったことをより敏感に察知できるようになり、バトルや癇癪を避けることも容易になります。リラックスして子どもを観察し、子どもの活動やコミュニケーションに敬意を払い、子どもから学ぶことができるようになります。長く退屈に思えていた生後何カ月か、何年かが大切な意味を持ち、それほど退屈に感じられなくなります。

子どもに向けるポジティブな関心は決して無駄になりません。私たちはときどき、大事なのはテーマパークに遊びに行ったり、誕生日パーティーを開いたりといった大きな活動をすることだと勘違いしそうになります。もちろん、こういうイベントも素敵ですが、本当に重要なのは毎日の小さなやりとりです。双方の試行錯誤の上に成り立つ日々のやりとりや、そのなかの小さな積み重ねが親子両方に満足を与え、幼い人が幸せになるための能力を身につけられるようになるのです。

やってみよう
対話がうまくなるために

もっと対話を上達させるために、考えてみてください。赤ちゃんや子ども、大人を相手にしっかり話が聞けているとき、あなたはどんな聞き方をしているでしょうか。きっと話し手の動きや口調、表情、話の内容に集中し、話し手がもたらす感情を意識しているのではないでしょうか。

集中できないとしたら、その理由はなんでしょう？　たいていは頭のなかで返答を先に準備しているか、でなければ、気持ちが離れているせいです。相手に気持ちを集中できなくなったと感じたら、意識的に関心を戻しましょう。実践を重ねることで良い聞き手になることができ、対等な対話のパートナーになれます。

悪循環を断ち切る方法

あるテレビ番組の制作に関わってシュールレアリスムのことを調べていたときに、画家のサルバドール・ダリの逸話を知りました。学童だったころ、ダリは大理石の柱に頭から突撃してひどい怪我をしたことがあり、どうしてそんなことをしたのかと尋ねられると、誰も自分に関心を向けてくれないからだと答えたそうです。

人は幼いころに必要なものを得られないと（相手に目を向けてもらえなかったり、充分な反応が得られなかったりすると）1つの成長段階から抜けだせなくなり、関心を向けてもらおうとしつづけることがあります。そうなると、親もほかの人々も、その子どもを苛立たしく感じるようになるのです。
赤ちゃんが発するヒントに敏感に反応するのは、子どもを「甘やかす」ことにはなりません。最初に時間をかけておけば、子どもは親との結びつきを持ちたいというニーズが満たされることに慣れていきます。やがてその満足感が内面に定着し、ひっきりなしに結びつきを求めなくていいのだとわかるようになります。ところが充分に関心を向けてもらえないと、周囲の人々に直接行動で（もしくは感情的に）影響を与えている瞬間にしか現実を実感できなくなってしまいます。

充分に関心を向けてもらえた子どもには安心感があり、人間関係に気を取られすぎることはなく、自信を持つために大げさなパフォーマンスをしなければならないと感じることもありません。関心を引こうとする試みに対して反応が得られないと、子どもはその試みをより騒がしい形で（年齢が上がるとより下品な形で）実行するようになります。親からネガティブな関心を向けられるのは、まったく関心を向けられないよりましなのです。少なくともそのときは親の意識のなかに自分が存在しているとわかるからです。子どもはさらに問題を起こそうとしますが、もちろん、それによってますます疎外されます。

ひとたび子どもが悩みの種になると、うまくつきあうことができず、関心を向けるのも難しくなりますが、これは大変残念なことです。そういう子どもほど、幼いころの断絶を修復するために関心を向けてもらう必要があるからです。

では、子どもとの関係が一種の戦争状態に陥ってしまい、すべての関心がネガティブなものになって苛立ちしか感じられなくなったら、どうすればいいでしょうか。まず、子どもからも家からも離れ、積もり積もった怒りを安全に発散できる場所を探してください。批判せずに話を聞いてくれる相手に打ち明けるのもいいですし、防音完備の部屋でクッションを殴ったり叫んだりしてもいいでしょう。

いまある親子関係や、いままで自分がしてきたことを覆すには、心理学者のオリヴァー・ジェイムズの言う「愛情の絨毯爆撃《ラブ・ボミング》」をしかけるのもいいでしょう。ジェイムズによれば、子どもとあなた自身の感情の温度計をリセットするには、いくらかの時間をともに過ごす必要があります。一緒に出かけるような「楽しくて質の高い時間」ではなく、ラブ・ボミングをする時間（始まりと終わりをはっきり決めて、常識の範囲内で子どもの言いなりになる時間）です。どこで何をするか、子どもが決めるのです。

ラブ・ボミングをするときは一対一で過ごします。ほかの家族が出かけているときに2人で自宅に残るか、あるいは、余裕があればホテルに泊まってもいいでしょう。24時間、または週末いっぱいと決めて、そのあいだずっと安全かつ常識の範囲内で、何をし、何を食べるかといった行動を子どもが決めます。そのあいだじゅう、あなたは子どもに対する心からの愛情と感謝の気持ちを頻繁に口に出して伝えます。

子どもに主導権を与え、愛情を伝えることによって、素行の悪さを助長してしまうのではないかと思うかもしれませんが、そんなことはありません。想像してみてください。あなたのすべてであるような人、その人の愛情や意見や関心が自分の根本的な部分に直結しているような相手から、関心を向けてもらえず、不当な扱いをされているとあなたが感じているとして、その人に関心を向けてもらえる唯一の方法が迷惑をかけることだとしたら？　その人が愛情や思いやりを向けてくれさえすれば、関心を引くために相手を苛立たせる必要はなくなります。ラブ・ボミングの実践では、子どもに親の関心を集中的に与えます。そうやって2人のあいだにあるネガティブなパターンを断ち切り、ギブ・アンド・テイクのリズムで動けるようにリセットします。

私は心理療法士として仕事をするなかで、常に人の関心を引こうとする大人を何人も見てきました。そういう行動を取らないと、自分が存在していないように感じるのです。子どもからのヒントの大半に反応せずにいることで、いいように人を操ろうとする人間を育ててしまっている可能性があります。あるいは、人間関係を築くことを完全にあきらめ、絆を結ぶことのできない人間を育てている可能性もあります。子どもに必要なのはあなたが関心を向けることです。これは避けることができないうえに、近道もありません。

「よくやった」とか、「すごいね」と伝えるのは必ずしも得策ではありません。子どもを判定してはだめなのです。子どもに必要なのはふつうの対話なのです。子どもが幼いうちにたっぷり対話をしておくと、後になって手をかける必要がなくなります。

こんなふうに考えてください。親子で列車に乗っています。座りっぱなしで長時間移動することに、子どもはたいてい飽きてしまいます。親は子どもと遊んだり、絵を描いたり、一緒に本を読んだり、ゲームをしたりすることもできますし、あるいは、静かにしているように命じてただじっと座っていることもできます。あなたが一緒に遊んだり、読み聞かせをしたりといったギブ・アンド・テイクの時間を過ごしたほうが、ただ時間が過ぎるのを待ったり、不快な騒ぎに耐えたりするよりも、親子ともども快適に過ごせます。また、一緒に始めた活動に子どもが夢中になって、その後、親が必要とされなくなれば、あなたにも本を読んだり自分のことをしたりといった、くつろげる時間ができるでしょう。

なぜ子どもは親にくっつきたがるのか

子どもがあなただけに、あるいはもう1人の親だけにくっつきたがる時期があるかもしれません。心配しないでください。これは良い兆候です。子どもがとても強い結びつきを感じている証拠であり、強い結びつきを築くことは、幸せになる能力を育む助けになります。

子どもがほかの保育者よりも親や一番身近な家族を好むのは自然なことです。あなたとの結びつきに対する安心感が強ければ強いほど、あなたから離れてほかの人とつながりを築くことも容易になります。しかしそれはあくまで子どもの心の準備ができてからの話です。急《せ》かすのはやめましょう。あまりにも必要とされすぎて途方に暮れることもあるかもしれませんが、そういう状況も楽しんでください。あなたとのあいだに強固なアタッチメントがあるしるしです。結びつきに確信が持てれば、子どもも頻繁に確認する必要はなくなります。

ある母親がこう言っていました。「子どもからものすごく必要とされて、もう大変。いままでにつきあった男たちの誰よりも熱烈なんだから！」。しかしこの子もやがて母親がいてくれるのを当然のこととして受けとめられるようになり、いまでは友達と遊ぶ約束をして出かけたり、友達の家に泊まりに行ったりしています。独立心を育む鍵は、親が突き放すのではなく、子どもに心の準備ができて自分から離れようとするまで待つことです。

子どもが繊細でずっとあなたのそばにいたがったとしても、反対に、1人の時間をたっぷりほしがったとしても、どちらもおかしなことではありません。人はみな異なり、ニーズもそれぞれです。誰もが段階を踏んで成長しますが、進むペースは人によって違います。私はここで、何歳で笑うとか、何歳で座るとか、何歳で歌を覚えるといった年齢を示すつもりはありません。それぞれの段階をそれぞれの速度で進むことになんの問題もないからです。子どもがどの段階にいようと、その段階なりのニーズを満たすことができればそれでいいのです。

子育ての意味

子どもが生まれて最初の何年かのあいだ、とても苦労する親がいます。赤ちゃんの相手は退屈だ、刺激がないと思うからです。確かに、肉体労働もたくさんあるし、乳幼児と一緒にいて受ける知的刺激や社会的刺激は、子どもがいなかったころの人生や仕事から受けていたものとは異なります。こうした苦労から抜けだすには、思いきって子どもに関心と好奇心を向け、子どもの意識の焦点がどこにあるかを知り、子どもが何をしようとしているのか、解明することです。子どもと一緒にいるのを退屈だと思ったり、子どもは完全に受け身の存在だと考えたりするのをやめるといいのです。赤ちゃんのことを、義務的に食事を与えたり、きれいにしたり、楽しませたりするだけの存在のように思っていては、子どものケアをすることで得られるものがひどく限られてしまいます。

私が感じた育児の意味の1つは、自分のケアや敬意や関心が、私たちの親子関係に対する投資になるということです。長い時間が経ってから最初の数カ月、数年をふり返ると、とても早く過ぎてしまったように思えます。そんなふうに育児の意義を考えるほうが、散らかった家のなかを見まわして1日働いた成果が何もないと感じるよりも役に立ちます。

結果はいずれ出ます。ただし、ビジネスのように1日ごとに成果が出るわけではありません。それでもよく耳を傾け、子どもからの影響を受けいれる習慣を身につければ、子育ては見返りのある仕事になります。子どもがあなたとの結びつきを感じ、あなたとの活動に積極的に関われるよう手助けすれば、子どもの先々の安定した情緒のために投資していることになるのです。

普段の気分を安定させる

たいていの人にはリラックスしているときの気分があり、私たちはその「普段の」気分で大半の時間を過ごします。少し意外かもしれませんが、双方向の自然なやりとりをして過ごした時間は、子どもの普段の気分を育てる部分で報われるのです。人にはある程度生まれ持った気質がありますが、感情の大部分はほかの人との関係、とりわけ親との関係のなかで発達します。充分な関心が向けられ、子どもがリラックスできていると、子どもの普段の気分は不安や怒りの少ない、穏やかなものになります。

多くの大人がそうであるように、あなたも力の抜き方を意識的に身につける必要があったのではないでしょうか。それは赤ちゃんのころに不安や孤独を感じることに慣れていて、満たされない感情がそのまま普段の気分になっていたからです。強調しておきたいのは、子どもに感情の幅があるのは当然だということです。ただし、どんな気分のときにも誰かがそばにいる必要があるのです。

初めてセラピーに来る人はたいてい、ただ話を聞いてもらえるだけでこんなになだめられるものなのかと強烈に実感します。なかには適切な聞き手さえいればセラピーを受ける必要のない人もいます。親が子どもと深く関わり、子どもが安心感を覚え、愛されている、自分には存在価値があると感じられれば、それは子どもの普段の気分を安定させるために投資していることになります。

寝かしつけと大人の睡眠

睡眠はとても大事です。乳幼児にとってではありません（子どもは寝たいときに寝るものです）。親にとって大事なのです。睡眠に関する作戦の話になると、親たちは感情的になりがちです。とくに、やっといい方法が見つかったと思ったのに、そこに私のような人間がやってきて、「乳幼児を夜中に1人で泣かせたままにしておくのは、思いやりや賢明さに欠ける行動です。子どもにきちんと関わっているとは言えません」などと言うときには。

私がこんなことを言うのは、乳幼児が夜中にあなたを必要としているときに1人で放置されているのがいやだからです。子どもにとって、1人で泣き寝入りしたり孤独を感じたりするのが愉快でないのは当然です。大人だってそうなのですから。

人を操るとか、「トレーニング」するといった考え方に接すると私は居心地が悪くなるのですが、子どもが相手のときにはさらにそう感じます。子どもは人格形成の途上にあり、主要な養育者との関係においてアタッチメントを築こうとしている最中だからです。「睡眠トレーニング」とは乳幼児が眠るまで泣かせておく、あるいは、一定時間泣かせておいてから相手をして、徐々にその時間を延ばしていくというものです。こうした条件付けによって子どもが眠りに就くまでの時間が短縮されるという研究や、子どもが親を求めて泣かないようにする条件付けにはなんの害もないという報告が過去にありました。しかしその後、問題点が指摘され、睡眠トレーニングが赤ちゃんの脳の発達を阻害することがわかっています。

一番重要な事実は、睡眠トレーニングをしても乳幼児が親を必要とする気持ちは消えないということです。つまり、親を呼ぼうとする気をくじく条件付けは、泣く行為だけをやめさせるものなのです。

親がどうしても眠りたいと思う気持ちはよくわかります。睡眠を中断されると疲れがとれません。しかし、子どもにはさっさと眠ってほしい、しかも1人で、できるかぎり早い時期から、という考えに凝り固まってしまうと、それが子どもとの関係を害する危険があります。結果として、子どもが幸せになるための能力を身につけるときに足を引っぱることになります。なぜなら、自分をなだめ、感情を制御する方法は、放っておかれては身につかないからです。養育者によってくり返しなだめられ、やがて成長してその記憶を内面化することでようやく身につくのです。人からなだめられることによって初めて自分で自分をなだめられるようになるのです。新米の親にとっては少なからずショックかもしれませんが、スタート時点ではこれが24時間続く仕事になります。

子どものなかで睡眠が快適さ、安心感、親と一緒に過ごした時間と結びつけば、眠ることを心地良いと思うようになるでしょう。眠ってもらいたいからといって子どもを押しやろうとすれば問題が生じます。おやすみの時間が孤独や拒絶と結びついてしまうからです。

概して西欧の文化圏では、子どもの1人寝を急かす風潮があります。大人の生活や社会からの期待を、泣き声に応えようとする本能より優先したいと思うからです。親や赤ちゃんに対する社会からの圧力は、人の自然な生態とは相容れないものです。子どもはいずれ自然と親から離れるということを、私たちは意識して覚えておく必要があります。親がそこにいていつでも頼れるとわかれば、子どもは自由に離れていけるのです。

親のほうから離れることで子どもの自立を促してはいけません。それでは自立のプロセスの邪魔になり、かえってプロセス自体が長引くうえに、安定したアタッチメントも阻害してしまいます。哺乳動物はみな子どもと一緒に眠りますし、現代人も同じです。南ヨーロッパやアジア、アフリカ、中南米、そして日本では、完全に離乳が済むまで（ときにはその後も）赤ちゃんは親と一緒に眠ります。赤ちゃんが親から離れて眠ることを容認する西欧のほうが少数派なのです。

夜は赤ちゃんの人生の半分を占めます。夜に泣いても反応してもらえない、ニーズが満たされない、孤独だと感じることが習慣化すると、それが子どもの「普段の」気分として定着してしまいます。もし泣いても、親やほかの家族のメンバーからなだめてもらえるなら、ストレスは我慢できる程度のものになります。しかし泣いているのに放っておかれたら、それは有害なストレスになります。

ストレスホルモンのコルチゾールが過度に分泌されると、赤ちゃんの脳のネットワーク形成に悪影響を及ぼします。親がものすごく疲れていて、泣いている赤ちゃんをそのままにしてしまったことが何度かあっただけなら、悪影響が長く続くことはないでしょう。修復を要するほどの断絶が生じる可能性があるのは、夜、１人で泣いている赤ちゃんを無視することが習慣化された場合だけです。修復とは、子どもの感情を受けいれ、条件付けをしたり叱りつけたりするのではなく、そばにいて気持ちの上でも寄り添うことです。自分は１人ではないのだと子どもが納得できるようにすることです。子どもが何歳でも同じです。

これは子育て全般に言えることですが、寝かしつけも、早い時期に時間をかければかけるほど、あとでかかる時間が減ります。寝かしつけるときには子どもと一緒に横になるか、でなければ子どもが寝つくまでそばにいるといいでしょう。そうすれば子どもは、愛されている実感や、一緒にいてもらえること、安全であることと睡眠を結びつけるようになります。

子どもを寝かしつけるための時間を捻出しているあいだは、親の睡眠のパターンは変わらざるをえませんが、これはふつうのことです。子どもが目を覚ましても、親のにおいがしたり、親に触れたりできればそれで済むこともあるので、赤ちゃんと同じ場所で寝ていれば、起きてなだめる手間が省けます。

人は一晩中熟睡しているわけではありません。標準的な大人の睡眠サイクルはだいたい90分前後です。乳幼児はおよそ60分です。ずっと眠っているように思えるかもしれませんが、じつは私たちの脳は途中で覚醒に近い状態になり、またすぐに睡眠に戻っているのです。赤ちゃんが半覚醒状態のときにあなたをそばに感じたり、あなたに触れたりできれば、完全に目を覚ますことは減るはずです。

もし睡眠トレーニングを試したことがあったとしても、自分を責めないでください。睡眠トレーニングをしても影響がない子どももたくさんいます。子どもはそれぞれニーズが異なり、感受性の強さも異なるからです。子どもは1人で寝かせるべきだという社会からの圧力はとても強いので、いつのまにかそれに従っていても不思議はありません。しかし睡眠トレーニングは条件付けであり、関係を築くための行動ではありません。赤ちゃんを個人ではなく「物」として扱い、夜は静かにするようにと操っているだけなのです。

たいていの人は乳児期のことを覚えていないので、1人で寝かされて寂しいと感じていたとしても思いだせないでしょう。だから痛手が長く続くのもわかりづらいかもしれませんが、睡眠トレーニングは長期的な弊害をもたらします。子どもが自分の失望に鈍感になり、その結果、ほかの誰かの苦しみにも鈍感になってしまうのです。そのうえ、誰かにそばにいてほしいと思うのは恥ずかしいことだという感覚を植えつけてしまうことにもなります。

生まれてすぐの赤ちゃんは毎日泣きます。常に泣きつづけているように思えるかもしれません。しかしその後、本当に少しずつですが、泣くことが減っていきます。あなたがなだめているうちに、子どもは自分の感情に対処する方法を身につけます。もしあなたが無視すれば、子どもはあなたに感情を見せなくなります。それでは子どもが自分で感情に対処する助けにはなりません。感情を受けいれてもらい、なだめてもらうことが、心の健康の基礎になるのです。

読者のなかには、私が事実や意見を容赦なくぶつけているだけのように思う方もいるかもしれません。しかし、睡眠トレーニングに代わるいいアイデアがあります。1つは添い寝です。赤ちゃんが寂しくならないように、一緒に寝ればいいのです。赤ちゃんの横では眠れない、眠りたくないという方には、神経科学者のダルシア・ナルベイエス教授が提唱する「スリープ・ナッジ」をご紹介します。

「ナッジ」で寝かしつけ

「スリープ・ナッジ」は、赤ちゃんからの呼びかけを無視して触れ合いを遮断するものではありません。子どもが耐えられる範囲で、眠れるように「そっと押す《ナッジ》」ものです。プロセス全体を通して、子どもが安心感を持ちつづけられることに意味があります。ナルベイエス教授はこう言っています。「まず、少なくとも生後6カ月を過ぎてから試してください。1歳になるまでの期間は、赤ちゃんの脳の社会的、感情的行動をつかさどる部分、つまり心の健康の基礎となる部分が愛情のこもったやりとりによって配線されていく時期です。だから赤ちゃんの準備が整ってから始めるようにしてください。タイミングには個人差があります」

先述のように、赤ちゃんは、ある物体が見えなくなっても変わらず存在すると考える能力（「対象の永続性」）を生まれつき持っているわけではないため、1人にされると見捨てられたように感じます。大人になると、姿が見えなくても、声が聞こえなくても、人は変わらず存在すると理解できるようになるので、これが後天的な能力であることを容易に見過ごしてしまうのです。

赤ちゃんがこの「対象の永続性」の感覚を身につけると、夜に少しずつ離れられるように「そっと押す」のはより簡単になります。

最初のステップは、赤ちゃんが眠りに落ちる際に安心できる場所やタイミングを知ることです。授乳しているあいだに眠ることが多いかもしれませんし、目を覚ましかけてまた授乳することもあるかもしれません。ナルベイエス教授の言葉を借りれば、この「安心の基準ライン」から始める必要があります。

次に、基準ラインから離れる一番小さなステップはなんでしょうか？　うとうとしているときに授乳をやめ、抱っこに切り替えることかもしれません。こうすれば赤ちゃんはまだあなたの体温や鼓動を感じていられます。赤ちゃんがこのステップを受けいれたら、これが新しい安心の基準ラインになるように、次のステップに移る前に何度もくり返します。

さらに次のステップでは、うとうとしはじめたらベッドに寝かせ、額を撫でるとか、赤ちゃんが落ち着くような接触をするとよいでしょう。その次には、赤ちゃんをあなたのベッドから、近くのベビーベッドに移せるかもしれません。ベビーベッドは徐々に遠ざけ、最終的には別の部屋へ移します。どの段階でも、赤ちゃんがストレスを感じるようなら、以前の基準ラインへ戻ります。

以下は私の例です。

私の最初のステップは、娘がまだうとうとしているうちに授乳をやめて、抱っこに切り替えることでした。それが基準ラインになると、次は娘が眠るまで夫に抱っこしてもらいました。ここまで来ると、一方の親が娘と寝ているあいだ、もう一方は別の部屋で眠れるようになりました。

2歳になったころ、娘は自分の部屋をほしがりましたが、夜になって私たちが「自分の部屋で、1人で眠るんでしょう?」と言うと、びっくりしたように答えました。「ちがうよ、寝る部屋じゃなくて、遊ぶ部屋だもん」。私たちは次のステップに進もうとしてこう言いました。あなたが眠るまでは一緒にいてあげるし、もし目が覚めたら私たちのベッドに来てもいいけど、起こすのもおしゃべりもなし。娘はこの取り決めを受けいれ、私たちが目を覚ましたときにベッドにいることもあれば、いないこともありました。

3歳のころには完全に自分の部屋で眠るようになり、4歳になると自分から進んでベッドに入るようになりました。ただし娘は、「1人で寝るか、準備ができるまでママかパパに一緒にいてもらうかはあたしが決める」という条件をつけてきました。娘がベッドに入るのをいやがることはありませんでした。なぜならそこはいつも快適な場所であり、寂しいと思ったことはないからです。

大事なのは、どのステップでも子どもが心地よいと感じる基準ラインを守ることです。成長の速度には個人差があり、親密さへのニーズと自分のスペースへのニーズのどちらが強いかも子どもによって違います。だからタイミングは子ども次第です。最初の子どものときに大丈夫だったことが、

2番めの子どもはだめというケースもありえます。子どもにとってベッドは別離や孤独、失望の場所ではなく、疲れが取れて、安心できる、居心地の良い場所であってほしいのです。ベッドが楽しい場所なら子どもが就寝を渋ることもないでしょう。これは子ども時代を通してずっと充分な睡眠を取る助けにもなります。ご存じのとおり、睡眠は成長するうえでとても重要です。

罰則ではなく励ましによって進めるには時間がかかりますが、その価値はあると思います。結果が長続きするうえ、子どもも親と離れて寝るのが容易になり、親子関係も良好になります。子どもが何かをするように励ますのは問題ありませんが、何かをさせるために騙したり、無視したり、操ったりしていては、子どもとの絆を育めません。疲労困憊しているときに長い目でものを見るのは難しいかもしれませんが、その努力はいずれ報われます。

親として子どもにできるようになってほしいことはたくさんありますが、最小限のアドバイスでできるようになるか、親にならってできるようになるのが望ましいのです。安心の基準ラインぎりぎりのところまで子どもの背中をそっと押すのは、子どもが手助けを必要としているときに前へ進めるための1つの方法です。子どもが自分でできることまで親がしてしまうと、子どもの力を奪ってしまう可能性があります。

助けるのではなく、サポートする

親から離れるペースが自分に任されていると、子どもが不安を感じてまとわりついてくることはありません。夜別々に寝るときも、保育園に1人で置いていかれるときも、ほかのどんな状況でも同じです。親は「そっと押し」て、子どもがこうした状況を受けいれられるように励ますことはできますが、子どもの自立を急かしすぎると親子関係にダメージを与え、修復が必要になります。親にとっては自立を励ましているつもりでも、子どもにとっては突き放され、罰を与えられていると感じられることもあるのです。子どもが自分のペースで親離れするのを信じて、親のペースを押しつけるのはやめましょう。

子どもはそれぞれのタイミングで、一晩中1人で眠るようになります。座ったり、這ったり、歩いたり、着替えたり、固形物を食べたり、やがて自分で朝食を用意したり、家賃を払ったりするようになるのも同じです。子どもの準備ができる前に親が無理強いすると、子どもにも親にもストレスがたまるだけです。親が苦労して教えこもうとすることの多くを、ときが来れば子どもは自分でやるようになります。親が慌てて進めようとすると、子どもの成長をかえって遅らせてしまうこともあるのです。

たとえば、子どもが自分で体を起こせるようになるのを待たずに、親が無理やりお座りの姿勢を取らせると、自力でそれを身につける機会を奪うことになります。赤ちゃんには、動きを制限するような支えなど必要ありません。必要なのは、自然とその動きができるようになるための時間とスペースです。好きにさせておけば、寝返りも、這うことも、座ることも、立つことも、歩くことも自分で覚えます。親が〝邪魔〟をする必要はありません。

実際、必要な筋肉が成長して自然に座れるようになる前に、赤ちゃんを無理に座らせておくと、バランスの悪いハイハイをするようになり、後に姿勢が悪くなることがあります。残念ながら、私の娘がそうでした。でも気に病むのはやめましょう。すべてを完璧に正しくこなすことはできません。私が子育ての「最良の実践」について話すとき、すでにその段階を過ぎてしまい、言われているのと違うことをしてしまったと気まずく思う方もいるでしょう。しかし大事なのはあなたと子どもの関係であって、離乳を早く始めてしまったとか、お座りをさせるのが早すぎたなどということは二の次です。私の娘はもう成人で、現在はピラティスに通って良い姿勢を身につけようとしています。私が必要なときに正しい情報を得られていたらよかったのでしょうが、今さらそれを後悔しても仕方ありません。

くり返しますが、埋め合わせができるのであれば、間違いは問題ではありません。その埋め合わせが、子どもが大きくなってからのピラティスであろうと、ほかのセラピーであろうと同じです。子どもが小さいときにあなたが判断を誤ったために、大きくなってから何かの助けが必要になったとしても、それを恥ずかしく思わないでください。恥を感じたくないがために自己弁護に走っても問題は悪化するだけで、問題そのものが消えることはありません。

お座りの話は問題が限定されすぎているように思えるかもしれませんが、親がどれくらい手を貸すべきかという点でよい例です。自分でできるはずのことに手を貸して、子どもの力を奪うのはやめましょう。親が少し身を引いていればできることならなおさらです。どれくらい手助けしたらいいかを判断するときに、この「そっと押す」という考え方はきっと役に立つはずです。

フレイヤが生まれてから5カ月と2週間と3日が経ちました。いま、リビングのマットの上でうつぶせに寝ています。パパが近くのソファで本を読んでいます。フレイヤは大声を出しました。床に落ちているピンポン玉をつかもうとしているのですが、ちょうど手の届かないところにあるのです。パパが顔をあげ、何が問題なのか確認しました。解決するつもりでしょうか。フレイヤは顔をあげてパパを見ると、不満をこめた泣き声をあげました。「あのボールがほしいんだね、そうだろう?」そう言いながらパパはフレイヤの隣で床に膝をつきました。「届くかい?」パパはフレイヤに励ますような笑みを向け、次にピンポン玉を見つめました。フレイヤは泣きやみ、膝を引き寄せてなんとか身をよじり、ピンポン玉に向かって進もうと、両手を使って体を持ちあげました。それからまたペタッとうつぶせになって、ピンポン玉のほうへ手を伸ばしました。指先が触れ、ピンポン玉は遠くへ行ってしまいます。パパがそれをもとの場所に戻し、フレイヤはまた手を伸ばしました。今度はつかむことができました。フレイヤは喜んでかん高い声をあげ、パパも一緒になって笑いました。「本当にがんばった。よくできたね」とパパは言いました。

もちろん、助けるべきか、励ますべきか、それとも見ているだけでいいのか、この父親のようにうまく判断できない場合もあります。しかし子どもをよく観察すれば、たいていは正しい答えがわかるでしょう。自分でできるのに助けるのは、子どもの力や自主性を奪うことになりますが、どうすることもできずにいる子どもを助けないのは、敏感に反応できていないだけです。フレイヤの父親はちょうどうまい具合に助けました。これが自然にできたのは、おそらく自分もそうしてもらったからです。もし自然にできないようであれば、ぜひ意識してこのスタイルを身につけてください。

やってみよう

子どもにリードさせる

何もせず、ただそばにいて子どもにリードさせる。これを子どもと一緒にいるときの習慣にしましょう。よく観察して、手を貸すことを考えましょう。問題を解決しようとする子どもに手を貸すのであって、あなたが代わりに解決するのではありません。

遊ぶことの意味

「遊び」という言葉そのものが取るに足りないものを意味しているようにも見えますが、遊びはきわめて重要です。乳幼児は遊んでいるあいだに集中することを学び、さまざまな物事を発見する習慣を身につけます。そうやって発見するものの1つが、何かに没頭することの楽しさです。これに加え、複数のアイデアを結びつける方法や、想像力を膨らませる方法も学びます。また、同年代の子どもとのつきあい方も遊びを通して身につけます。遊びは創造力や仕事をするための能力の基礎になり、調査や発見の基礎にもなります。遊びは暮らしの練習であり、乳幼児にとっては仕事でもあります。だからそういうものとして尊重される必要があります。

児童心理学者マリア・モンテッソーリの著作を初めて読んだときには驚きました。何かに集中している子どもの邪魔をしてはいけないと書いてあったのです。幼児がカーペットの上でおもちゃのトラックを押しながらエンジンのような音をたてているとき、その子はじつは仕事をしているのだという彼女の考え方は、当時の私には新鮮でした。子どもは没頭し、集中し、想像力を駆使して、1つのお話をつくっているのです。その活動には始まりと、まんなかと、終わりがあります。そういうプロセスを何度もくり返すことを許された子どもは、後の人生に必要な集中力や、仕事を完遂する能力の基礎をしっかりと築きます。

じつは子どもの仕事はそれ以前に始まっています。赤ちゃんには、手の届く範囲にあるすべてのものに触れることのできる安全な遊び場が必要です。いつも「だめ」ばかり言われていると、集中力が損なわれてしまいます。邪魔されなければ、赤ちゃんは1枚のティッシュペーパーで何分でも遊んでいられます。そうやって、つかんだり、破いたり、落としたり、また手に取ったりといったことができるようになるのです。この遊びが続いているあいだ、親は見ているだけ、子どもの視線を追うだけでいいのです。指図してはいけません。

子どもには、たくさんのおもちゃは必要ありません。「子どもは中身より箱が好き」とよく言われますが、これは本当です。知り合いの家の2歳の女の子が、彼女を溺愛している両親や友人や親戚から誕生日におもちゃを山ほどもらいました。おばの1人が空っぽになったレモンジュースのプラスティックボトルをあげました。レモンの形をしたものです。女の子が一番気に入ったおもちゃはどれでしょう？　もちろんレモン型のボトルでした！　女の子はこれで遊びながら、どうやってボトルに水を吸いあげ、水を押しだせばいいか、どうやって噴出する水の向きを定めたらいいかを覚えました。精巧なドールハウスや山のようなおもちゃはほぼ手つかずでした。

子どもに必要なのはほんのいくつかのシンプルなおもちゃだけなのです。ミニカー数台と段ボール箱、ハンカチ、人形、クマのぬいぐるみに、積み木。このくらいで充分です。あとは変身用の衣類がいくつかあれば、想像力に火がつくでしょう。おもちゃの数が少なければ（引出し1つ分か、整理ダンス1つ分のおもちゃに、絵の具や紙などの工作道具程度なら）、遊んだあとの片づけも簡単です。

大人もそうですが、子どもは選択の余地が大きすぎると圧倒されて固まってしまいます。選択肢は多いほうがいいと思うかもしれませんが、心理学者のバリー・シュワルツがおこなった実験によれば、そうではありませんでした。彼の発見によると、人は30種類のチョコレートが入ったボックスよりも6種類のボックスを喜び、自分が選んだチョコレートへの満足度も後者のほうが高いそうです。あまりにも選択肢が多いと、間違った選択をしてしまうのではないかと不安になるのです。

西欧の平均的な子どもは150以上のおもちゃを持っていて、さらに毎年70個を新たにもらうそうです。これでは子どもは圧倒されてしまいます。これだけの量のおもちゃがあると、何か1つのものにじっくり集中することができず、せわしなく次から次へと別のおもちゃで遊ぶことになります。買い与えようとするのはたいてい両親で、そうすれば親が相手をしなくても勝手に遊んでくれると思うようですが、そううまくはいきません。

子どもには自由な遊びが必要です。自分で選び、自分の活動を管理して、創造力を養うのです。しかし親と一緒に遊びたがることもあります。そういうときに必要なのはあなたであって、目新しいおもちゃではないのです。

時間も取られるし、発表会ごっこやらほかのゲームやら、子どもが親に参加してほしくて考えだす遊びにつきあうのはうんざりだ、と思うかもしれません。やるべき仕事が山ほどあるときに子どもに遊んでとせがまれれば、ストレスもたまります。けれども、私の発見では、遊びの最初に充分なエネルギーを注いでおくと、あとでそれが報われます。

あるとき娘が私と一緒に遊びたがり、「テディベアにお話しして」と私に命じました。私がそうすると、娘は徐々にその役を自分で引き継いで、最後には自分でぬいぐるみにお話を聞かせていました。

遊びの時間は、子どもに主導権を譲って何をするか決めさせ、そのなかで親がどんな役をするかも決めさせましょう。遊びはじめに手を貸し、没頭しだしたら徐々に身を引くようにすれば、あなたが自分の仕事に戻れる可能性も高まります。先に子どもと遊んでおくほうが、親にとっては簡単で、子どもにとっても気分がいいのです。

一方、「忙しいからいまは遊べない」と子どもに話したとしても、子どもはひっきりなしに邪魔をしてくるので、結局仕事に集中できないということは大いにありえます。しかもこれでは「あなたは退屈だ」「厄介だ」というメッセージを子どもに伝えることにもなり、子どもは寂しさや怒り、悲しみを感じたり、あなたとの関係に不安を抱いたりします。ひとたび遊びはじめて満足すれば、子どもは自力で遊びつづけることができ、あなたをずっとつきあわせたりはしないものです。

いずれにせよ、子どもに対して時間を使う必要があるのは同じです。最初にポジティブな形で投資すれば、あとになってネガティブな形で対応を迫られることが減るのです。これは遊びだけでなく、ほかの多くのことにも当てはまります。

先日、ビーチで父親と娘の親子を見かけました。娘は6歳くらいでしょうか。2人のやりとりはこんなふうに始まりました。「パパ、これやって」「一緒に水のところに来て」「バケツを取って」「これをつくって」。父親は言われたことを全部やりました。しばらくすると、娘は波が引いたあとの濡れた砂で遊ぶことに没頭しはじめました。父親はそばにいましたが、一緒に遊んではおらず、娘を見ながら新聞を読んでいました。女の子が徐々に「自動運転」モードに移行して、父親も少しばかりくつろぐことができたすばらしい一例です。

しばらくすると別の少女がやってきて、少しのあいだそばに立って見ていましたが、遊んでいた女の子はその少女をゲームに引き込んで遊びはじめました。とても満足のいく光景でした。もしあの子の父親が最初に娘と遊ばず、すぐに新聞を読みはじめていたら、女の子は父親との関係ばかり気にして不機嫌になっていたかもしれず、遊びに没頭することも新しい友達をつくることもできなかったでしょう。

たいていの子どもは、家族と一緒に過ごす時間に、カードゲームのような大人数のゲームをするのが好きです。こういうゲームは、世代を越えて愛情とともに伝えられる楽しみのように思われています。しかし、子どものころにこうした遊びをやったことがない人には重荷に感じられるかもしれません。過去の感情がよみがえってきたら気をつけてください。現在とは切り離して考え、ゲームにはときどき参加するだけにしてもいいでしょう。

私が覚えているのは、昔、クリスマス休暇に知り合いの3家族が集まって一緒に過ごしたときのことです。誰かがモノポリーのボードを持ってきて、おおいに盛りあがりました。けれどもある一家の父親が立ちあがって上着を取り、自分は6キロの道のりを歩いて家に帰る、妻と息子のために車は残していくから、と言いました。あとを追って廊下まで行くと、「ぼくは一人っ子だったんだ。クリスマスにはいつもボードゲームをもらったのに、一緒に遊んでくれる人はいなかったんだよ」と話してくれました。だからボードゲームを見ると悲しい気持ちがよみがえって、もし自分がこのままここにいたら、みんなの楽しみを台無しにしてしまうかもしれないと言うのです。子どものころに植えつけられた感情はこんなにも定着してしまうのか、と強く印象に残りました。

さまざまな年齢の遊び相手がいると、子どもはさらに成長します。幼児を2人引きあわせると、お互いに干渉せずに並行遊びをします。しかし、異年齢の子どもたちが交じりあって遊ぶと、同じ年の子と遊んでいるだけではわからないことが学べます。年下の子どもは年上の友達から多くを教わります。私たちの学習の大半は他者を観察することから生じます。一方、年上の子どもは年下の子どものお手本になり、精神的な支えにもなります。どうやって教え、相手を育てるか、どうやってリーダーになるかを学びます。

子ども時代をふり返って、多くの大人が一番幸せな時間として想起するのは、さまざまな年齢の子どもたちがみんなでできるゲームを考えたり、一緒に走りまわったりしたときのことでしょう。それはたいてい長い休みで、いとこや友達がいて、キャンプやお祭りに出かけたり、日帰りの小旅行をしたり、家のそばの公園や庭で過ごしたりしたときです。頼れる大人に見守られて、食事を出してもらったり、安全に遊べる範囲を決めてもらったりしたはずです。

最近の子どもたちは放課後にも決められた活動が多く、異年齢の子どもが集まって遊ぶ時間がなくなってしまうのではないかと心配です。室内で決められた活動をしたり画面の前で過ごしたりする時間を減らして、もっと外でほかの子どもと一緒に遊ぶ必要があります。子どもがコンピュータを使う際は、依存しすぎないように注意が必要です。しかし画面を完全に見せないのも、それはそれでまた別の機会を奪うことになります。

やってみよう

子どもを上手に遊ばせるには

- 集中している子どもの邪魔をしない。
- 幼い子どもがあなたと遊びたがったら、子どもがやりたいことに最初にしっかりつきあう。子どもが遊びに没頭してあなたを必要としなくなったら、そっと身を引く。
- 少し大きい子どもの相手をする場合、子どもが何をして遊んだらいいかわからずにいても、毎回親がリードしようとしないこと。子どもが退屈していたら、子どもを信頼し、「きっと何か楽しいことを見つけられるよ」と伝える。退屈は、創造に不可決です。
- ボードゲームやカードゲーム、スポーツ、カラオケなど、あなたも一緒に楽しめる活動のための時間を確保しておくこと。
●さまざまな年齢の友達と遊ばせること。

Behaviour : All Behaviour is Communication

第6章

行動を変える

すべての行動は
メッセージ

行動についての章を最後にしたのは、ほかのことが全部できてからのほうが改善が容易だからです。ここから先は、子どもの支えとなる愛情ある親子関係のなかで、子どもの感情が考慮されていることを前提として話を進めます。誰だって、強い結びつきを必死に求める必要がないときのほうが、より良い行動がとれるものです。

ゆりかごを揺らす手は世界を支配しています。子どもを愛し、子どもの感情をきちんと受けとめることは、私たちが世界に対して負った義務なのです。ただし、思いやりと敬意をもって子どもに接するのは、限度を決めないこととは違います。

この章では主に、より適切な行動を取るために育む必要のある気質とはどういうものか、親はどの程度厳しくするべきか、境界線をいつ、どのように引くべきか、といった問題について見ていきます。

手本となる人物《ロールモデル》

子どもはあなたの真似をします。いまはそうでなくても、いずれそうなります。以前出会ったクライアントのなかに、「私の父親は巨大な営利企業のワンマン経営者なんですが、私は父とは似ても似つかないんですよ」と言う人がいました。確かに、そのクライアントが働いていたのはチャリティ部門でしたが、彼が自分の部署を運営する姿はワンマン経営者そのものでした。

子どもの行動に対して一番大きな影響力を持つのは、おそらく親である私たち自身の行動です。私たちは一人ひとり異なる人間ですが、お互いに影響しあっています。みな社会というシステムの一部であり、個人として引き受ける役割は周りの人々の役割の影響を受けています。だから、あなたや子どもがどうふるまおうと、それは孤立した行動ではなく、周りの人々や文化によってつくりだされたものでもあるのです。

あなたは自分の行動をどう説明しますか？　いつも他人に敬意を払っているでしょうか？　他人の感情を思いやることができますか？　あなたの「良いおこない」は心からのものですか、それともただマナーを守っているだけでしょうか？　表面上は人あたりがいいのに、陰で悪口を言ったりしていませんか？　厳しい競争社会で行き詰まっていませんか？　どんな行動であれ、あなたは同じ行動を取るようにと子どもに教えているのです。

あなたが周囲の人々に常に思いやりをもって接していれば、おそらく子どももそうなるでしょう。しかし子どもはいつも「良い」行動を取るとはかぎりません。言葉が発達するまでは、自分に何が起こっているかを伝える手段が行動しかないからです。じつはこれは、言葉をうまく使えるようになってからも続きます。自分がどう感じているか言葉にして必要なものを引きだせるようになるには、ある程度の実践を通じてスキルを磨く必要があるからです。大人でさえ、ふさわしい言葉で表現するのが難しいこともあります。

完全な善人や完全な悪人は存在しません。もっと言えば、「良い」とか「悪い」という考え方は役に立たないのです。確かに、ごく稀ではありますが、どんなに人に教えられても生まれつき共感能力がない人もいます。しかし脳の配線が人と異なるからといって、それが「悪い」ということにはなりません。私がこうした議論を多少なりとも許容できるのは、ある人の行動がほかの人々にとって「不都合である」とか、「害がある」といった言い方をするときだけです。生まれつき悪い人間などいないのです。人の行動に「良い」「悪い」というラベルを貼るよりは、「都合が良い」「都合が悪い」と表現したいのはそのためです。

すでに述べたとおり、行動とはコミュニケーションそのものです。子どもが不適切なふるまいをするのは、それに代わるもっと効果的な方法で感情やニーズを表現することができないからです。周りの人々にとって都合の悪い行動をする子どももいますが、その子が「悪い」わけではないのです。

親であるあなたの仕事は、子どもの行動を読み解くことです。子どもたちを「良い」グループと「悪い」グループに分けるのではなく、次のように自問する必要があります。

この子の行動は何を伝えようとしているのか？　もっと良いやり方でコミュニケーションが取れるように、手を貸せないだろうか？　子どもが自分の体や、騒音や、自分なりに選んだ言葉を使って、本当に伝えようとしていることは何なのか？　そして、一番きつい疑問はこれです——この子のふるまいに、私の行動はどう影響を与えたのだろう？

勝ち負けのゲームをやめる

昔、娘のフローが3歳だったとき、買物に行く短い道のりを歩きたがったので、ベビーカーを家に置いて出かけたことがありました。娘は帰り道の途中で立ち止まり、ある家の玄関前に座り込みました。私は思わず「もう、勘弁して！」と言いそうになりました。すでに先のことを考えていて、頭のなかではとっくに買物の荷物も片づけてくつろいでいたからです。途中で休むことは、私の計画には入っていませんでした。

その後、予定どおり家に着けなくても大した問題じゃないと気づき、荷物を置いて娘の横にしゃがみました。娘はアリが歩道のひび割れに沿って進むのを見ていました。アリはときどきひびのなかに隠れて見えなくなり、それからまた出てきます。私は娘と一緒に観察しました。

年配の男性が近づいてきて、「子どもが勝ったのかい？」と言いました。どういう意味で言っているかはすぐにわかりました。親と子の意思のぶつかりあいの結果、娘が我を通して私をつきあわせているのかという意味です。昔ながらのこういうバトルのことならよく知っています。私の両親も、親が子どもの言いなりになるのは良くないと信じていました。

しかしあなたと子どもは同じ側にいて、どちらも不満を感じるのは避けたいはずです。2人とも、良好な関係を保ったまま、お互いにとって都合の良い行動をしたいと思っているのです。年配の男性は訳知り顔で微笑みながら私たちを見おろしました。彼がただ愛想よくふるまっているだけだとわかったので、私は議論をふっかけたりはしませんでした。「私たちは親子関係を築いているだけで、戦っているわけではないんですよ」とは言わず、「アリの観察をしているんですよ」とだけ言って笑みを返しました。男性はそのまま去り、アリも去っていきました。娘と私も立ちあがり、家に向かって歩きはじめました。

先ほども述べたように、すべての行動はメッセージです。行動の裏には感情があります。行動の裏の感情を発見し、共感に努めれば、その感情を言葉にできます。子どもが自分の気持ちを表現する手助けができるのです。すると子どものほうは、それ以上、行動で自分の感情を表す必要がなくなります。

先ほどの例では、まとまった距離を歩き慣れていなかった娘が疲れて休みたがっていることに私は気づき、きっと周囲の光景や音に圧倒されてしまったのだろうと思いました。娘にはまだ、大人のように自分に関係のない物事を遮断することができないのだろう、だから何か1つのものに意識を集中したくなったのだろうと考えました。自分の視点ではなく、子どもの視点で捉えると役立つことはよくあります。私の視点で考えればこうです――家に帰りたいのに、娘に足止めされてしまい、意思のぶつかり合いが起こっている！

従来は、「子どもの好きなようにさせる」のは良くないことだと考えられてきました。年配の男性が「子どもが勝ったのかい？」という言葉で伝えようとしたのもそういうことで、「そんなことでは災いを招くことになるぞ」と言っているのです。これは子どもの癇癪について話す人々の口からもよく聞きます。親たちは子どもの癇癪を非常に怖れています。一度でも受けいれてしまったら、それに味をしめた子どもが永久に癇癪を起こしつづけると思っているのです。こういう「子どもを勝たせてはならない」ゲームをしても、誰も勝者にはなりません。良好な関係を築こうとしているわけではなく、操ろうとしているだけだからです。しかもこのゲームは現実に即しておらず、親がでっちあげているだけなのです。

こういうアプローチは、いま目の前にある現実ではなく、この先どうなるかという空想にもとづいたものです。先ほどの例で言えば、現実に起こったのは娘が帰り道に途中で休んだという、それだけのことです。

勝ち負けのゲームでの力関係を定着させてしまうと、子どもとのつながりにダメージを与えます。子どもを支配することで、お前も誰かを支配せよと子どもに教えてしまっているからです。自分の意向を人に押しつけてよいという思考パターンを身につけたら、どうなるでしょうか？　学校でクラスメートに嫌われないでしょうか？

もしあなたが、子育てとは親の意向を子どもに押しつけるものだと言わんばかりにふるまっていれば、子どもはそこから有害な人間関係のパターンを学びとる可能性があります。子どもがそういう限られた役割の選択肢──「する人」と「される人」、言い換えれば「支配する人」と「服従する人」──しか知らなければ、人としての可能性もひどく限られたものになってしまいます。たとえば、いじめっ子といじめられっ子の2つの立場しか経験したことがなければ、いじめっ子になるか、いじめられっ子になるかしかありません。

また、勝ち負けのゲームは子どもの感情のレパートリーにも影響します。意思のぶつかり合いに負けるのは屈辱的です。屈辱を与えられると、人は怒りを感じます。その怒りは、内にこもって自分に向かうと鬱の原因になり、外へ向かうと反社会的な行動となって表れます。

勝ち負けがだめなら、子どもが適切で都合の良い行動をするための手助けとはなんでしょうか？子どもを相手にするときにはほとんどの場合、いま目の前で起こっていることに効く現実的な対処法を選ぶほうが、先のことを心配するよりも役に立ちます。

いま目の前のことに集中する

クライアントのジーナが娘の離乳を進めていたときのことです。離乳食を食べさせることができたのは、部屋のまんなかにお気に入りのラグを敷いて娘を座らせ、ジーナが歌ってあげたときだけでした。こうすると子どもは喜び、食事が進むのでした。

私たちはときどき、先々のことを想像して不安になることがあります。歌ってあげなければ食べられない子になったらどうしよう。息子が1人で眠れない子になったらどうしよう。娘がおしゃぶりを手放せなくなったらどうしよう。こういう想像はただの空想です。先ほどの例で言えば、もしジーナが「こんなふうにしなければものが食べられない子になったらどうしよう。いつまでたってもテーブルで食べることができなかったら」などと考えるなら、学校のランチタイムのことも、レストランに行くときのことも、娘が初めてのデートで食事をするときのことも心配しなくてはなりません。でも、信じてください。たいていのことは1つの段階にすぎません。いまうまくいっているなら、それがどんなにおかしく思えることでもかまわないのです。

似たような例でとくに役に立つのは、寝かしつけについてです。家族みんなで並んで寝れば全員が少しでもよく眠れるなら、先々のことなど気にせずそうすればいいのです。今夜睡眠が取れることのほうが大事です。いずれ、お子さんはあなたのいびきにうんざりして1人で寝たがるようになるでしょう。

もしいままでの方法がうまくいかなくなったら、代わりの方法を考えればいいのです。ただし、可能なかぎりみんなが勝つものか、少なくとも勝者も敗者も出ないものにすること。柔軟に頭を働かせれば簡単です。

子どもに必要な4つのスキル

すでに述べたように、あなたの仕事はお手本となる行動を取ることです。子どもやほかの人々に対して等しく親身な態度で接し、子どももそれに倣ってくれることを願うだけです。社会に適応できるように、誰もが身につけるべき4つのスキルがあります。

(1) ストレス耐性
(2) 柔軟性
(3) 問題解決能力
(4) 相手の視点で物事を捉えられる能力

これを先ほどの例にあてはめてみましょう。(1)娘が買物から帰る途中に座りたがったとき、私は早く家に着きたいと思って感じたストレスをやり過ごしました。(2)家へ向かう速度について期待値を変え、柔軟に対応しました。(3)娘が休憩を必要とするのを受けいれることで問題を解決しました。(4)どうして休みたいのか、娘の視点から考えました。実際にはこれに加えて、年配の男性の視点から状況を眺めることもやってのけました。娘と年配の男性の両方にとって感じの良い行動を取ることができたのです。

無意識に周りの人々を真似ることで、この4つのスキルを自然と身につける子もいます。しかし何歳で何ができるかは人によって大きく異なります。3歳になる前に文字が読める子もいますが、私は9歳になるまでうまく読めるようになりませんでした。1歳になる前に走れる子もいれば、1歳半になってもハイハイが好きな子もいます。身体能力が子どもによってさまざまであるように、行動に関するスキルが発達する時期もそれぞれに違います。

親が子どものせいで「頭がおかしくなりそう！」と言うのをよく聞きます。つまり「子どもが叫ぶのを（または、泣くのを・ごねるのを・こちらの手を煩わせるのを）やめてくれない」、あるいは、親のほうが癇癪を起こしそうになる行為をくり返す、ということです。子どもが親にとって都合の悪い行動をしても、大人と同じ感覚でやっていると考えてはいけません。子どもは親に愛されたい、つながりがほしい、快く接したいと思っています。親の関心を求める気持ちが非常に強いせいで、まったく関心を向けてもらえないくらいならネガティブな関心を向けられるほうがましだと思っているだけなのです。

子どもが厄介に思えてきたら、扱いづらい行動の根本にある感情や状況を理解することが助けになります。

理解したりなだめたりするのが最初から難しい子もいます。赤ちゃんが泣くのは、黄昏《たそがれ》泣き（コリック）かもしれないし、何か不快感があるのかもしれません。明かりや騒音が気に入らないとか、おむつが汚れているとか、怖いとか、疲れたとか、ものすごく感受性が強いとか、理由はほかにもいろいろ考えられます。子どものストレスの原因がまったくわからないこともありますが、だからといってなだめなくていいわけではありません。赤ちゃんのころは手がかからなくても、大きくなってから自制に問題を抱える子もいます。どの成長段階であれ、子どもをなだめ、受けいれることができていれば、次の段階へ移るときにそっと背中を押せるので、むやみに苛立つこともありません。

子どもがストレスを感じるのは、挑戦する対象が大きすぎるか、手に負えないときです。そして最も強くストレスを感じるのが、新しい段階に進む直前か、新しいスキルを身につけようとするときです。歩けるようになる前、話せるようになる前、考えられるようになる前、書けるようになる前、性に目覚める前、自立する前などに、子どもはひどく不安定になります。親にとって不都合な感情の爆発や不機嫌は、子どもの意図的な厄介行動というよりは、発達の節目にある証です。癇癪を起こしている子どもをよく見れば、楽しくてやっているわけではないことがわかります。選択の余地があるなら、誰もあんなふうに爆発することを選んだりしません。

子どもが人を困らせる行動をとるのは親が甘いからだとよく言われますが、これも違います。問題行動を起こさない子どもの親にも甘い人は大勢いますし、一貫して厳しい両親に育てられた子どもが不都合な行動をとるケースもあります。子どもの行動は、親が厳しいか甘いかとはあまり関係がありません。それよりも、4つのスキル――ストレス耐性、柔軟性、問題解決能力、相手の視点で物事を捉える能力――を身につける早さの問題なのです。

適切な行動を取れるように教える方法は、常に同じ結果が出せる科学実験とは違います。ある子どもに効いた方法が、別の子どもにも効くとは限りません。子どもは人間であって、機械ではないのです。私たちは子どもに他者とうまく関係を築くことができるようになってほしいのです。

私が「達成シール」やご褒美を好まないのは、それが子どもの行動を判定するものだからです。

シールやご褒美をあげても、ストレス耐性や、柔軟性や、問題解決能力や、ほかの人の身になって感じたり考えたりする方法を子どもが身につけられるわけではありません。ある行動に対して褒美を出すのは一種の心理操作です。親が子どもを操るなら、子どもが親やほかの人を操る方法を身につけたとしても文句は言えません。星形のシールをほしがるように条件付けするよりも、子どもと良好な関係を築くほうがよっぽど大事です。

私たちがきちんとしたふるまいをしようとするのは、ご褒美がほしいからとか、罰が怖いからではなく、ほかの人々を思いやる行動が自然と出てくるからです。敵対よりも協調のほうがより円満な人生につながると知っているからです。人に好意を示したり、人の感情を思いやったりするのは、その人にもっと楽をしてほしいからです。子どもにも、罰則や物質的報酬のような目先の動機づけがなくても、他者に対して思いやりと共感のある行動をしてもらいたいのです。そうは言っても、ご褒美に一度も頼ったことがない親というのは（自分を含めて）見たことがありません。しかしご褒美は例外であるべきなのです。

たとえば食器を片づけるといった日々の雑用に興味を持たせる一番良い方法は、それを遊びにして幼児のうちから一緒にやることです（思いだしてください、遊びは仕事なのです）。あなたが遊びに協力するときも、子どもがあなたを手伝うときも、子どもはあなたの真似を続け、気がつけば自然と食器を片づけられるようになっています。しかもご褒美がほしいからではなく、役に立ちたいからやってくれるのです。ときどき、お金の価値を教えるためという理屈でお小遣いを与えて子どもに雑用をさせる親もいますが、お金の価値を教える前に、まず人の価値を教える必要があるのではないでしょうか。

子どもは自分が受けた扱いから、どういう態度を身につけるべきかを学びます。「お願いします」や「ありがとう」といった言葉が自然と口をついて出るようになるのは、身近な大人の感謝や敬意を目にしてきたからです。こういうふうに言いなさいと教えるだけでは、心のこもった言葉を口にできるようにはなりません。子どもが誰かからプレゼントをもらったときに「ありがとう」と言わないと、親は恥ずかしい思いをします。これは、ほかの人にも自分と同じくらいこの子を愛してほしいという気持ちと、親に恥をかかせないでほしいという気持ちがあるからですが、親のエゴはひとまず脇へ置き、子どもに心にもないことを言わせるのではなく、親が自分でお礼を言えばいいのです。

子どもが本当に感謝の気持ちを学ぶのは、それを見せられたときです。最初は、お茶会ごっこに何時間もつきあい、架空のティーカップをあなたがうれしそうに受け取る姿から感謝を学ぶかもしれません。それは無駄な時間ではなく、未来への投資になっているのです。

子どもの問題行動が意味すること

では、子どもの不都合な行動の意味はどうすればわかるのでしょうか。まず、自分がどういうときに最悪の状態になるか考えてください。私の場合は、周りの人々が私を理解してくれないとき、理解しようとする努力すら見られないときです。関心を向けてほしい相手から無視されたときも、適切な行動を取るのが難しくなります。希望や計画が自分の力ではどうにもならないもののせいで潰れたときや、できそうにないことをやるように期待されたとき、ある状況にこれ以上耐えられないと思ったときにストレスを感じます。子どもが不満を行動で表すのも、おそらくこれと似たような状況のときです。泣いたり、不機嫌になったり、金切り声をあげたり、蹴ったり、たたいたり、ものを投げたり、あるいは自分の身を投げだして怪我をすることもあるかもしれません。

子どもがそういう行動をしたのはいつのことか、記録してみましょう。引き金はなんですか？お子さんが最も困難を感じ、ストレスをためるのはどういうときですか？　あなたの態度もストレスの一因になっていませんか？　こうしたことをあなたが観察する必要があります。子どもに訊いても、なぜそんな反応をしたのか自分でもわかっていないかもしれません。きっと「フェアじゃないよ」「わかんない」などと言うでしょう。

問題は、動揺すると感情に圧倒されてしまい、気持ちをきちんと言葉にすることが難しくなる点です。とくに幼児の場合には、自分がその状況に対処できないのはなぜか、自分の言葉で説明するのはとても難しいのです。親にだってそういうことがあります。次に紹介するのは私がジーナから受け取ったメールです。ジーナには、保育園に通う年齢のイーファという娘がいます。

今日の夕方、仕事帰りに電車に閉じこめられてしまい、保育園へイーファを迎えに行くのが遅くなってしまいました。30分以上の遅刻です。私が着いたときには娘は大丈夫そうで、小さな男の子と一緒に機嫌良く遊んでいました。ところが一緒に帰ろうとしたとたんに……いま考えてもそう思うのであえて書きますが……最低になりました。コートを着るように言うと、「やだ！　やだ！」と叫びながら廊下を走りまわるのです。娘が私の周りをぐるぐる駆けまわりだしたところで、完全に手に負えなくなりました。ほかの親たちの前でとても恥ずかしい思いをしました。何か気の利いたことを言わなければと思って、「そんなことをしてたら、今夜はデザートなしだよ」と言いましたが、もちろんなんの効果もありませんでした。

ほかの子どもは誰も保育園でこんな真似はしません。いつも言うことを聞かないのはイーファだけです。園の外でも同じくらい態度が悪いのです。ベビーカーに乗ろうとしないし、帽子もかぶろうとしません。薬局に寄る用事があったのですが、店に入ると娘は私と手をつなぐのをいやがって、棚の商品を落としはじめました。支払いカウンターでは叫んだりわめいたり。ベビーカーに乗せようとして、最後には取っ組み合いになりました。そのあいだも娘はずっと金切り声をあげているんです。自分は母親として完全な役立たずだと思いました。娘がこんなに行儀が悪いのに、私には抑えることができないのですから。

家の近くまで来たところで、娘にコートを着せるのに時間がかかりすぎたせいで、夕食の入った買物袋を保育園に忘れてきたことに気がつきました。慌てて走って戻ったのですが、もう閉まっていました。絶望的な気分でした。娘にものすごく腹が立ちました。明日から保育園でもクズな親のように見られるんだろうなと思うと、娘に対していままでにないくらい怒りが湧きました。

家に帰ってパートナーの顔を見ると、思わず泣いてしまいました。これでまたさらにひどい気分になりました。子どもの前で泣く親なんかいません。どうして私はこんなにだめな母親なのでしょう。

私は次のように返事を書きました。

電車に1時間も閉じこめられたなんて大変でしたね。私だったら、保育園のお迎えに遅れてひどいことになる様子が頭に浮かんで、ストレスでイライラして惨めな気分になったと思います。保育園の先生に、こんなにお迎えに遅れるなんて、子どものことはどうでもいいのかしらと思われないか、心配になったことでしょう。それから、娘も心配しているかもしれないと思ったはずです。

私はこういうことがあるとすぐに取り乱す質《たち》なので、電車以外のことはすべて円滑にいってちょうだい、早くいつもどおりに戻ってちょうだいと願いながらピリピリしていただろうと思います。私だったら、〝平常運転〟に戻ろうと焦るあまり、娘がどう感じているかを考える余裕なんてまったくなかったでしょう。きっと無理にでもおとなしくさせようとしたはずです。心に余裕がないせいで、落ち着いて娘の気持ちを探り、どうやってなだめようか考えることなんてできそうもありません。

それに、癇癪を起こした子どもとのバトルを人に見られたら、私もやっぱり恥ずかしくなったことでしょう（娘が成長したいまでは、そんなこともあるよと思えるのですが）。私だったら、ひどい脅しを口にしてしまいそうです。それに、買ったものを置いてきてしまったなんて――そんなことがいっぺんに起こるなんてあんまりです。私だって、夫の顔を見たら泣きだしたと思います。

さて、ここから先は幼い娘のイーファになったつもりで書いてみます。

ねえママ。あたしはまだ字が書けないし、お話しするのもあんまり上手じゃないけど、もし自分の気持ちを説明できるなら、こんなふうに言うと思う――。

あたしのことを「最低」って決めつけて、それで説明を終わりにしないで。あたしたちのあいだに何が起きていたか考えてみると、きっと助けになるんじゃないかな。

保育園にいたときは不安だった。ママはもうお迎えに来ていて、あたしと一緒にいてもいいはずなのにと思ってた。そのあと、ママがやっと来たときには、友達と夢中になってゲームをしていたの。なのにママが「いますぐ帰るからコートを着なさい」って言って、あたしは「やだ」と答えた。そうしたらママは帰ると言い張って、あたしは叫んで、ママは悲しくなった。なんにもうまくいかなかった。

あたしがどうして「やだ」って言ったか考えてみるね。あたしには、何かが速すぎて、もっとゆっくりになってほしいときに「やだ」って言う癖がある。気難しくなろうとか、相手を思いどおりに動かそうとしてるわけじゃなくて、自然とそういう反応になるの。予想外の突然の変化が大嫌いだから。ママは大慌てで、すごく取り乱してたから、一緒にいるって感じられなくて怖くなった。それでね、怖くなると怒りたくなっちゃうんだよ。ママはいつも先のことを考えるけど、あたしにはいましかないの。いまここで、ママに一緒にいてほしいの。そうしないと寂しくなって、混乱するんだよ。

ママが遅れて来たとき、ちょっと落ち着いて、どうして遅くなったのか説明してほしかった。それから、次にどうするつもりか話してほしかった、あたしにわかるように。あたしにはまだ柔軟性っていうものが身についてないから、気持ちのギアを切り替えるのにママより時間がかかるんだよ。コートを着て、しかも遊びを途中でやめるなんてムリだった。ママだって、すごく難しい仕事をしてるときに邪魔されたらストレスがたまるでしょ。あたしにとってはその仕事が遊びなんだよ。

あたしに何かやめてほしいことがあるときは、予告してほしい。それぞれ違う予告がいい。遊びをやめてほしい予告。コートを着てほしい予告。ベビーカーに乗ってほしい予告。それから、呑みこめるまでの余裕もほしい。予定がわかったらあたしに話して。それからあたしがそれを呑みこんで、理解するチャンスをちょうだい。まず、遊びをやめるには5分前の予告がほしいんだけど、それでもやめるのが難しいかもしれない。そうしたら今度は3分前の予告をして。次は1分前。それでもまだコートを着るのを嫌がったら、外で着るように言ってみて。あと、もう1つ大嫌いなギアチェンジがある。走りまわってたすぐあとに、ベビーカーに乗らなきゃならないとき。エネルギーの行き場がなくなって、それで不満が爆発しちゃうんだ。

「やだ」って言わないでとか、走りまわったり叫んだりするのをやめてってママは言うし、そういうことをしたらどんな結果になると思うのって言うときもあるでしょ。でもそれは助けにならない。あたしにはまだ、先を見通して自分の行動の結果がどうなるか考えることができないから。そういう考え方もそのうちできるようになるよ。でもいまはまだ、叱られると、ママはわかってくれてないって思っちゃって、そうするともっと怖くなって、もっと怒りたくなって、もっと「やだ」って言いたくなる。頭のなかがワーッてなると、黙ってじっとしていられなくなるんだよ。

もしママが、あたしがどんなふうに困ってるか見きわめて、あたしにもわかるように言葉で説明してくれたらすごく助かるんだけど。たとえば、「この楽しいゲームをやめたくないから、不満に思っているんだね」とか。ママがあたしの不満とか心配を言葉にしてくれることで、あたしにも言葉の使い方がわかるようになるから。そうしたら、気持ちを上手に伝えることができるようになって、自分を抑えきれないことは減ると思う。

もしママが怒って、馬鹿なことしないでって言ったら、あたしは心を閉ざすか叫ぶだけ。ママが急いでるときにあたしと仲良くするのは大変で、そういうときはただあたしがママの思うように行動してほしいんだってわかってるよ。でも行ったり来たりのやりとりをして、自分が満たされてる、見てもらえてる、わかってもらえてるって思えるときのほうが、あたしは落ち着いていられるし、感情が爆発してママがいやがる行動をすることもなくなるよ。

薬局では、もしママが何を考えてるか、何をするつもりか言ってくれてたら、お手伝いできたのに。でも、ママはただ「いい子にして」って言うだけだったから、あたしはママの真似をして棚からものを取ろうとしたんだよ。時間がないときでも、あたしにもママのお手伝いをさせて。どうせ時間はかかってるでしょ、あたしのことを怒る時間とか。

ママが泣いてたとき、パパは大好きだよってママを抱きしめてくれたでしょう。どうして買ったものを置いてきちゃったか、パパがわかってくれて本当によかったね。あたしもそんなふうにしてほしい。保育園で遊ぶのをやめなきゃならなくてあたしが混乱したとき、ハグしてくれたら、2人とももう少しうまくやれたんじゃないかな。ママはあのとき、ほかの人にどう思われるか心配だったんでしょ。それもわかるけど、ほかの人の目ばかり気にしても何もいいことないよ。

あたしももうすぐイライラを我慢できるようになるし、予想外のことにもついていけるようになるし、ママを困らせずにちゃんと気持ちを言葉にできるようになるよ。ママの気持ちもきっとわかるようになると思う。ママがあたしのことを考えてくれるときのやり方を見てるから。

それから、自分はいい親だとかダメな親だとか、そんな心配はやめて。ママは世界で一番のママだし、あたしがこんなに一緒にいたいと思うのはママだけだよ。

ポジティブな時間の使い方

親になると、常に時間を取られるものです。どのみち必要な時間なら、トラブルが発生したあとでネガティブな時間のかけ方をするよりも、トラブルを未然に防ぐようなポジティブな時間の使い方をするほうがいいのです。もしあなたが子どもにとって速すぎるペースでものごとを進めようとしたり、子どもの感情を言葉で説明してあげなかったり、これからのことを予告しなかったりすると、節約したはずの時間を、子どもを叱ることに費やすはめになります。

子どもにかかる時間は避けようのないものです。それならポジティブな時間のかけ方をしたほうがいいと思いませんか。先ほど紹介したジーナについてはうれしい報告があります。彼女はペースを落とすことを学び、幼い娘のイーファと一緒に目の前の現実に集中することを覚え、イーファの視点で状況を見て、それを本人の代わりに言葉にするようになりました。すると、イーファの行動も、より適切なものに変わったそうです。

やってみよう

困難を予測するには

子どもがつまずく状況を変えたいと思ったら、立ち止まって子どもの気持ちを想像してみましょう。子どもが自分の気持ちを言葉にできたらなんと言うか思い描き、何が助けになるかを考えます。先ほどのイーファの例のように、子どもや赤ちゃんの視点から、あなた宛ての手紙を書いてみてください。書くことが子どもの視点に立って考える役に立ち、どうすれば親子でもっと落ち着いた時間を過ごせるようになるか、よりはっきりわかるようになります。

気持ちを言葉にして行動変容を助ける

子どもにある行動をやめてもらいたいとき、別のやり方を提案するのが効果的な場合があります。次の例がまさにそれです。

ジョン・ジュニアは4歳の男の子で、毎朝目を覚ますと泣き叫び、両親の寝室に駆けこんで、抱きしめてもらえるまで大声で泣きつづけていました。

ある朝、父親のジョンは息子に新しい作戦を試してみないかと提案しました。両親の寝室に入ってくるときに泣き叫ばないようにする作戦です。ジョンは息子に話しました。「こう言うだけでいいんじゃないかな。『おはよう、ママ、パパ。ぎゅっとしてほしいんだけど』って」。ジュニアはこれを試してみましたが、まだ涙が出てきます。

「目が覚めたとき、寂しいの？」とママが尋ねました。ジュニアはうなずきます。それなら代わりにこう言ったらどうかと両親は提案しました。「おはよう、ママ、パパ。寂しいからぎゅっとしてほしいんだけど」。これで状況が好転しました。ジュニアは毎朝両親の寝室に飛びこんで、新しい言葉を口にして、抱きしめてもらうようになりました。

何日か経ったあと、両親は言いました。「もう寂しそうには見えないね。うれしいときだって、ぎゅっとしてって言っていいんだよ！」。ジュニアの朝の言葉はまた新しくなりました。「ぼくは元気だけど、ぎゅっとして」

ジョンとジュニアの例は、言葉にすると感情そのものが変わることを示しています。これは大人も同じです。

親として、涙や悲鳴の根底にある子どもの感情を受けいれるのはつらいと感じるかもしれません。子どもが苦しんでいると思いたくないからです。その苦しみに名前をつけたら、悪化してしまうと思うかもしれませんが、それは違います。状況はたいてい好転します。何かをあらためて言葉にするのは時間がかかるものですが、動揺している子どもが言葉を探すのはさらに難しいのです。だからあなたが手伝うといいのです。

私の娘が幼児だったとき、地元のプールに通っていました。ある日、私が一緒に行けなかったので、代わりに夫に連れていってもらいました。水泳の時間は何事もなく過ぎました。ところが帰りに夫が階段を上りはじめたときです。当時1歳10カ月だった娘は「やだ」と言って床に座り込みました。普段の私たちは、行きは階段を使い、帰りはエレベーターを使っていたからです。

これは夫にとって不都合な行動でした。ふつうの基準で言えば「悪い」行動ですが、娘に悪いことをしているつもりはありません。娘はただいつものように決まった手順を踏んでほしかっただけなのです。まだ柔軟性が身についていませんでしたし、自分の望みを明確に言葉にすることもできませんでした。急いでいて、疲れてもいた夫は、この「やだ」がどういうことなのか、時間をかけて解明しようとはせず、娘を抱きあげて階段を上りました。これは娘の希望とまったく違ったので、娘は叫びだしました。

帰宅したときには2人ともひどく不機嫌でした。私は話を聞いたあと、まだ涙ぐんでいた大きな青い目を覗き込んで娘に言いました。「エレベーターのボタンを押すのを楽しみにしていたんでしょう?」。娘は小さくうなずきました。「だから階段を使わないでエレベーターに乗りたかったのに、パパはそれを知らなかった、そうでしょう？」。娘はまたうなずきました。

この経験から、もし子どもの大好きないつもの手順から外れるつもりなら、充分な予告と、いくらかの想像力と、できれば少しリハーサルをすることが必要だとわかりました。

その説明は逆効果

先ほどの例で、何がうまくいかなかったのか想像がついたのはラッキーでした。ふつうは推測できないことのほうが多いでしょう。楽しいはずのことに連れだしたのに涙を流すはめになり、その理由がさっぱりわからないといったことはままあります。

子どもが泣いたり、わめいたり、何かを拒んだりしたときに、理由をはっきり知りたいと思うのは自然なことです。理由がわからなければ、なすすべがないように思えるからです。しかしわからないままでもいいのです。そういうときに親が頼りがちな理由は「ああ、疲れてたんでしょ」というもので、これは正しいときもそうでないときもあります。私自身よく覚えているのですが、子どものころにこの言葉を聞いたときにはいっそう腹が立ちました。私が感じていたことを正確に反映した言葉ではなかったので、自分は誤解されていると思ったのです。「疲れてる」という説明はどの親も大好きですが、本当に疲れているのは子どもではないと、誰もが知っています。

不都合な行動の理由を考えるとき、子どもにとって有害な解釈はほかにもあります。以下に挙げる言葉に覚えがあると感じるなら、関係修復のスタートです。

「関心を引きたいだけでしょう」

誰だって、何歳だって、人から関心を向けられる必要があります。子どもが自然に充分な関心を向けられていて、必要なときにはいつでも自分のほうを見てもらえるという安心感を持っていれば、不適切なやり方で関心を引く必要はないのです。もし子どもがあなたの注意を引くために何か不都合な行動をしているなら、直接関心を求めるように言いましょう。

私の娘は昔、本当はほしくないのに、リンゴをちょうだいとよく言ってきました。娘が本当に望んでいたのは、私が彼女に笑みを向けることだったのです。あげたリンゴがほとんど手つかずであることに気づいてピンときたので、リンゴじゃなくて直接私の関心を求めるように言いました。これが私たちのあいだで楽しいゲームになり、それ以上リンゴを無駄にしなくて済みました。誰でもときどきは人の関心がほしくなるものです。それを求めることを、娘は恥ずかしがらなくなりました。

「自分の思いどおりに人を動かそうとしてるんでしょう」

幼児には、悪意を故意に行動に移すようなスキルはありません。子どもは計画的にあなたを苛立たせようとしているわけではなく、心のままにふるまっているだけなのです。子どもは感情の固まりです。自分の感情を観察する方法も、自分の望みをはっきり理解する方法も、それを叶える方法もまだ身につけていません。こうしたものを身につけるためには助けが必要なのです。

子どもが発作を起こしたかのように叫びながら、蹴ったり、頭を打ちつけたりしていたら、それはわざと厄介な態度を取っているわけではなく、感情のままに行動しているだけです。もっと都合のいいやり方で気持ちを説明できるようになるには手助けが必要です。いずれできるようになります。

もし、もう少し大きな子どもがあなたを騙そうとしていたら（癇癪が本物ではなくお芝居のように感じられたら）、その行動についてどう感じるかを話し、子どもの本当の意図をあなたが言葉にしましょう。たとえばこうです。「私をうまく騙して、宿題から解放されようとしているんじゃない？　1人で宿題をするのが寂しいんでしょう。だったら、あなたが宿題をしているあいだ、隣に座っていてあげるから」

「どうしたら私をイライラさせられるか、よく知ってるのよ」

子どものストレスへの反応があなたにとって不快だからといって、子どもはその影響力を自覚しているわけでも、あなたを苛立たせるために計算しているわけでもありません。娘が買物帰りに階段に座って休んだのは、私を怒らせようとしてやったことではありません。プールで床に座り込んだときも、父親を怒らせようとしたわけではありません。自分の望みを言葉で表現できなかっただけです。子どもが語彙を駆使して自分の気持ちや望みを説明できるようになるのは、親がそのお手本を見せたときです。そういうスキルを身につけるのは、たとえばビスケットをもらう方法を覚えるよりも、はるかに複雑です。強い感情が関わってくる場合にはなおのこと難しいのです。

「どこか悪いところがあるんじゃないかしら」

社会スキルを身につけるのがほかの子よりゆっくりな子どももいます。ストレスに対処するのがとくに難しい子、柔軟性や問題解決能力を身につけるのに人より時間がかかる子もいます。このため、問題が生じることがあります。エレベーターに乗れずに階段を使わなければならなくなって座りこんだり叫んだりするのは、幼児だったら年齢なりの行動ですが、6歳か7歳の子どもだったらどうでしょう？　その年齢なら、もうそんな行動は卒業していてもらいたいとふつうは思います。しかしなかには、自分が感じている気持ちを知り、その気持ちを持ち続けたり表現したりする方法を見つけるために、より多くの助けを必要とする子もいます。一番助けになるのは、そばにいるあなたがその気持ちを的確に表現してあげることです。

子どもの身に起きていることをいつも必ず理解できるとは限りませんが、苦しんでいる子どもに対して罰を与えるような態度を取ることなく、やさしく接すれば、先々の協調を促しながら親子関係を育むことができます。

子どもの行動が、同年代のほかの子と比べてあまりにも長く1つの段階で止まっているように感じ、その不安を軽減するために助けが必要だと思ったら、家族療法士や生活相談員などのプロに相談してください。必要な助けを得られるように、医師や学校が手引きしてくれるでしょう。なんらかの診断が下りるかもしれません。そうなればひとまずホッとして、さらなる助力やサポートを求めることになるでしょう。

診断が下りることのマイナス面は、何かが決定したような気になって、そこで思考停止してしまうことです。それでは行動の背後にある感情を見つめ、理解するための扉を閉ざしてしまいます。診断が行動の言い訳になってしまうのです。ラベルを貼ることによる危険もあります。事態が決して好転しないように思えてしまい、楽観的な見方ができなくなるのです。もっと悪いのは、必要もないのに医療の問題と見なされてしまうことです。

注意欠如・多動症（ADHD）について、イギリスの学童を例に取って見てみましょう。毎年9月に新学年が始まるイギリスでは、ADHDと診断されるケースは8月生まれの子どもに多く、9月生まれの子どもには少ないのです。つまり、学校年度内の遅い時期（8月）に生まれた子は、同学年の早い時期（9月）に生まれた子と1歳近い年齢差があるため成長が追いついていないだけなのに、医師はそれを考慮に入れずに、8月生まれの子どもをADHDと診断する傾向があります。医療を非難したいわけではありませんが、診断は最後の手段と考えたほうがいいのです。どうしても子どもの行動に対処できないと思ったときは、先送りせずに早めにプロの助けを求めてください。親子関係にとって良くない習慣が長引くほど、もつれを解くためにかかる時間も長くなります。

親はどこまで厳しくするべきか

子どもの行動の舵取りをするときに、主要なアプローチは3つあります。⑴厳しくする、⑵甘くする、⑶協力する、というものです。

⑴の「厳しくする」というのはおそらく、子どものしつけを考えるときの最も一般的な方法で、大人の意思を子どもに押しつけるやり方です。たとえば、部屋を片づけなさいと言いつけて、片づけなければ罰を与えるような方法です。

誰かの意思を押しつけられるのが大好きという人はまずいませんし、子どもも例外ではありません。なかには従順な子もいますが、そうでない子も当然います。このやり方をしていると、行き詰まったり、勝ち負けのゲームになったり、屈辱や怒りを生んだりします。

危険なのは、「自分は常に正しい」という態度や、柔軟性のなさや、ストレスを受けつけない姿勢の見本を示していることです。自分の主張を子どもに押しつけることで、常に「正しく」あれ、強硬であれ、不寛容であれと、知らず知らずのうちに教えてしまっているのです。

これではお互いに硬直した状態にはまり込むことになります。行き詰まりや怒鳴り合いに終わるか、子どもがあなたとのコミュニケーションを避けるようになります。これは長い目で見たときに、おおらかで良好な親子関係を築くうえでマイナスになります。「おもちゃを片づけて、いますぐ!」

と言うのが絶対にいけないわけではありません。ただ、これは例外的なスタイルにする必要があります。

権威主義的な態度を取ることに頼っていると、権威に対する子どもの態度にも悪影響を与えます。責任ある立場の人に協力することや、自分がリーダーになることができなくなるかもしれませんし、あるいは、独裁者に育ってしまうかもしれません。自分の意思を常に子どもに押しつけるのは、倫理観や協調的な態度を育む最良の方法ではありませんし、子どもと良好な親子関係を築くうえでも良い方法ではないのです。

(2)の「甘くする」というのは、自分なりの基準や期待を子どもにいっさい伝えないことです。親が子どものためにまったく境界を設けないのは、リスクを嫌う子育てへの反動か、自分自身が子どもとして経験してきた権威主義的な子育てへの反発のせいです。自分で基準や目標を設定できる子もいますが、誰もができるわけではありません。自分が何を期待されているのかわからない子どもは途方に暮れ、不安を感じます。ときどき、権威主義的だった自分の親と同じことは絶対にするまいと固く決意し、反対方向に大きく振れるあまり、子どもに対してなんの境界も設けない人がいます。よく考えれば、それは自分の親に反発しているだけであって、いま目の前にある現実ときちんと向きあっているわけではないのだとわかります。

しかし手綱がゆるいのは悪いことばかりではありません。最善の解決になることもあります。子どもにまだ準備ができていない場合、親が子どもへの期待値を下げるのは理にかなっています。部屋の片づけを例に取っても、1番上の子にとっては簡単でも、2番めの子には難しいかもしれません。だから良好な関係を蝕むだけのバトルをくりひろげるよりも、あなたが望むとおりのことがまだできないなら、当面は期待値を下げるといいのです。「おもちゃを片づけて」とは絶対に言うな、という意味ではありません。子どもに準備ができるまで、境界を設けることを意図して延期するのは、あきらめるのとは違います。甘くする、手綱をゆるめるというのは、協力のうえで解決する準備ができるまでは短期的な解決策として有益です。

(3)の「協力する」というのは、親と子どもが額を寄せあって問題解決を考える方法で、あなたは独裁者ではなく、カウンセラーになります。これは私のお気に入りのアプローチです。問題の解決を親子で一緒に探ろうとするものだからです。

では、協力する方法《コラボラティブ・メソッド》とはどんなもので、どんな効果があるのでしょうか？

(1) **自分の考えを明示することによって、問題を明確にする**→「部屋をきちんとしてほしい。私はあなたに部屋を片づけてほしい」

(2) **行動の背後にある感情を突きとめる。子どもには助けが必要かもしれない**→「友達が散らかしたのに、自分1人で部屋を片づけなきゃならないのはフェアじゃないと思ってる？」「片づけようと思っても手も足も出ない感じ？　整理することなんか永久にできそうにないと思ってる？」

(3) その感情を受けいれる→「不満に思う気持ちはわかるよ」「大仕事の最初は圧倒されるよね」

(4) 意見を出しあって解決方法を考える→「それでもやっぱり片づけてほしい。一番簡単な方法は何かな?」

(5) 決まったことを最後までやりとおす。必要があれば、いくつかのステップをくり返す

そして、親が判定を下さないこと。

(2)が最も厄介かもしれません。同意したくないことをあえて口にするのは難しいと思う人もいるでしょう。しかし自分にとって不都合な感情だからといってはねつけると、子どものほうも頑として譲らなくなります。子どもは感じていることをすべて正確に言い表せるわけではないので、問題の背後にある感情を探るには、先述の例のように、複数の選択肢を示すといいでしょう。

子どもがどう感じているかを突きとめたら、問題を見直します。「部屋が散らかっているから片づけなさい。片づけないなら、おもちゃを全部捨てるよ」などと言ってはいけません。これでは子どもを侮辱し、脅しているのと同じで、憤りが鬱積《うっせき》するだけです。そうではなく、共感を示しましょう。練習が必要ですし、直感に反するかもしれませんが、子どもは自分の感情を考慮してもらった経験から他者の感情を思いやることを学ぶのです。

意見を出しあって一緒に解決策を探すときは、子どもに主導権を与え、何を提案してきても即座にはねつけたりしないこと。もしかしたらこんなふうに言ってくるかもしれません。「子ども部屋は

あのままにしておいてもいいんじゃない？」」。あなたは少し考えてからこう答えます。「そうだね、それも1つの考えだね。それで解決ならあなたはうれしいかもしれない。だけど、私はそれでは困る。居心地が悪いだけじゃなくて、掃除をするのも大変だし、洗濯が済んだ服を片づけるのも一苦労だから。どうしたらいいと思う？」「わかんない」「急がないから、ゆっくり考えて」

あなたがなんでも解決してしまわないことが肝心です。子どもの力を奪ってしまうからです。「いま、おもちゃをしまうことならできるけど、それが終わったら一休みして、そのあと服を片づけるときは手伝ってくれない？　たたむのが難しいから」「オーケイ、それならいいよ。服をたたむときになったら呼んで。一緒にやってみよう」などと声をかけましょう。

もしあなた自身が権威主義的なやり方で育てられ、それが理想的だと思っているなら、この「協力する方法」はずいぶんまわりくどく思えるかもしれません。しかしここで重要なのは、部屋が片づくと同時に、親子が思っていることをオープンに話しあうことによって、2人の関係に気を配り、歩み寄りつつ問題を解決する方法を学んでいる点です。子育ての本当の仕事は部屋を片づけることではなく、子どものそばで成長の手助けをすることです。協力する方法は、社会に適応するために不可欠なスキル――ストレスに耐える力、柔軟性、問題解決能力、共感力《エンパシー》――を育む助けになるのです。

子どもの癇癪への対処法

子どもが癇癪を起こしているところを観察すると、やりたくてやっているわけではないことがわかります。前もって熟考した子どもなりの戦略というわけではなく、怒り、不満といった感情のままにふるまっているだけなのです。

癇癪について言えることは、あなたの気に入らないほかの行動についても当てはまります。その行動が伝えようとしているのはどんな感情なのか、考えてみてください。想像がついたら、あるいはきちんと答えが出たら、その感情を正面から捉え、受けいれてください。たとえばこうです。「お昼ごはんの前にアイスクリームを食べちゃだめって言ったから、とても腹を立てているんだね」。そして落ち着きが戻ってきたら、感情を表現するもっと好ましい方法を話してください。「ほしいものをだめって言われたとき、腹が立ったらそれをふつうに話せばいいんだよ。こっちもそのほうがずっと聞きやすいから」

幼児の癇癪は、ほぼ不満だけが原因と言っていいでしょう。幼児はわざとそうしているのではなく、気づくと感情が爆発しているのです。そしてひとたび爆発すると、そもそも何が不満だったのかを忘れてしまいます。だめと言われたアイスクリームは忘れ去り、ただ爆発した感情のままにふるまいます。叫んでいる子どもを放置するよりも、養育者が子どもと対話を続けるほうが好ましいと私は思います。子どもが息継ぎをしたときに、同情をこめてただひとこと「あらまあ、かわいそうに」と言うだけでも、自分は一人じゃないんだと心のどこかでわかります。例外は、子どもの目から見てあなたがわざと誤解しているときで、これは火に油を注ぐ結果になるだけです。

子どもが癇癪を起こしたら、「あなたはすごく怒っているんだね、そうでしょう?」などと言って、癇癪の背後にある感情に名前をつけることが助けになります。子どもが動揺しているなら、「かわいそうに、悲しいんだね」などとなだめる必要があります。これは子どもの望みを叶えることと必ずしも同じではありません。その望みが可能なこと、適切なこととは限らないからです。

あなたにできるのは、状況を子どもの目から見て慰めることです。子どもは望むものが手に入らなくて泣いているのですから、あなたが提供できない、もしくはするつもりのないものをほしがっているときでも罰したり叱ったりしないでください。子どもはいつも落ち着いている誰かに受けとめてもらうことによって、自分でも自分の感情を受けとめられるようになります。もちろん、その「誰か」はあなたです。

親が子どもの癇癪を怖れるあまり、境界線を引かないことがあります。限度を決めることが癇癪の原因になるのがいやだからです。私がいま思い浮かべているのは、ときどき見かける、一方の腕に子どもを抱え、もう一方の腕に重たいバッグとキックボードを抱えて歩く親です。個人的には、キックボードを1日中持ち歩くくらいなら癇癪を起こした子どもをなだめるほうがまだましだと思うのですが、境界線をどこに引くかは人それぞれなので、余計なお世話かもしれません。

否定されたり、馬鹿にされたりすることで慰められる人はいません。子どもがパニックを起こしたら抱き締めて受けとめ、目の高さを合わせ、心配していると伝えてください。子どもが自分の感情を受けいれられるように言葉をかけてもいいですし、愛情のこもったしぐさや眼差しで応じるだけでもいいのです。

たとえば、本人やほかの人にとって危険だったり、邪魔になっていたりするときには、子どもをその場から連れださなければならないこともあるでしょう。その場合にはこう言いましょう。「これから抱っこして外に連れていくよ。このままでは犬に怪我をさせてしまう（または、ほかの人の迷惑になる）からね」。それから言ったとおりに実行します。

癇癪を悪化させるのは、怒鳴り返したり手荒に扱ったりして報復した場合です。これはある感情を持ったからという理由で子どもを罰しているのと同じです。癇癪を起こしている子どもを無視するのも報復の一種です。子どもが泣きだしたらベビーカーを押すのをやめ、なかにいる小さな人と顔を合わせ、共感を示して音をたてるか、抱きあげてもいいでしょう。

癇癪を起こしたら、子どもの望みを叶えるのではなく、子どもの不満に共感を寄せるのです。私はよく、「ああ、私がキックボードを持ってきてあげなかったことを怒っているのね」などと、起こっていることを言葉にしました（あるいは、トラブルがなんであれそれを口にします）。遅かれ早かれ、子どもはストレスに耐える力を身につけます。私も、子どもがパニックを起こすたびに自分の予想を言葉にすることをずっと続けていたので、娘が自分で感情を言葉にしはじめたときにはとてもうれしかったのを覚えています。「あたしは怒ってるよ」と娘が言うのを聞いて、私は内心、ようやくここまで来たかと感嘆したものです。

子どもの癇癪を前にして、もう限界だと思ったら、感情的に反応するよりも頭で考えるほうがいいのだと思いだしてください。それから、癇癪を個人攻撃と受けとらないように。深呼吸をして、自分と向きあい、子どもと向きあってください。

観察を続け、子どもの気分を意識し、試しに言葉にしてみることで子どもが何を伝えたがっているのか突きとめようとするうちに、感情や行動の自制がきかなくなるきっかけが徐々にわかりはじめ、癇癪を未然に防げるようになります。たとえば、子どもを遊び仲間から引き離し、親との静かな時間に移行すべきタイミングがわかる人はたくさんいます。子どもがベビーカーの窮屈さに耐えられなくなって自由に走りまわりたくなるタイミングや、空腹がひどくなる前に食事をとらせるタイミングがわかる親もいます。

子どもが幼児の段階を過ぎてもまだ頻繁に癇癪を起こすとか、気がつくと口論になっていたり、行き詰まっていたり、子どもと一緒になってパニックを起こしていたりする場合には、どこが間違っているのか、自分が変えられるのはどの行動かを考えるいい機会です。

朝から晩までずっとパニック状態のままの子どもはいません。だからあなたの最初の仕事は、いつ、どこで、誰と一緒のときに、何があって、なぜ癇癪が起こったのかをメモして、引き金を特定することです。

もし引き金が過剰な刺激や騒音だったりした場合には、その状況を避ける、または限定する手段を取ることができます。「遊ぶのをやめて、こっちのテーブルに来て」と言って移動させてもいいでしょう。あるいは、子どもへの大きすぎる期待が問題になることもよくあります。子どもの準備が整わないうちに親が何かを押しつけてしまうと、子どもにとっても親自身にとってもストレスになるだけです。成長のスピードは人それぞれなのです。

子どもが癇癪を起こす引き金を特定できたら、次の仕事は、パニックの最中のあなたの役割を見直すことです。学校など、あなたから離れたところでそれが起こるなら、その場にいるほかの大人の役割を見直します。柔軟性を欠いていないでしょうか。子どもが行動で私たちに何かを伝えようとするとき、私たちはその行動の意味を考える代わりに、もっと厳しくしなければと思うことがあるのですが、それは間違いです。それが「効く」子もいるかもしれませんが、効かない子もいます。また、大人が限界に達する前に境界を決め、その境界を一貫して守らせるのは良いことです。しかし、それが行き過ぎると柔軟性が失われることがあります。そうなると、頑固にふるまう手本になったり、子どものストレスを増大させて状況が悪化する原因になったりします。

子どもが学校で期待された結果を出せなかったら、休み時間を削り、もっと長い時間を勉強にあてる必要があると考えるのは、教師や大人にとっては自然なことかもしれません。しかし子どもを観察すれば、落ち着かずにいること、じっとしていられないと思っていること、集中できずにいることがわかります。無理やり座らせておく時間を延ばしても、結果は悪化するだけです。「体力があり余っているんだよ。ちょっと外を走りまわってこないと、もうじっと座っていられないんだ」などと自分から言ってくる6歳児はまずいませんので、あなたがしっかり観察して原因を突きとめる必要があります。

テキサス州のある小学校で、休み時間を1時間に延ばす実験をしました。以前の倍の長さです。すると、学習効果が上がったそうです。生徒が指示によく従うようになり、自分からより多くを学ぼうとし、自発的に問題解決に取り組むようになったのです。問題行動も減りました。親たちは、子どもが家でも創造力を発揮するようになり、より社交的になったと言います。これは、子どもに対する締めつけが正解ではないことを示すほんの一例です。子どもに対して心を開き、ニーズや望みを子どもの視点から見るほうが、たいていは正解なのです。

理屈を言い聞かせても――ファクト・テニスをしても――子どもが協力してきたり、泣きやんだりすることはほとんどありません。幼い子どもは理屈が理解できないからです。一方、共感を示すことによってたいていのことはうまくいきます。親は子どもに苛立っているとき、めったに自分に目を向けません。親の頭のなかでは、子どもはただ苛立たしく、「悪い子」のふるまいをしているだけです。しかし、どんな状況もあなたと子どもとの関係のなかで起こります。すべて共同でつくりだされるのです。そう考えると、やはり私たちは子どもがどうふるまうかに大きな影響を与えていると言えます。いつも正しくなければいけないとか、勝ち負けのゲームで勝たなければいけないと思う気持ちを手放し、代わりにもっと協力や協調の見本になる方法を考えるほうが、自分の役割を気楽に眺められるようになります。

子どもがグズグズ言うときは

子どもの行動でとくに親を苛立たせるのは、むずかること、グズグズ泣き言を言うこと、くっついてくること、泣きじゃくることです。転んだときの泣き声とは違う物悲しいぐずり方をされて、なぜそんなに悲しいのか、自分が気を逸らしたり励ましたりと散々努力したあとになぜまだ悲しんでいるのか、その理由がわからないから苛立つのです。

グズグズ泣かれるのを、親は「悪い」行動と見なすでしょう。しかしそれによって感じる苛立ちは、あなた自身が乳幼児だったときに感じた悲しみや無力感を封じ込めていることと何か関係がないでしょうか。その苛立ちは、昔の感情を再体験する苦痛を避けたいと思う、自分の都合から生じている可能性があります。苦痛を遮断したいがために、子どもとの対話を遮断しようとしているのです。

これに加え、子どもがグズグズ言うのを自分の育児スキルへの批判のように感じているのかもしれません。たぶん、子どもはいつもハッピーでいるべきだという暗黙の期待があるのでしょう。子どもはただ悲しみや孤独を感じているだけなのに、あなたには子どもがいま経験している感情が親としての無能の証のように思えるのです。

ベラは45歳で、大企業の経営幹部です。シェフでレストラン経営者の夫と結婚していて、8歳、12歳、14歳の3人の息子がいます。週末にもたくさんの活動やつきあいをこなし、いつもにぎやかな一家です。夫婦は2人とも仕事にかなり時間を取られるので、平日はシッター兼家政婦が同居しています。彼女は1番上の子が5歳のときからこの家で働いています。

ベラは、1番下の息子のフィーリックスに問題があると思っています。「フィーリックスはすごくベタベタまとわりついてくるんです」ベラは私にそう話しました。「もう8歳なのに、毎日毎晩、いつも私の気を引きたがります。8歳だったころの上の子たち2人分を合わせたよりもっと多いくらい。赤ちゃんのときにきちんと絆を育めていなかったのかと考えてみましたが、そんなことはないと思うんです。どうしてこんなに不安定なのか、本当にわかりません」

私は、フィーリックスがまとわりついてくることをなぜベラが許容できないのか、2人のあいだで何が行き詰まっているのか、そこに興味を持ちました。フィーリックスがどんな夢を見るか訊いてみて、と私はベラに言いました。夢から答えが出てくるとは期待していませんでしたが、フィーリックスが話し、ベラが耳を傾ける1つの機会になると思ったのです。

ベラはこう言いました。「息子は怖い夢を見ると言っていました。一人ぼっちで、誰もいない夢。現実にそんな経験をしたことがあるの？　と息子に尋ねました。絶対ないはずだと思っていたので、あると言われて驚きました。『ウェールズのおじさんのところに行ったときだよ。ぼくのことを1人で車に置いていったでしょ、覚えてるよ』と言うんです。

息子にこう言われて、私も思いだしました。私の兄はものすごく辺鄙《へんぴ》な場所に住んでいて、息子が2歳くらいのころに遊びに行ったんですけど、家に着いたとき眠っていたので、上の子たちを家のなかに入れて、車に積んだ荷物を片づけたあと、外に戻ってフィーリックスの様子を見たんです。息子は目を覚まして泣いていました。

このときのことを覚えていたなんて衝撃でした。私はごめんねと言って、こう説明しました。『でも車に1人でいた時間は5分にもならなかったはずよ』。そしてハグをしました。6年前のこんな小さな出来事がいまも頭を離れないんだな、と思うようになりました」

ベラにとっては小さな出来事だったかもしれませんが、おそらくフィーリックスにとってはそうではなかったのです。その前後に、知らない場所で1人になったことはないかどうか、私はベラに尋ねました。ベラはこう答えました。「ないはずです。でもあの子は1歳8カ月のときに敗血性咽頭炎で入院しました。深刻な症状で、抗生物質も効かなくて、1週間昏睡状態で呼吸を補助する機械につながれていたんです。昏睡状態だったときには1人になることもありましたけど、目を覚ましてからは夫か私が必ず一緒にいました」

「フィーリックスが昏睡状態に陥るほどひどい病気だったなんて、大変だったのね」と、私が言うと、ベラはこう答えました。「あら、大丈夫ですよ。それはもちろん、いいことではありませんでしたけど、なんとかするしかないでしょう」

ベラにこう言われて、私の心遣いなど要らないと言われたように感じました。その瞬間に、ベラはいままでずっとフィーリックスの病気にまつわる自分の感情を押しやってきたのではないかと思いました。小さな男の子がそんなにひどい病気になったところを思い描き、その子の親だったらどんな気持ちだっただろうと想像して、私のほうがショックを受け、動揺しました。ベラは言いました。「夫は、ぼくたちはあの子を失っていたかもしれないと言っていましたけど、私はそんな気になれなかったんです」。私はまた悲しみが押し寄せるのを感じ、それをベラに伝えました。ベラの目にも涙が浮かんでいました。

私はこう言いました。「フィーリックスは生きることにしがみつかなきゃならなかった。あなたにしがみつくのも、それが理由かもしれませんね。昏睡状態だったとき、あなたがそばにいなかったことは、意識レベルでは知りようがないとしても、無意識のレベルでわかっていた可能性はあります。もしかしたら、それがフィーリックスの夢の説明になるかもしれません」

その説明が当たっているかどうかはさておき、ベラの心には響いたようで、彼女がフィーリックスの行動を理解する助けになりました。以前より息子に共感できるようになったのです。

変わったことはおそらくもう1つあって、ベラは長年抑え込んできた気持ちを――息子を失いかけたときの恐怖と悲しみを――ようやく認めることができたのでした。困難な感情を見えない場所にしまい込みたいと思うのはごく自然なことですが、そうすると、他者の困難な感情（子どもの感情も含みます）に対して鈍感になってしまう危険があります。ベラも自分の感情を抑え込んでいたあいだずっと、フィーリックスの感情に苛立っていたのです。

フィーリックスを失いかけたときにどう感じたか、ベラはようやくあるがままの気持ちを体験しましたが、心配していたように完全に心が壊れることはありませんでした。「以前はずっと、ベタベタくっついてくるのはフィーリックスの欠点だと思っていました。お兄ちゃんたちは大丈夫なのに、どうしてあなたはだめなの？って。いまはもう、誰がどんな感情を持っていても責められないんだとわかりました」

私と話をしたあとで、今度はベラが夢を見ました。悪夢でした。夢のなかでは、2人の姪とフィーリックスが海に泳ぎに行って困難に出くわします。少女2人は助かりますが、息子のフィーリックスは溺れてしまうのです。ベラは驚いて目を覚まし、動揺しながらフィーリックスの様子を見に行きました。息子は無事で、ぐっすり眠っていました。いままではフィーリックスのほうが両親の寝室に来ていたので、この事態にベラはショックを受けました。

最近では、フィーリックスに苛立ちを感じても、ベラは自分のせいだと思うようになりました。そんなふうに思うようになった理由が、息子が前ほどまとわりついてこなくなったせいなのか、自分が甘くなったせいなのか、自分が手を差し伸べることが増えたせいなのか、それともその3つ全部のせいなのかは、よくわからないそうです。

子どもが親にまとわりつく理由、泣き言を言う理由は、親子の数と同じだけあります。私が先述の事例を挙げたのは、子どもが死にかけたことが親にまとわりつく理由として一般的だからではなく、子どもが引き金となって湧きおこる自分自身の感情に気づきたくないと思うことが、親子関係を行き詰まらせる原因になった例だからです。このまま気づかなければ、親が望むような近しい関係を築く妨げになり、子どもが幸せになるための能力を削ることにもなるからです。

私たち自身の感情や子どもの感情を認めて受けいれることは、親子の心の健康のためだけでなく、自分や子どもの感情の引き金を理解する方法、そして自分たちの行動への認識を深める方法としても重要です。

すべての感情は背景を知れば納得がいくものです。たとえ背景がわからないとしても、だから何もないということにはなりません。最初の一歩は子どもの感情を受けいれることで、これが子どもの行動を理解する助けになります。理解できればその行動に寛容になれて、変化を起こすために子どもと協力して解決策を考えるとき、より良い選択ができるのです。

親が嘘をつくとき

ときどき、家庭内に秘密があり、それが嘘で守られていることがあります。親としては嘘をつくつもりはなく、子どもに必要のない、あるいは子どもを傷つけるかもしれない情報を伏せているだけなのです。

しかし情報が伏せられているときや家庭内に嘘があるとき、子どもが意識できる形ではそれを知らなくても、影響は出ます。何かもやもやする、何かがオープンになっていないということは体で感じられるからです。

現実から子どもを守るために嘘をついたり情報を隠したりするのは、子どもの直感を鈍らせる行為です。あなたの話と、子どもが自分で感じているものが食い違うからです。その状況は子どもにとっては居心地が悪いはずで、不快感をうまく言葉にできないと不都合な行動となって表れます。

以下は、この現象の理解のために心理療法士の研修に用いられた事例です。


X夫妻は、Aという10代の息子のことでドクターFのところに相談に来ました。「息子の行動が手に負えないのです」と両親は言います。学校はさぼるし、ドラッグをやったり飲酒したりするうえ、不機嫌で口をきこうとせず、しまいには母親のハンドバッグからお金を盗みました。両親は、どうしたら息子をルールに従わせることができるかアドバイスがほしい、と心理療法士に言いました。

ドクターFは両親にこう説明しました。「子どもは思春期になると親から離れたがります。新しい仲間をつくり、一緒に過ごそうとします。親とは異なるアイデンティティが確立できたと感じれば、そんなに親を押しのける必要もなくなるので、いずれ落ち着きますよ」。しかしX夫妻は、息子の行動は度を越していると言い張りました。

ドクターFはAの幼いころのことを尋ねました。X夫妻がAのことを幸せなふつうの子どもだったと説明する様子はどこかぎこちなく、2人は空々しい、具体性に欠ける話しかできませんでした。夫妻がちらりと目を見交わしました。何か秘密のやりとりをしているようです。ドクターFはこれに気づいて、言いました。「何か話していないことがありますね?」。X夫妻は口をつぐみ、また目を合わせました。

「夫婦仲は昔から良好ですか?」ドクターFがそう促すと、とうとうミスターXがこう言いました。「当時は夫婦ではありませんでした」。妻が夫に一瞬厳しい視線を向けました。「息子さんが小さいときに一度別れたのですか?」

その後、真実が明かされました。ミスターXはAの本当の父親ではないのですが、Aはそれを知らないのです。ミセスXの説明によれば、Aの本当の父親は「だめな男」で、浮気もしたし、アルコール依存症で、Aが1歳半のときに飲酒運転による事故で死亡していました。

「息子が覚えているはずはありません。いずれにせよ、前の夫はほとんど家にいませんでしたから」

「意識できる形ではっきり覚えてはいなくても、別の父親がいたことと、その後の彼の不在は、体感レベルでわかっているかもしれませんよ」とドクターFが言いました。

「私たちが心配なのは、息子の行動が遺伝のせいなんじゃないかということです」ミスターXが言いました。ドクターFは2人に説明しました。「行動はメッセージです。行動には意味があるのです。それで、Aの行動はあなたがたに何を語っていると思いますか?」

「うせろ、と言われているようにしか思えませんが」とミスターX。

「あなたがたはAに嘘をつきました。とても大きな嘘です。彼にはそれが何かはわかっていませんが、どことなく納得がいかないと感じているのでしょう。それで心が乱されるのです」

「嘘はついていません、話さなかっただけです」

「それは省略による嘘です」とドクターF。

「では、私たちはこれからどうしたらいいのでしょう?」X夫妻が尋ねました。

「私は何かを命令する立場にはありません。ただ、嘘が問題の一部であるとは思います」

X夫妻は息子に真実を話すことに決めました。Aは激怒しました。そして本当の父親に兄弟がいたことを突きとめると、そのおじの家に移って懸命に勉強しはじめ、学校の成績を上げて大学に入りました。

息子に真面目な生活をしてほしいという両親の願いは叶いました。あとは親子関係の修復をすればいいだけです。つまり、息子の怒りを理解し、自分たちは真実を話すよりも完璧な家族の完璧な絵面がほしかっただけだと認め、それが息子に与えた影響を受けいれ、謝罪して、息子がどう思おうとそれを受けいれる必要があるということです。

起こらないほうがよかったのにと思うようなことが起こると、私たちはかなりの頻度で子どもに「省略による嘘」をつきます。困難な感情から子どもを守りたいと思うのは自然なことですが、問題は子どもの感情ではなく、子どもの感情を怖れる私たちの気持ちのほうにあるのです。私は子どももきちんと情報を与えられたほうがいいと考えています。たとえば、あなたとパートナーのあいだに何か問題が生じたとして、それをなんとか解決しようとしているなら、子どもの世界にも影響を与えるその事実を秘密にしないほうがいいのです。子どもが心配したら、なだめればいいのです。悪いニュースを子どもにも対処できる形で知らせることを怠ると、子どもは雰囲気で察知し、現実よりもっと悪い想像をしてしまうこともあります。

子どもに嘘をつくのは良くないことです。省略による嘘も同じです。たとえば家族にとって大事な誰かの死のような悪いニュースでも、隠しておくのはお勧めできません。しかし悪いニュースを知らせるときには、安心させるような言葉を添える必要があります。「いまはとても悲しいし、亡くなった人を忘れることはないかもしれないけれど、喪失感にはいずれ慣れるし、人生はこれからも続くから、また楽しいと思えるときも来るよ」などと話して聞かせるのです。

同じように、もしいままで一緒に暮らしていた両親のうち一方が出ていくことになったら、それも事前に話しておく必要があります。自分の世界がバラバラにならないように、子どもも今後の計画を知り、提案される新しい日々の流れを知っておきたいのです。両方の親と定期的に、前もってわかっている形で、充分に会えるようにしておく必要があります。

子どもとのコミュニケーションの方法には、それぞれの年齢に適したやり方があります。たとえばこんなふうに話すこともできます。「体の調子が悪いの。お医者さんに診てもらったから、きっと少しは楽になると思う。うわの空に見えたらごめんね。病気のことが心配で」。重大な病気を秘密にしておくよりは、このように話したほうが良いでしょう。あるいは、もし子どもが養子なら、年齢相応のやり方で伝えておくのがベストです。最初からわかっていれば、後々自分で突きとめてショックを受けるようなことにはなりません。

人生が私たちにもたらす災難から子どもを完全に守ることはできません。しかしそばにいて、心を寄せ、避けられない災難が起こったときに子どもが自分の感情を受けとめる手伝いならできます。どんな子にも、自分は大事なんだ、自分は望まれ愛されているんだという安心感が必要です。ときどき発せられる言葉だけでなく、子どもを見るときのあなたの顔の明るさとか、ギブ・アンド・テイクのやりとりとか、あなたの人生に取り込まれることとか、親が子どもと一緒にいることを楽しむ姿によって、愛情が示されることが必要なのです。子どもに影響を与える情報を隠していてはそれができません。子どもには知る権利があるのです。

子どもが嘘をつくとき

娘の中学校で保護者説明会に出席したときのことです。校長のマーガレット・コネルは、親全員の顔を見まわすと、単刀直入にこう言いました。「あなたのお子さんは、あなたに嘘をつきます」。「まさか、うちの娘にかぎって。私たちはすばらしい関係を築いているんだから」と私が思っていると、校長は続けました。「お嬢さんがあなたにすべてを話しているように思えても、思春期になれば必ず嘘をつきます。親の仕事は、そんなことでいちいち大騒ぎしないことです」

このときのことについて、何年もあとにマーガレットに尋ねると、彼女はこう話しました。「誰もが嘘をつく。私たちの悪いおこないのなかで嘘は最もありふれたものなのに、どういうわけか親は嘘を最悪の罪と見なしている。やってはいけないことをやったとき、それはたいてい些細なことなのだけど、子どもはやってないと言う。そうすると親は、『娘のことならよく知っている、欠点はあるけど、嘘だけはつかない子よ』なんて言う。それが子どもを追い詰める。つまり、問題がなんであれ、それではいっこうに解決しない」

どんな子どもも嘘をつきます。大人もみんな嘘をつきます。もちろん、つかずに済めばそれはすばらしいことです。きちんと対話ができて、本当に親密な関係を築くためのより良いチャンスが生まれるからです。しかし子どもが嘘をついたからといって重罪人のように扱うべきではありません。

嘘について、もっと言えば、私たちの文化ではどういうときなら嘘が容認されるかについて、私たち大人は子どもに矛盾したメッセージを伝えてしまっているのです。親は子どもに嘘をつかないように言いますが、その同じ口で、おばあちゃんがクリスマスプレゼントに編んでくれたダサいマフラー（しかも3年連続）に感謝しているふりをしなさいと言うのです。嘘をつくのが適切な状況について、子どもはずいぶん複雑な教えを受けているわけです。

子どもは親が頻繁に嘘をつくところを見ています。たとえば、あなたがパートナーに、「体調が悪いから今日は行けなくなったとみなさんに伝えて」と言っているところを小耳に挟んでいるはずです。そして本当は行きたくないだけなのだと知っています。あなたのこういうふるまいを日常的に目にしていれば、親はきっと自分にも嘘をついているだろうと子どもが思っても不思議はありません。なにせ親は、本当のことでなくとも完璧に信じ込ませるだけのパワーを持っているのですから。

嘘というのは、子どもにとっては熟練を要する技です。まず、現実に代わるものを心に思い描き、「こういうことがあったの」と言います。次に、それを本当にあったことと一緒に覚えておかなければなりません。さらに、きちんと嘘をつくためにその2つを区別し――ここが実に知恵を要するところですが――親がどう思っているか、親が何を知っているかも覚えておかなければなりません。

幼児も親の目をごまかすようなことをします。あなたの見ていないところで、自分が食べたくないものを犬に食べさせたりしているはずです。しかし先述のような熟練を要する技で子どもが本当に嘘をつきはじめるのは4歳くらいになってからです。そのときには、強大な力を身につけたような気分になってこう思うのです。「あたしがつくったお話をみんな信じてる！　すごい！」

子どもが嘘をつくのはたいてい、周囲の大人が本当のことを知ったら取り乱し、お前が悪いと決めつけてくるだろうと思うからです。トラブルから抜けだすために嘘をつく子もいます。空想そのままの嘘、大人を喜ばせるための嘘、人に親切にするためのやさしい嘘もあります。

ときには、感情のうえでの真実を伝えるために嘘をつくこともあります。何かあったのかと訊かれ、どう説明したらいいかわからないときに、自分の気持ちに合ったお話を考えだすのです。

娘のフローが3歳のときのことです。ある日、保育園で、いつものような元気がありませんでした。先生は娘にどうしたのと尋ねました。娘は「うちの金魚が死んじゃったの」と答えました。お迎えのときに先生からその話を聞いて、私は言いました。「ええと、でも、うちで金魚を飼ったことはありませんけど……」

よくよく考えてみると、娘はある意味で本当のことを言っていました。私の愛するおばが亡くなったのです。私はひどく気が動転し、フローは私が泣いているところを見たかもしれません。もしかしたら、私は娘が夢中になっているものに興味を示さなかったかもしれませんし、娘が話しかけてきたのが耳に入らなかったかもしれません。要するに、娘と一緒にいても完全にうわの空だったのです。

娘にとっては、普段どおりの母親を求める気持ちが1匹の金魚と等価だったのかもしれません。あるいは、金魚の死なら想像がつくし自分にも対処できるけれど、母親のおばとの死別という重大な出来事を自分で扱えるようにするためには、金魚1匹くらいの大きさに矮小化する必要があったのでしょう。私は保育園の先生に、これが本当のところだと思うと話しました。

子どもにとっては真実に対処するよりも空想にしがみついているほうが楽なことがあり、私たちはそれを尊重する必要があります。親が自分や子どもの感情を言葉にすることを続けていれば、子どもが自分にとっての真実を私たちに伝えるのに嘘をつく必要はなくなります。しかしこれには何年もかかります。

ときどき、子どもは自分自身をなだめようとして嘘をつくことがあります。ほかの問題行動のときと同じく、私たちはそのことで子どもを非難するのではなく、行動の背後にある感情を理解しようと努めるべきです。もし大きすぎる真実を受けとめきれなかったら――娘が私のおばの死を受けとめられなかったように――子どもはそれを金魚の大きさへと、あるいは、なんであれ金魚と同じような大きさのものへと矮小化するのです。

もっと大きな子どもが嘘をつく理由はほかにもあります。もうおわかりかもしれませんが、コネル校長の賢明な言葉は現実のものとなり、15歳になった娘は私に嘘をつきました。それを知ったとき、私は校長の言葉を思いだし、娘の嘘を自分の身に降りかかった最大の悲劇のようには扱いませんでした。

その代わり、娘の説明をじっくり聞きました。娘と友人はお互いに相手の家で勉強すると親に言い、実際には2人で地元の学生会館のバーに出かけたのです。「本当のことを言ったら行かせてもらえないだろうから、嘘をつかなければならなかった」と娘が言うので、私はこう答えました。「それはそうよ。もちろん行かせなかった。あなたが飲酒年齢に達していないのもそうだけど、大学のバーはあなたには使う資格のない場所でしょう？」

「だけど、そこに行くのを許さない本当の理由は私が怖いからよ」とも言いました。私自身も15歳で似たような冒険をしたときに、両親に言わなかったからです。そしてその向こう見ずなおこないで自分の身を危険にさらしました。何もなかったのはただ運がよかっただけです。

「私も同じようなことをしたけれど、あなたがそういう危険に身をさらすのは早すぎる。私には親としてまだ心の準備ができていない」と、私は娘に話しました。「背伸びしてお酒を飲みすぎて、判断力をなくしたりするのはよくあることだから。私がもう大丈夫だと思えるまで待ってほしい。それを不満に思うのは理解できるけど」。実際、翌年にはもう少し自由を与えても大丈夫だという確信が持てました。娘が16歳になったとき、同年代の友人グループと一緒に音楽フェスに行ってキャンプをすることを許しました。幸い、危険なことは何も起こりませんでした。事前にきちんと話し合いをして、私の不安を伝えました。友達とはぐれて、スマホの充電が切れていたらどうするの？　危険なドラッグを勧められたらそれがわかる？（これはかなり狡猾な質問でした）。娘の答えはどれも良識あるものでした。

いまはもう、娘は成人なので、当時言わなかったことを明かして私を存分に怖がらせることができます。どうやらあのとき、午前3時になっても周囲のテントがうるさかったので、娘と友人はその場を離れ、何キロも歩いて列車の駅まで行き、そこで眠ったらしいのです。16歳の2人組にとっては大冒険です。娘が当時話さずにおこうと思ったのは、しばらくのあいだ秘密を楽しみたかったからだそうです。

子どもがすることや話すことに対しては、過剰反応しないほうがいいのです。そのほうが、コミユニケーションの回線が開かれたままになります。おそらく私が過剰に不安を示したせいで、このことはしばらく話さずにおこうと娘も判断したのでしょう。

10代の子どもを育てるときには、自分が10代のころに親からさまざまな制限をかけられ、束縛から逃れようともがいたことを思いだしてください。思春期の子どもは多少の秘密を持つことを必要としています。こうしたプライバシーは、独自のアイデンティティを形成するうえで必要なのです。ティーンエイジャーは自分のスペースを確保しようとして嘘をつくことがあります。ものすごく悪いことをしようとしているわけではなく、自分だけ、あるいは友人グループのなかだけに秘密をとどめておきたいのです。両親や家族から離れ、独自の新しい仲間をつくろうとしているところなのです。

親が目指すべきは、子どもが赤ちゃんから大人になるまでの間、コミュニケーションの回線を開いておくことです。感情や態度が不都合なものであるときも、子どもがあなたに本当のことを話せる、すべての感情を受けいれてもらえると思えることが重要なのです。たとえば、学校でいじめられたときや、柔道のコーチに性的な含みのあることをされて怖かったときに、あなたが安心して話せる相手、いざというとき頼れる相手ではなかったら?

親は子どもの感情を受けいれ、子どもが見せたり話したりする内容に過剰に反応せず、こうと決めつけるような判定を下さず、子どもと意見を出しあって、可能な解決方法を探す必要があります。私たちは子どもよりいくらか長く生きているので、ときにはやるべきことを指図したくなることもあるでしょう。しかし、できるだけ思いとどまってください。子どもの力を奪うのではなく、子どもに自信をつけさせるために。

もし子どもが嘘をついたり、あなたがやめてほしいと思うような行動をしたら、反射的に反応するよりも、嘘や問題行動の裏にある理由、感情を探ってください。親がそういう感情を理解して受けいれれば、子どもが自分のニーズを表現するのにもっと好ましい方法を見つけられるようになります。

コネル校長から、ある生徒の話を聞きました。「以前、何か災難が起こるたびに、そこに知っている人がいた、と必ず言う生徒がいた。地震だろうと、列車事故だろうと、必ず親戚や家族の友人が巻き込まれたって言うの。しばらくすると私にもわかってきた。こんなことはありえない、この生徒は関心や同情を求めて、駆りたてられるように嘘をついているんだろうって。おそらくそういうことが許されない環境で育ってきたせいで、その日のニュースについてありそうもないシナリオを考えだしていたんでしょう」

問題の根っこにたどりつくためには、その子の人生に何が欠けているのか、何があってこういう同情や関心を必要としているのか、また、人の関心を引くためになぜこんな回り道をしなければならないのかを突きとめることが重要です。

だけど嘘はやっぱり良くない、と思うかもしれません。しかし嘘に対して道徳的に厳しいアプローチをしても、子どもがより正直になるわけではありません。それどころか、研究結果の示すところによれば、子どもはより上手に嘘をつくようになるだけなのです。

研究者のヴィクトリア・タルワーは、西アフリカの2つの学校を訪れました。いずれも同じような生徒数でしたが、規律に関する姿勢がまったく違いました。一方は典型的な西欧の学校とほぼ同じで、嘘をついたり、成績が悪かったり、何か悪いことをしたら、次回はどうするべきか教師と話をして、居残りの罰を受けるなどの指導があります。もう一方の学校はもっと過酷で、悪いことをした子どもには体罰が与えられました。

タルワーはこの違いに興味を引かれ、正直な子どもを育てるにはどちらの制度が良いかを確認しようと、子どもたちを相手に、覗き見ゲームの実験をしました。子どもを教室に招き入れ、こう言います。「壁のほうを向いて、ここに座って。あなたのうしろに3つのものがあります。それを使って音を鳴らすので、それぞれ何か当ててください」。3つめのときに、「引っかけ」のためにまったく違う音をたてます。たとえば、本当はラグビーボールなのに、バースデーカードから誕生日の曲を流します。

子どもの答えを聞く前に、タルワーはこう言います。「ちょっと部屋を出なきゃならないんだけど、答えを覗かないでね！」。部屋に戻るとこう言います。「覗いてない？」。子どもはみんな「覗いてない！」と答えます。その後、タルワーが尋ねます。「では、3番めのものはなんでしょう？」。たいていの子どもは「ラグビーボール」と答えます。ほとんどの子どもが覗くのです。

タルワーはこう尋ねます。「どうしてわかったの？　覗いた？」。この時点で、何人の子どもがどれくらい効果的に嘘をつくか、観察できます。そんなに規律の厳しくない学校では、嘘をつく子も、つかない子もいました。割合はほかの国でこのテストをしたときとだいたい同じです。しかし体罰の厳しい学校の子どもはみな信じられないほどの速さで嘘をつき、その嘘には非常に説得力がありました。嘘を厳重に取り締まることによって、厳しいほうの学校は嘘つき養成マシンと化していたのです。

あなたの子どもが嘘をついたときには――あえて「もしついたら」ではなく「ついたときには」と言います――人が嘘をつく理由を思いだしてください。発達の一段階であること、子どもはあなたの真似をしているのだということ、自分のプライベートな空間を切り開こうとしているのだということ、自分の気持ちを伝えようとしているのだということ、罰、もしくは混乱を避けようとしているのだということ。嘘をつくことが問題になるようなら、罰を与えるよりも、嘘の背後にあるものを突きとめることで問題解決につなげるほうがいいのです。子どもに罰を与えても、嘘がうまくなるだけです。

こうと決めつけたり、罰を与えたりすればするほど、子どもはあなたに心を開かなくなります。あなたを喜ばせたい、あなたに認められたいという気持ちがある一方で、正直さを軽んじ、おそらくは心の健康を犠牲にして、その気持ちを別の形で満たそうとします。厳格すぎる環境では善良で倫理観の高い人間は育ちません。お互いがお互いに報いるような関係を築くこともできません。そうなると、満足のいく、持続する人間関係を築く能力が身につきません。

コネル校長の言葉を覚えておいてください。「あなたのお子さんは嘘をつきます。親の仕事は、そんなことでいちいち大騒ぎしないことです」

正しい境界線を引く

愛情と境界線は誰にでも必要です。どちらか一方ではだめなのです。

境界線はどんな関係においても重要です。地面に引く一本の線のようなもので、あなたが他者に超えてほしくない線です。線を超えたところがあなたの限界で、超えられるとあなたは冷静さを失い、それ以上のストレスに対処できなくなります。

だからこそ、限界に達する前に境界線を明示しておくといいのです。たとえば家や車の鍵をいじられるのがいやなときには、「私は鍵で遊ばれるのは我慢できないの」と言って、持ち去ります。境界線は冷静に、しかし断固として伝えます。限界に達してしまったら、怒鳴りながら鍵をもぎとるとか、子どもが怯えるような反応をしてしまうかもしれません。

境界線を引くのが難しいと感じることもあります。たとえば、何回もの流産や、体外受精や、別の子との死のような悲しい出来事のあとに、長く待ち望んだ子どもがようやく生まれたような場合、親は奇跡的な幸運に目がくらみ、溺愛のあまり自分の限界がわからなくなったり、子どもを崇めたりします。しかし境界線がなければ、あなたやほかの人々の限界がどこなのか、子どもにわかるようになりませんし、万物の造り主であるかのように育てられたら子どもの自尊心が肥大してしまいます。

自分自身を支える一種の枠を人生にもたらし、他者と暮らすすべを身につけるために、誰にでも境界線は必要です。子どもも例外ではありません。あなたの気持ちをはっきりと伝え、境界線を引くことを習慣にしましょう。「前にも言ったでしょう、あなたが鍵をなくしたり壊したりしたら困るの」ではなく、「私は鍵で遊ばれるのは我慢できないの」と言いましょう。言葉のわからない赤ちゃんが相手でも、自分の気持ちを伝えることを習慣にしておくといいでしょう。子どもが10代になるころには、「10時を過ぎても外にいるなんて、おまえにはまだ早い」ではなく、自然と「私が心配だから、10時には帰宅するようにして」と言えるようになっているはずです。

次に紹介するのは友人からのメールです。この友人にはちょうど、「自分の気持ちを明示する」ことの大切さについて話したばかりでした。

このあいだの夜、いつもみたいに「歯を磨きなさい。いますぐ磨いて！　もう4回も言ってるでしょ、これ以上言わせないで。いますぐ磨かないならテレビとゲームの時間を減らすからね！」と言う代わりに、「今夜は本当に疲れてるの。歯磨きのことでしつこく文句を言う自分の声を聞くのもほんとにもううんざり。お願いだから歯を磨いてきて」って言ったのよ。そうしたら息子はすぐに磨いたわ。かわいいやつ。

境界線に効力を持たせるには、空疎な脅しをばらまかないことです。ただの脅しだとわかるまでは、子どもにとっては怖いので、思考プロセスが遮断されてしまい、熟慮する姿勢を学ぶことなどとてもできません。そのうえ、ひとたび脅しが本気でないとわかってしまったら、子どもはあなたの言うことを真剣に受けとめなくなります。何かを言うときは本気で言い、断固として言ったとおりの行動をしてください。あなたの境界線は譲らないことです。子どもは癇癪を起こすかもしれませんが、不満については同情を示せばいいのです。

乳幼児の場合には、やってほしくないことをしていたり、邪魔になったりしている場所から体ごと移動させることで境界線を引きます。ただしこれは丁重にやらなければなりません。子どもに敬意を払うのは、子どもを「甘やかす」のとは違います。

たとえば、こんなふうに言うのがいいでしょう。「あなたがこのまま犬をからかっているんだったら、抱っこして、別の場所に連れていくよ」。子どもがまだ言葉を解さなくても、あなたの声の調子と、実際に体ごと引き離されることで、いまやっていたことを親は良くないと思っているのだと徐々にわかるようになります。

あるいは、「誰かが話をしているときにうるさくするのは良くないから、部屋から連れだすよ」など言うような場面もあるでしょう。言っている内容は理解できなくても、何が適切で何がそうでないのか、子どもは体感で学びはじめます。もし子どもがおもちゃのキーボードを武器のように使っていたら、「キーボードは何かを叩いたり放り投げたりするものじゃなくて、こうやって弾くものだよ」と話して、やってみせるといいでしょう。それからこう言います。「キーボードを弾かないで、叩くのに使うんだったら、見えないところにしまっちゃうからね」。その後、まだ不適切な行動が続くようなら本当にしまいます。

子どもには冷静に、やさしく、断固とした口調で話しましょう。そして言ったことは必ず実行しましょう。空疎な脅しを乱発せずに物理的に引き離すことには、子どもがあなたの言葉を真剣に受けとめるようになるというメリットがあります。あなたは有言実行の人なのです。驚いたことに、このアプローチを用いると、大きくなったときには親の有言実行が身に染みてわかっているので、子どもは指示どおりに動くようになります。抱きあげて移動させられるような段階をすでに過ぎてしまっていても、自分の基準を明示して境界線を引くことが重要です。子どものことを決めつけたり、理屈をぶつけあうバトルに突入してはいけません。

親子は同じ側にいる味方だということを忘れないでください。親子ともに、自分も相手も満足できるのがいいと思っているのです。それを叶えるには、子どもの気持ちに耳を傾け、共感を示し、不満を受けとめ、断固とした態度を取るべきときと、柔軟性を発揮すべきときをはっきり区別することです。柔軟になったほうがいいのは、長い目で見て計画や期待値の変更が何かを危険にさらすことがない場合や、人目が気になるせいで頑なになっているとき、あなたが子どもとの関係を重視するのではなく、子どもを操る方向に脱線しかけたときです。

私はこの文章を書きながら、庭で遊んでいる近所の子どもたちの声に耳を傾けていました。子どもたちの声はだんだん荒々しくなり、興奮状態に近づいているようでした。すると、こんなふうに言う大人の声が聞こえてきました。「あなたたちの声に我慢できなくなってきたわ。ここでこのままもっと静かに遊ぶか、でなければ家に入ってちょうだい」。その女性の断固とした、それでいて冷静な声がとても好ましく感じられました。しばらくして、子どもたちがまた騒がしくなると、彼女はさっきよりも強い調子で言いました。「さあ、いますぐ家に入りなさい」。子どもたちは全員ぞろぞろ移動しました。彼女が本気で言っているとわかっているのです。

境界を設定するときには、できるだけネガティブな要素を減らすといいでしょう。「壁に絵を描かないで」と言う代わりに、「壁は絵を描くものではないの。絵を描くための紙ならここにあるよ」と伝えましょう。以下に挙げるのは、イーファの母親のジーナの例です。

たったいま、すごくいいことがあったんです。娘のイーファがお絵描きのあとに手を洗うために、ボウルに水を入れて、とても慎重に運びました。「あら、すごく気をつけて運んだのね、イーファ」と私が言うと、娘は「そう、気をつけたの」と答えて、ハグしてきました。それで気がついたんです。いつもは「水をこぼさないで」とか「床を濡らさないで」とか、前向きじゃないことを言ってしまっていたんだって。娘のハグは、私の子育てがちょっと上手になったことへのご褒美でした。

「庭で遊んで。危ないから道路に出ないでね」というように、最初は親が子どもの身の安全を守るために境界線を引きます。すると子どもは周囲の状況やほかの人々の様子に気を配るようになります。境界線を引くとき、親はたいていそれが自分の都合ではないようなふりをして、「この番組が終わったらテレビを消しなさい。あなたはテレビの見すぎなんだから」などと言います。これでは子どもに対する決めつけになります。人から何かを決めつけられ、指図されるのが好きな人はいません。自分ではそれを必要と思っていないときにはなおさらです。この場合、あなたが本当に言いたいのは「私はもうこれ以上テレビがついているのがいやなの。だからこの番組が終わったら消すよ」です。自分の都合でかまいません。客観的であるふりをするよりも、自分の気持ちをはっきり伝えたほうがいいのです。自分の心の声を聞き、自分の気持ちを探って求めているものを突きとめ、そこへ向かって進むという姿勢は、親が冷静さを保つための鍵でもあり、子どものお手本にもなります。

1日に1時間以上画面を見て過ごすのは子どもにとって良くないと、どこかで読んだことがある人もいるでしょう。だから、「おまえはテレビの見すぎだ、消しなさい」と言うのは客観的な事実にもとづいた発言だと思うかもしれません。しかし本人が見すぎだと感じていないなら、あなたは誰も望まない「ファクト・テニス」をしているだけかもしれません。「私」を主語にして境界線を引き、自分がどう感じているかをはっきり伝えましょう。「私はあなたがそれ以上テレビを見ていると落ち着かないの。だからこの番組が終わったら消すよ。ほかの遊びをしたい？　それとも、夕食の支度を手伝ってくれる？」

カッとなって怒りを爆発させると、子どもはショックで心を閉ざしてしまうことがあります。親自身が自分の限界を知り、その限界に達する前に境界線をしっかり守るほうがずっといいのです。境界線は行動を止めるべきときで、限界は激怒するときです。境界線が引かれていないと、いきなり限界に達することになります。もしユーチューブの動画やアニメの音声が2時間続くとイライラするなら、2時間があなたの限界なので、境界線は2時間以下に引いておく必要があります。境界線は引かれた人にとってだけでなく、引いた人にとってもメリットがあります。

一方、境界線を引くことに立派な理由があるふりをするなら、あなたは本当の気持ちを立派な理由のうしろに隠す方法を子どもに教えていることになります。これは子どもとのコミュニケーションを困難にします。子どもも本音を明かすより建前のうしろに隠れるようになるからです。子育てをするうえでもっと難しいトピック（セックスやソーシャルメディア、ストレス、プレッシャー、感情など）について話し合うのもはるかに難しくなります。だから、最初から明瞭なコミュニケーションを心がけ、自分の気持ちを話すこと、子どもの気持ちに耳を傾けて真剣に受けとめることを習慣にしておく必要があるのです。

境界線に立派な理由があるふりをすると、たとえそれがもっともらしく聞こえても、いずれ困難にみまわれます。「パパは8時まで起きてていいって言ったよ？　なのにママは7時半って言うの？どっちが正しいの？」と、子どもは疑問に思うでしょう。本音で説明するならこうです。「パパは8時でもいいと思っているのかもしれないけど、私は思ってないの。今夜はとくに7時半までに布団に入ってほしい。8時から見たい番組があるから」

子どもに対しては正直であるべきです。自分の気持ちは関係ないようなふりをするよりも、気持ちをきちんと子どもに明かしたほうがいいのです。子どもが何時に寝るべきかといった決定に、個人的な感情や好みが入り込むのは避けられません。だからそうでないふりをしてはだめなのです。

子どもだって、ルールに納得できなければ腹立たしく思います。ある家族では、一番上の男の子が自閉症でした。そのため、いつ何が起こるかをあらかじめ理解しておく必要があり、毎日時間どおりに行動しなければなりませんでした。両親は下の2人も同じ日課、同じルールで育てました。長子には許さなかったことを下の2人に許してしまったら「フェアでない」と思ったからです。「ジョンは12歳のとき8時に寝ていたんだ。だからお前たちもそうしなさい」というわけです。もしあなたがこういう柔軟性を欠いた態度で、きょうだいをすべて同じように扱おうとするなら、子どもたちは親だけでなく、きょうだいに対しても不満を持つようになるでしょう。不満が蓄積されればトラブルも蓄積されます。

境界線を引くのは子どもに対する決めつけとは違います。たとえば、子どもが大音量で音楽をかけていて、それがあなたの神経に障ったとします。子どもは音楽に没頭して楽しんでいるのにあなたはイライラして限界に近づいている。そういうときには子どもをこうと決めつける発言をするよりも、自分がどう感じているかをはっきり説明しましょう。「あなたの音楽がうるさいから、音量を下げて」ではなく、「私にとってはその音が大きすぎるから、音量を下げてほしい」と言うほうがいいのです。

私の両親は何かを命じるときや境界線を引くときに、決して自分の気持ちを明示せず、私はそれがとても不満でした。理由ははっきりわからないながらも、何かが嘘くさく感じられ、怒りと孤独を感じました。

自分に子どもができたら絶対に違うやり方をする、と私は心に決めました。自分の子どもには正直になる。本当のことを話す。娘と公園に行って、「ママは寒いし飽きたからもう帰りたい」と言うのはさすがに親のわがままのようにも思いましたが、とくに問題はありませんでした。自分の気持ちを話し、自分の希望を伝える方法を示すことで、娘もそれを学びました。私たちが理屈のバトルに突入することはありませんでした。

理屈のバトルとは、感情などまったく関係ないふりをしながらファクト・テニスをすることで、これは次のような断絶や行き詰まりにエスカレートすることがあります。

親　もう帰らなきゃ。昼ごはんをつくらなきゃならないから。
子　やだ、帰らない。昨日の残りを食べればいいもん。

親　とにかく、もう帰って昼ごはんを食べる時間なの。
子　おなか減ってない。ママがおなか減ってるなら、バッグのなかにリンゴがあるでしょ。
親　ちゃんとした昼ごはんを食べなきゃだめ。もう家に帰るわよ。この話はこれで終わり。
子　ワーン！

こういうバトルに陥ることがよくあるなら、それはあなたが子どもにファクト・テニスのルールを教えたからです。子どもに関係のある理由（「あなたのお昼の時間でしょ！」）を挙げるほうが、親のわがままのように聞こえなくて良いと思うかもしれませんが、それが公園から帰りたい本当の理由ではない場合（本当の理由は、あなた自身が昼ごはんを食べたいから）、子どもと言い合いになる可能性があります。あなたが昼ごはんを食べたいと言うだけなら、議論の余地はありません。

理屈のバトルから抜けだすにはあなたの気持ちや希望をはっきり伝えることです。全員が自分の気持ちを明かし、理性的なふりをするのをやめれば、交渉はずっと簡単になります。

そう、次のようなアプローチを試してください。

親　もう帰らなきゃ。私は昼ごはんが食べたいの。
子　帰りたくない。
親　あなたが帰りたくないなら残念だけど、昼ごはんを食べられないと私は不機嫌になるよ。いまやってる遊びを終わらせるためにあと2分あげるから、そうしたら帰ろう。

その後、言ったとおりに帰ります。

あるとき、とてもうれしいことがあって驚きました。「寒くなってきたし公園に飽きたから、あと5分したら帰るよ」と話すと、娘が私のためにこう提案してきたのです。「だったら2分にしてもいいよ！」

親がしっかり耳を傾け、気持ちを真剣に受けとめることで敬意を示せば、子どもが不満を行動で表すことは減り、親との良い関係を望んで共感に努めることを覚えます。充分に話を聞いてもらえずにいると、手のかかる子どもになります。ごく幼い子どもの場合、自分の気持ちを言葉で説明できるようになるには何年もかかるので、観察しながら耳を傾ける必要があります。それがどういうことかを示す事例を以下に挙げます。

息子のポールは6歳で、発話に困難を抱えていました。それはおそらく自閉症と関連しているのですが、正式な診断は受けていません。息子が乳幼児のころは、家のなかが戦場のように感じられることもありました。

しかし私たち大人が息子の視点で物事を理解しようとしはじめると、生活全般が好転しました。

息子から学ぶためにじっくり見て、じっくり聞くには、たくさんの時間と労力が必要でした。息子には忍耐を教わりました。私たちが学んだのは、少しだけ背中を押すべきタイミングと、身を引くべきタイミングです。私たちには息子より2歳年上の娘もいます。娘のほうは何かに取り組むときのやり方が私たちと似ているので、わからないことはそんなにありませんでした。しかし息子について学ぶうちに、娘のこともよく観察し、よく話を聞くようになりました。娘はもともと一緒にいて楽しい子でしたけれど、私たちが以前より思いやりをこめて接するようになると、娘のほうも私たちに思いやりを示すようになりました。

思春期の子どものための境界線

私が14歳の少年だったとき、父はあまりにも無知で、そばにいるのも苦痛なほどだった。しかし21歳のときには、父は7年でこんなに学んだのかと驚いた。

——マーク・トウェイン

子どもが小さいときよりもティーンエイジャーになってからのほうが、境界線を引くのがはるかに難しいと感じるかもしれません。それでも、自分の気持ちを明示する習慣がすでについているなら、少しは楽になるはずです。そうでないとしても、始めるのに遅すぎることはありません。

息子のイーサンがティーンエイジャーだったとき、深刻な事態になりました。それまでにも学校でトラブルに巻き込まれたことは何回かありましたが、どれもよくあることでした。しかしもうすぐ16歳になるというときに状況が悪化しました。ある日、「息子さんを迎えに来てください」と警察から電話で呼び出されました。仲良くしていたグループの子たちと、スーパーでカートにビールとお菓子を詰め込んで、そのままダッシュで逃げようとしたんです。息子は、自分がなんでそんなことをしたのかぜんぜんわからない、ただ流されただけだと言っています。確かにまったくあの子らしくない行動なんです。そうは言っても、もしかしたら平気でそんなことをする性格になりつつあるんじゃないかと心配で……

ビールとお菓子《スイーツ》。まさにティーンエイジャーのスナップ写真のようです。子どもと大人のちょうどまんなか。子どもはどうするべきなのでしょう？　10代がどんなにややこしい時期だったか、覚えていますか？　親としてはどう対処すべきでしょう？　まず、子どもの行動をどう感じたか、伝えることはできます。「がっかりした」というのが、子どもが何かをしでかしたときに親がよく使う言葉です。こんなふうに親が自分の心情を吐露するほうが、たとえば「よくこんな馬鹿な真似ができたもんだな」と決めつけるような言葉を口にするよりも、子どもの心に刺さります。その後は、以下に示す問題解決リストを実行してみてください。10代の子どもが自分の思考プロセスをたどれるように、状況を分解してあります。これをくり返し実践すれば、最終的には子どもが自力でステップをたどれるようになります。

1．問題を明確にする

まず、このように伝えます。

「万引きは許されない。なぜこんなことが起こったかを理解し、どうしたら二度と起きないようにできるか考える必要がある。警察署に迎えに行ったときはとても恥ずかしかったよ」

2．問題の背後にある感情を突きとめる

親子の会話はこんなふうになるでしょう。

「5人で集まったときに何かあったの？　一人ひとりを見れば、根っからの犯罪者のようには思えないけど」

「さあね」

「わかった、じっくり考えよう。あんなことをする前は、どんな気分だった？」

「みんなでジョークを言ってふざけてた」

「それから何があった？」

「お互いをけしかけあった」

「それから？」

「やっちゃった」

「何が問題なのか考えてみたんだけど。男子5人で集まると、互いにけしかけあって、流されて、同調圧力に発展すると止めるのが難しい。そういうこと?」

「うん」

3.意見を出しあって解決方法を探す

「じゃあ、次に同じことが起こったら、どうやってブレーキをかける?」

「ただ想像するだけにして、やらなければいいと思う。本当にやったらすごく笑えるだろうね、とか言って」

「それならまだ笑えるね。ひどい結果になることもないし」

「うん」


ステップの2と3はくり返す必要があるかもしれません。ほかにも別の問題が進行中というケースもありえます。学校の成績がなかなか上がらないなど、さまざまな問題が考えられます。「もしかして、このあいだ居残りさせられたことに腹を立てて、反抗的な気分になったりした?」などと持ちかけることもできます。ただし、意見を出しあうときは子どもに主導権を与えることを忘れないでください。

先々の行動についても境界線を引いておいたほうがいいでしょう。自分の気持ちを明示することで境界線を引きます。

「お前は信用できない、外出禁止だ」とは言わずに、「2週間くらい家にいてもらうよ。警察まで迎えに行くようなことがあったあとだから、心配せずに済む期間がほしい。しばらくのあいだそばにいてもらいたいんだよ」と言いましょう。自分自身の感情に名前をつけ、それを子どもにも話すのです。

子どものことを決めつけるような発言はしないでください。役立たずとか、衝動的だとか、信用できないとか、未熟だなどとラベルを貼ったところで、子どもの行動を改善する助けにはなりません。たとえば「外に行かせるつもりはないよ、行かせても大丈夫だと確信が持てるまでは」というように、境界線を引くのはかまいません。しかし罰を与える姿勢を見せれば子どもは頑なになるだけで、親子の相互理解をより深めることにはなりません。対話を続け、言ったことは実行し、解決方法がうまくいっているか確認してください。

くり返しますが、境界線を引くときには、相手のことを決めつけるのではなく、自分の気持ちを明示し、自分自身の感情が理由であることを認めつつ話をしてください。たとえば、13歳の子どもが同年代の仲間と夜行バスに乗りたい、と言ったとします。そんなときは、こう答えてもいいでしょう。「そうだね、たぶんもう安全で責任ある行動をとれるだろうね。問題は、私にまだそれを許す心の準備ができていないってこと。あなたがもう自分の面倒は自分で見られるくらい大人なんだと、納得できるようになる必要がある。それまで、もう少し我慢してほしい」。こんなふうに言えば、正直であることと境界を示すことの見本になっています。

子どものほうも、夜中に公共の交通機関で出かけることを許されないのは自分に問題があるわけではなく、親の問題なのだとわかれば、素直に話をきいてくれるでしょう。親の気持ちの問題であることはどのみちわかるのですが、そうでないふりをやめれば、子どもは親の決断をより聞きいれやすくなり、それが親子関係にプラスに働きます。

青年期の子どもにどう接するか

言い古されたことではありますが、思春期というのは子どもの成長における一段階にすぎません。一人前の大人になるのはだいたい20代半ばです。それまでは、リスクテイキングと意思決定において間違いをおかすことも多いのです。これは脳の前頭葉が未発達なせいだと考えられています。前頭葉は思考の多くを司る部位で、脳のほかの部分としっかりつながるまでに時間がかかります。一方、前頭葉が未発達な時期に、興奮を感じるセンサーのほうは人生最大のピークを迎えます。ティーンエイジャーが、幼い子どもや大人よりも物事を深刻に受けとめるのはそのためです。感情がほぼ衝動によって動かされている10代のあいだ、「それは良くない考えだ」とか「そんなことをしてはいけない」などと考える能力は未発達なままです。衝動をコントロールできるようになるのが比較的遅い人もいますが、行動を起こす前に結果を見通す能力が一生身につかないなどということはありません。大半の人はいずれできるようになります。

子どもが初めて主体性を意識する幼児期の一段階と同様に、10代の子どもにも充分な愛情と、境界線と、親の楽観（感情も衝動もいずれはコントロールできるようになると信じる気持ち）が必要です。行動は新しい節目を迎える直前に最も不安定になります。大人が白黒で体験していることを、10代の子どもはフルカラーで体験しているのだと想像してみてください。こういう感情のエネルギーが、音楽やスポーツのような創造的な活動に向かえばいいのですが、望ましくないほうへ向いてしまうケースも決して珍しくはありません。親の仕事は、境界線を引くこと、意見を出しあって解決策を探す場を設けること、あまり大騒ぎしすぎないことです。

青年期の子どもに接するには、先ほど示した3つのステップが唯一の対処方法というわけではありません。この節目を通過するにあたって、家族ごとに独自の対処方法や関係修復方法があっていいと思います。以下はソフィアの事例です。

帰宅すると煙のにおいがしました。リビングに行くと、16歳の娘のカミラが友人と一緒にいました。私は以前からこの娘の友人があまり好きではありませんでした。おおげさなふるまいが鼻につくのです。

「煙草吸ってた?」私は娘の友人に尋ねました。娘が静かに言いました。「違うよ、ママ、2人で吸ってたんだよ」。しかし私はそれには耳を貸さず、娘の友人への小言を続け、この家で煙草を吸ってほしくないのだと言いました。すると、普段は行儀のいい娘が激怒して、私に向かって怒鳴りはじめたのです。「違うって言ってるでしょ、ママ、あたしなの！　友達を悪く言うのはやめて！　あたしの話をちゃんと聞いてよ！」

友人が帰ると、娘の勢いはなくなりました。私はショックを受けていました。こんなふうに感情を爆発させるなんて、ぜんぜん娘らしくないと思ったので、こう言いました。「私にあんな口をきくなんて、がっかりだわ。いまはそばにいてほしくないから、階上《うえ》に行って」。帰宅した夫に何があったかを話しました。夫の返事はこうでした。「ぼくたちだって昔は煙草を吸ってたじゃないか。きみが吸いはじめたのはいまのカミラと同じ年だろう。カミラはただ、自分が天使で、友達は悪魔のように思われるのはうんざりだって伝えたかっただけなんじゃないかな。きみはあの友達についてはずいぶん早くから決めつけていたよね」

夫のおかげで、娘の視点で状況を捉えられるようになりました。また、10代の頭のなかがどんなふうだったかも思いだしたので、気持ちが落ち着きはじめました。

夫と話をしながら出来合いのペストリーの生地を延ばしていたので、それを残り物のパイの上にのせました。「タバコ　ハ　ドク」という文字の形に切り抜いて、パイのてっぺんを飾ったのです。娘に対する仲直りの申し出でした。夕食をとりに降りてきたとき、娘は決まり悪そうにしていたのですが、パイを見ると笑いだし、家族全員で大笑いしました。張り詰めた空気は消えてなくなりました。
娘はパイの写真をフェイスブックにあげ、煙草がばれて母親と怒鳴り合いのけんかになったと投稿しました。「和平のパイ」と命名した夕食のことも書きました。娘の友達がこんなコメントを書き込みました。「お母さん、煙草の吸殻でパイをつくって、それを食べさせればよかったのに」。いくら私でも、そんなことはしませんよ！

10代の子どもと一緒につらい時期を過ごすことになったら、このエピソードを思いだしてくださ い。目の前の状況を子どもの視点で捉えることが普段からできているなら、そう遠くない将来、この一家のように子どもと一緒に笑うことができます。親子関係は修復できるのです。とくにあなたのほうから言葉で伝え、行動すれば。

また、子どもがあなたをどう思おうと、それを否定しないことです。10代の息子や娘について親が思う姿は、半年前には正しかったとしても、いまはもう違っています。半年前ならあなたが宿題を手伝うのを喜んでいた子が、いまはもう煩わしいと感じるようになっているかもしれません。

子どもからうっとうしいとか、間違っていると指摘されたときには、弁解がましくなってはいけません。あなたが我慢の限界に近づいているとしても、もっと楽に聞きいれられる形であなたへの不満を表明できるように手を貸したほうがいいのです。その場合も、相手のことを決めつける言い方ではなく、自分の気持ちをはっきり伝えることに慣れていると、より容易になります。

10代の子どもは、家族から離れたところで自身のアイデンティティを確立しようとするあいだ――新しい仲間との関係のなかで自己形成をしようとするあいだ――本来持っていた魅力の一部を失うことがあります。しかし、あなたの愛する子どもが失われたわけではありません。中学、高校、大学でできる新しい仲間と一緒にいて心が安定してくれば、親から離れたいという気持ちは弱まり、本来の愛すべき特質が戻ってきます。ティーンエイジャーの脳は、飼いならされることのない野生動物の脳のように強烈な働きをする瞬間があります。親にとっては理解しがたいと感じられることもあるかもしれませんが、あきらめず、楽観的になってください。子どもの前頭葉はいずれ発達します。

ティーンエイジャーや20代前半の若者は、自分が感じる不安のままに行動することがあります。人生における自分の「居場所」がまだわからないからです。不安は恐怖の一種であり、私たちは恐怖を感じると本能的に攻撃に出ます。若者にとってチャンスの少ない昨今の世のなかでは、自分の役割を見つけたり、アイデンティティを確立したりするのはそれだけでも大仕事です。人生において、次のハードルを越える直前が最悪のときであることを忘れないでください。

若い人たちには、自分なりの方法を見つけられるように理解とサポートが必要です。彼らが知っている唯一の方法は不満をそのまま行動で表すことなのです。これは周囲の人々や社会全般にとって不都合です。しかしこうした言動を「悪い」ものとして切り捨てないようにしましょう。若い人々が必要な助力を得られるように手を貸してください。誰かを助けるというのは、その誰かの自助を促すことです。その人が自分でできることを代わりにやっても、本人の力を挫くだけで、そうなると本人はもっと困ります。たとえば、親は子どもが大学を選ぶときに、そばにいて、アイデアのボールをぶつけるための壁になることはできますが、何をどこで学ぶかを決めるのは子ども自身です。「たいていの大学にはオープンキャンパスがあるよ」と教えることはできますが、それをさらに調べたり、受講の予約をしたりするのは本人に任せるのがいいでしょう。親が知っていることを話すのはかまいませんが、「これをしなさい」とは言わないほうがいいのです。

10代の子どもが、「まさかうちの子が」と思うような反社会的な行動をしたときに、親がよく口にする言葉は「仲間が悪かった」というものです。どの子の親もきっと同じことを言うでしょう。ほかの親にとっては、あなたの子どもが悪い仲間なのです。これはとても人間的な言動で、私たちみんなにこの傾向があります。起こったことに対して、自分の子どもに責任があると認めずに他人を責め、自分たちは無垢な被害者だと思いたいのです。本当は「悪い仲間」などいなくて、抗しがたい同調圧力があるだけです。自分が10代だったころに同調圧力のせいでやらかしたことを思いだしてください。

幼い子どももティーンエイジャーも実験をします。それは誰もが通る道ですが、当然その実験を親が許せるとはかぎりません。親の気持ちを伝えるにはこんな言い方があります。「……のときはものすごく腹が立ったよ」「あなたが……したときには、とても怖かった」「……なんて、すっかり気が動転したよ」など。もちろん、「あなたが……したときにはとても誇らしかった」「……には感心したよ」「あなたが……したときには、愛情で胸がはちきれそうになったよ」などとポジティブな感情を伝える機会も逃さないでください。

親が子どもの気持ちを馬鹿らしいとはねつけたりしなければ、決めつけることなくしっかり耳を傾ければ、そして子どもの経験を認めれば、親子のあいだのコミュニケーションの回線が開かれて、親子ともに年齢が上がっても、子どもはあなたに打ち明け話をするでしょう。境界線を引くことが子どもにとってもあなたにとっても楽になり、その線を自然と維持できるようになります。

もし親子のあいだに断絶があるなら、断絶ができたときのあなた側の理由については自分に正直になることをお勧めします。理由がわからないなら、どうすれば関係を修復できるか、直接（言い訳がましくならないように）尋ねてもいいのです。お互いもっと気楽に話をするにはどうしたらいいか尋ねましょう。大人が常に正しいわけではないのです。

子どもへの決めつけを避け、あなた自身の気持ちを明示するというこのシンプルな原則を忘れないでください。「飲みに行くなんて、あなたにはまだ早すぎる」ではなく、「あなたを飲みに行かせるには、私の心の準備がまだできていない」と伝えるのです。

クライアントのリヴが、16歳の息子との関係について話してくれました。

息子と何かを一緒にしたり、2人でのんびり出かけたりして、一緒に過ごす時間が増えるほど、いろいろなことを頼みやすくなります。ベッドからシーツを剥がしてきてとか、お皿を片づけてとか。私が「これやってもらえる?」と訊くと、息子は「うん、いいよ」と答えます。だけど私の仕事が忙しくなったりして、家族と離れて自分だけの世界にいることが多くなると、同じことを頼んでも、息子は「やだ」とか「やだよ、なんでおれが?」などと言うのです。口論のサイクルにはまり込んでしまったこともありました。けれどもその後、ピザでも食べながら一緒にテレビを見るような余裕ができると、私たちの生活はまた協力的な雰囲気に戻るのです。

このことに気がついたのは、親になって10年くらい経ってからでした。夫にはこう話しました。「別々の暮らしをしておきながら、いきなり息子の人生に踏みこんで『これをやってほしいんだけど』なんて言ってもだめなのよね」。突然家にあがり込んできた他人に指図されるのと同じですよね。家族全員のつながりが強ければ強いほど、問題を乗り越えて、それぞれが必要なものを手に入れるのが楽になります。

リヴの話を聞くと、何歳だろうと、一緒に過ごして子どもの声に耳を傾けることがやはり大事なのだとわかります。一緒にいてもそれぞれ違う画面を見ているとか、スペースを共有しているだけで別々の暮らしをしているようではだめなのです。同じ家に住んでいるだけでなく、子どもとつながっていることを確認する必要があります。

コミュニケーションの回線が開通していると、もっと複雑で微妙な問題(セックスやドラッグ、いじめ、友情、インターネットの世界)についても話しやすくなります。こうした物事を自分の子どもや若い世代の人々がどう見ているかがわかりますし、感情や知識を共有する過程で双方とも変わることができます。親が子どもの意見や感情から影響を受けることをいやがるなら、子どものほうもあなたからの影響や思慮深い助言を受けいれることはないでしょう。

自分が10代のころの様子を思いだしてみれば、子どもとの共通の話題を見つけられるかもしれません。もっとも、次の言葉のように、当時をふり返ることで黒歴史を突きつけられる可能性もありますが。

息子をもっとよく理解したいと思い、息子と同じ年齢のときにつけていた自分の日記を読んだ。私は愕然とした。なんと下品で、なんと気障《きざ》なのだろう。

——イーヴリン・ウォー（作家、1956年の日記）

やってみよう——より良い行動のために

- 子どもへの決めつけをやめて、自分の気持ちを明示する
- あなたの決断が事実にもとづいているようなふりをしない。実際にはあなたの感情や好みにもとづいているのだから

- 親子は敵ではないのだということを忘れない
- 支配するより、協力して、意見を出しあう
- 誠実さの欠如は断絶を生む。あなたが誠実になることで関係は修復できる
- 子どもは自分がされたことをする

やってみよう 10代後半の子どもを下宿人だと思ってみる

10代後半の子どもに対してどこに境界線を引くべきか迷ったら、子どものことをあなたの家に住む下宿人だと想像してみましょう。家のルールは変わりませんが、境界を示しやすくなります。

- あなたの荷物は廊下ではなく自室に置いてもらえるとうれしいです
- 12時までに帰宅してください。あなたが遅く帰ってきて物音で起こされるのではないかと思うと、私は熟睡できません
- 食器を自室に放置されるのは困ります
- 洗濯機はいつでも自由に使ってもらってかまいません

青年期の子どもを下宿人だと想像すると、いくらか距離を置くのが楽になります。それこそ子どもが望んでいることなのです。

子どもが適切な行動を覚えようとするときには、まず親がそれを実行するとよいのです。親自身がストレスに耐える力を身につけ、柔軟性を保ち、問題解決のスキルを磨き、物事を別の視点から見られるようになる必要があります。

親子関係は終わらない

子どもを持つとは、こういうことだと思います。最初は一緒に道を歩いていても、ものすごくゆっくりとしか進めません。幼児の短い脚では小さな歩幅でしか進めないからです。その後に続く短い期間は、子どもと同じ速度で進めます。やがては子どもに追い越され、追いつくために走らなければならないでしょう。この最後のところが一番長いのです。いままでに注いできた時間、ケア、思いやり、敬意、愛情が実る部分です。安定したアタッチメントを確立し、外の世界への好奇心を持ち、自分を知る能力を獲得し、そのおかげで人生に何を欲し何を必要としているかを突きとめることができたら、それが子どもにとっての収穫のときです。あなたには、そこへ向かう子どもの姿を見られるという特典があります。

あなたは子どもに「安全基地」を提供することになるでしょう。それは実質的な場所であると同時に心の拠りどころでもあります。子どもが人生の途中で迷子になっても、そこに戻れば援助と慰めを提供してもらえる安全な場所です。私たちはみな死すべき運命にありますから、いずれあなたもそこにいられなくなるときが来るでしょう。そうなっても、子どもは自分のなかに、あなたとの親子関係によって築かれた安全基地を見つけるでしょう。それが迷子になったときの助けになるのです。

成人した子どもにとっても、親が押しつけがましくないやり方で興味を持ってくれることには大きな意味があります。あなたはずっと子どもの鏡でした。子どもが自分自身をどう見るか、どう思うかは、あなたがどう反応したか、子どもをどんなに好きだったか、どんなふうに受けいれたか、どんなふうに関係を築いたかに影響されます。これは子どもが成人しても、親になっても、退職しても、終わるものではありません。その後もずっと続くのです。１００歳の母親が大喜びで顔をほころばせ、「自分の子を誇りに思う」と口にしたなら、たとえその子どもが75歳でも、意味のないことではないのです。成人した子どもに対して親が抱く誇りには大きな価値があります。他人からの敬意や称賛より大事な場合もあります。ただし、親は子どもの名声の貢献者として名乗りをあげてはいけません。しかし子どもが挫折して助けを求めてきたときには、そこから逃げてもいけません。

親子関係を修復しようと思うなら、遅すぎることはないのです(もちろん双方が生きているほうがいいのですが)。やり方はいままでと同じです。自分の行動、子どもの行動に隠された感情を探り、その感情を理解しようとすることです。たとえば、成人した子どもから、あなたの新しい恋人は良い相手ではないから別れたほうがいいと言われて侮辱されたように感じても、子どもがあなたを独り占めしたいのだとか、無礼な態度だと決めつけずに、この子は心配してくれているのだ、これは愛情なのだと思ったほうがいいのです。心配してくれている部分にだけ言葉を返し、賛同できない部分、不都合な真実を言い当てているかもしれない部分には、応えなければいいのです。親子の役割は入れ替わることもあります。気がつけば子どもが親の役割をしていた、ということも起こりえます。

自分がお粗末な決断ばかりしてしまうのは、親がどこかで間違いをおかしたことの影響もあるのだろうか。成人した子どもにとって、この答えがわかると助けになることもあります。大人は多大な時間を子どもにかけなければなりませんが、どんなに思慮深く向きあったところで、子育てが成功する保証はないのです。

自分の親としての務めはほぼ終わったと思うときに親がしでかす失敗の1つが、子どもに対抗意識を持つことです。子どもが自分の達成について話したとき、親は自分の勝利についても披露しなければと思ってしまうことがあるのです。

以下はジュリーの体験です。

「母さんの孫は学校でとてもよくやっているわよ」と話したとき、母は私たちのために喜んでくれるどころか、「おまえの姉さんのほうが成績がよかったよ」と言い返してきました。私がすごく傷つくような言い方で。しかもそれは事実じゃないんです。ただ私のことを傷つけたいだけのようでした。「どうしてそんなに対抗意識を持とうとするの」と尋ねると、母はうろたえて話題を変えました。

この例に出てくる祖母は、娘が自分の息子の自慢をするのを聞いて、子どもを誇らしく思う気持ちを刺激されただけなのです。しかし表現の仕方が完全に間違っていました。子どもが成人になってもこれまでと同じように重要なのは、間違いを怖れることではなく、関係を修復することです。

つまらないファクト・テニスや勝ち負けのゲームでやりあった過去を思いだすといいでしょう。自分の子育ては終わったと思うと自覚が薄れ、関係を築くうえで足を引っぱる悪習がまた頭をもたげるからです。すでに全員が大人であっても、親に依存していた過去や親子の絆は消えないので、親は子どもに対して――子どもが自分自身を、自分の人生をどう思うかに関して――大きな影響力を持ちつづけているのです。私たちはそれを心に留めておく必要があります。気づかないうちに子どもの言うことをはねつけてしまったり、子どもと同化するあまり自分の内なる批判者の矛先を向けてしまったりしないように。

親と子の結びつきは人生で一番大事な人間関係であり、自分で築くことができるものです。子どもが成人になっても愛し、敬意を払うことで、継続的に親子関係に気を配る必要があります。

親が自分自身の子ども時代をふり返って、それが自分の子どもとの関係にどんな影響を与えているか意識することをお勧めしましたが、それと同じように、大人になった自分にとって親がどういう存在かを見きわめ、真似したいところはどこか、変えたいところはどこかを考えておくとよいでしょう。

この先、私たちが運よく長生きできたなら、一生続く親子関係の最後の段階で、あなた自身の人生について、子どもに決断を任せる場面もあるかもしれません。子どもを心から信頼していれば、親にとっても子どもにとっても自然な選択ができるでしょう。子どもを持つと、相手が子どものときには親としてふるまい、やがては大人同士として一緒に過ごし、最後にはあなたのほうが子どもに戻ることもあります。こういう役割の変化についても柔軟でいられれば、誰もがより楽になれます。

おわりに

子どもに服を着せること、食事をさせること、風呂に入れること、寝かしつけること……「はじめに」のエピソードに戻り、親がしなければならない4つのことをふり返ってみましょう。親でいるのは思ったほど楽しいことばかりではないかもしれませんが、次のことを実行すれば少しは容易になるでしょう。

- ●自分の親から受け継いだ障害物を取り除く。この障害物は、あなたの築く人間関係において、温情、受容、身体的な接触、そばにいること、理解することを妨げます。
- ●意見の不一致にもきちんと対処できるような、安全で調和のとれた家庭環境をつくる。
- ●子どものニーズを受けいれる。子どもが必要とするのは、あらゆる年齢の人々と一緒に遊ぶこと、なだめられた経験、親からたくさん関心を寄せてもらい、時間を割いてもらうことです。
- ●物事を自分の視点だけでなく、子どもの視点からも捉えられるようになる。
- ●（あなたが子どもに感じてほしいことではなく）子どもが本当に感じていることを表現できるようにサポートする。子どもの感情を（あなた自身の感情も）理解し、認めようと努める。

●親がむやみに助けず、子どもが自分で問題を解決できるようにサポートする。意見を出しあって答えを出せる場を設け、子どもに指図をしない。
●境界線を引く。その際、子どものことを一方的に決めつけず、自分の気持ちを明示する。
●自分の間違いを受けいれる。弁解がましくならず、間違いを認めて軌道修正することで、状況を修復する。
●「勝ち負けのゲーム」のような昔ながらの力関係を手放し、協調と協力を取り入れる。

ひとことで言えば、子どもとの関係を宝物のように大切にするということです。安全で、愛情に満ち、頼りになり、受けいれてもらえる親子関係が、ほかの何より必要であることはご存じのとおりです。

何か問題が生じたとき、原因が子どもだけにあると思わないようにしましょう。親子関係に目を向け、あなたと子どものあいだに何が起こっているか、見つめなおしてください。答えはそこにあるはずです。

このルールは、あなたやお子さんが何歳でも当てはまります。

私たちがどんなに間違いをおかしても、子どもに怒りをぶつけても、信じるべきときに信じなくても、子どもの視点から物事を見るのを拒んでも、多くを求めすぎても、それでも親は子に、子は親につながっているのです。

親子のつながりをより良いもの、より強いものにできるというのは幸せなことです。関係を修復する勇気を持ち、自分はベストを尽くしていると信じることで、それは実現できます。私たちは子どもを励まし、子どもが夢を叶える手助けをすることができます。私たちは子どもを信じることができます。

そして私は、あなたにそれができると信じています。

あとがきにかえて

この本を書いて一番よかったのは、あらゆる場所で読者のみなさんと直接お話しする機会ができ、みなさんからの質問が聞けたことでした。子どものために、子どもと一緒に、親子関係を改善したいと願うみなさんの声に心を動かされました。

先日、あるイベントで、1人の母親がこう訊いてきました。

「私は2人の子どもとできるかぎりよい関係を築きたくて、懸命に取り組んでいるのですが、私の子どもたちへの接し方を親類が批判してきて、とても居心地の悪い思いをしています。どうすればいいでしょうか？」

私の丁寧な回答はこうです。

「あなたはお子さんとの関係を最優先にしているのですね。素晴らしい。それがあなたの責任であり、仕事であり、当面の最重要課題です。親類には、『とりあえず意見は聞かせてもらいました、ありがとう』とだけ伝えましょう。けれども彼らの提案を受けいれる必要はありません」

もっと短く言うならこうです。

「ずいぶん独断的なご親族のようですね。『あっちへ行って』と言ってやってもいいくらいよ」（実際にはもっと強い言葉を使いました)。

この件は、現実がいかに不完全なものであるかを私に再度警告してくれました。彼女の話は、そんななかでもなんとかベストを尽くしている素晴らしい例です。本書が現実の親子関係にポジティブな影響を与えていることがわかり、とてもうれしく感じました。

多くの親が子どもの感情を——たとえそれが不安になるほどの激しい怒りだったり、深い悲しみだったりしても——言葉にするように努めていると話してくれました。子どもは自分が目を向けてもらい、理解されていると感じたときに安心できるというのは本当だと、わかってもらえたようでした。

別の母親は、3歳の娘が顔を真っ赤にして叫ぶ特大の癇癪を起こしたときの話をしてくれました。こういうことが起こると、以前なら彼女自身もパニックを起こしたそうですが、本書を読んだあと、彼女はしゃがんで子どもと目の高さを合わせ、こう言いました。

「あなたはいま、とっても怒っているのね」

女の子は驚いたような顔をして、1分後には泣きやみ、その後すぐにこう言いました。

「怒ってごめんね、ママ」

彼女はうれしくて涙が出そうになったと言います。

ダンは11歳のルークの父親で、彼の息子との関係は、1つの典型と言えるでしょう。以前は事あるごとに息子とひどく衝突していたそうです。お互い愛情はあるのですが、けんかもしました。
その後、ダンは本書を読み、自分がすべてを決めること、すべての解答を示すこと、常に責任を担うことをやめる決意をして、代わりに息子自身が感じていることや、自分とは違うやり方で世界を経験している様子に興味を持つことにしました。すると、息子のほうも常に自分が正しいと主張することをやめたのです。これはダンにとって予期せぬ見返りでした。

本書を刊行してから、対面やソーシャルメディアなどさまざまな形で、何百人もの親と対話を重ねました。どうやら親にとって一番高いハードルは、子どもが常に幸せでなければならないという考えを手放すことのようです。こういう質問をよく受けました。

「父親が出勤するとき、息子がひどく悲しむんです。どうしたらいいでしょう？」

「お隣さんが引っ越すことになったんですが、遊び相手がいなくなってしまうと言って、娘がふさぎこんでいます。どうやって慰めたらいいでしょう？」

私は決まってこう答えました。

「逆説的に聞こえるかもしれませんが、親が子どもに幸せでいてほしいと思うと、子どもに無用なプレッシャーを与えてしまいます。親は子どもがどんな気持ちでいるときも、そばにいて支えるだけでいいのです。人間にとって傷ついたものを治したいと感じるのは自然なことなので、これは呑みこむのが少し難しいかもしれません。しかし最善の対処法は、子どもがどんな経験をしていようと、そばにいることです。そうすれば、たとえ幸せでないときでも、子どもは自分がしくじったとは思わないものです」

本当に大事なのは、子どもが目を向けてもらえている、価値を認められている、理解してもらえていると感じられるような好ましい関係を育むことです。

この「あとがきにかえて」では、好ましい親子関係を築くことに加えて、きょうだいについても触れたいと思います。互いに支えあうような、良好なきょうだい関係を育むにはどうすればいいのか。これを読んで、多くの家族が再びつながり、関係を修復し、より強く結びつくことを願っています。

人間は相手を映しだす鏡

本書を読んだある母親がソーシャルメディアに「子育て全般が変わりました」と書き込みました。いままでは2人の幼い娘の視点から世界を見て、2人がどう感じているかを言葉にし、2人の感情に名前をつけ、意見を出しあって問題を解決するように努めていると言います。腹が立ったときには深呼吸して、これは怒りを爆発させるほどのことだろうか？　と自問するそうです。

「娘たちは以前より落ち着いて、夫や私がやさしくすると、姉妹同士でも相手にやさしくするようになりました。私をより良い親にしてくれて、フィリッパには感謝してもしきれません。ただ、自分が子どものころ、充分に親から関心を寄せてもらえなかったことにも気づいてしまいました。私への愛情があったことは間違いないのですが、それがはっきり示されたことはありませんでした。私

けれども私自身は、娘たちにどう愛情を示せばいいか学びました」

彼女の感想のなかで、とりわけ私の心の琴線に触れたのは次の言葉でした。

「最良の変化は私のなかで起こっています。いまでは子どもたちに会うのがいつも楽しみです。2人が学校に行っていると寂しいのです」

誰かがあなたに同じ気持ちを持ってくれたら、どんなに晴れやかな気分になれるでしょう。しかも相手がその気持ちをはっきり示してくれたとしたら？　放課後、彼女が子どもたちを迎えるときの顔は、子どもたちへの愛情で輝いていることでしょう。

彼女が行きついたのは、「ミラーリング」と呼ばれる、役立つ方法の1つです。私たちにはみな、自分を笑顔で迎えてくれる人が必要なのです。とりわけ乳幼児にはそれが必要です。

ミラーリングとは、イギリスの小児科医で精神分析学者でもあるドナルド・ウィニコットが考案したものです。ウィニコットによれば、幼児は「母親を通して自分自身を見る」そうです。つまり、親の表情に示された喜びやその他の感情から自分像を形づくるのです。子どもは長い時間をかけて、自分に対する親の反応から自己イメージを築きます。

子どもは親を見て、喜び、愛情、怒り、無関心といったさまざまな感情を感じとり、自分が親にどのような影響を与えているかを理解します。こうした気持ちはすべて子どもの「心の銀行」に貯まっていきます。

だから、親が子どもを見てうれしそうな顔をしていれば、子どもはそれを吸収し、自分のことを価値のある、愛されるに足る人間だと思うようになるのです。

もし親が一貫して「ネガティブな鏡」としてふるまえば、その反対の影響があります。ネガティブな鏡とはつまり、不在がちだったり、一緒にいても気持ちがうわの空だったり、無関心だったり、子どもを厄介事の1つか、何か矯正が必要なもののように扱うことです。誰でもこうした行動を取ることはときどきありますが、親のこういう態度が常態化すると、子どもは愛される価値のない、「悪い」人間という自己イメージを形成してしまいます。

親によるミラーリングがまったくないと事態はさらに悪化し、自分など価値のない存在だという思いが生涯続きます。そうなると、必要以上に人の関心を引きたがるか、鬱状態になる可能性が高まります。

だからといって顔に偽物の笑みを貼りつけておけばいいわけではありません。それでは子どもに偽の鏡を見せているだけです。子どもを愛し、その愛情を表に出してください。「宿題をやりなさい」と言うよりも、愛を伝えるのが先です。


長年心理療法士の仕事をしていて、私は大勢のクライアントが「自分はあまり良い人間ではない」と言うのを聞いてきました。

アンガスという名のクライアントもそうでした。理由を尋ねても具体的なことは何も言わず、自分は悪い人間なのだとくり返すだけでした。

アンガスは繊細な語彙を使いこなす知的な雰囲気の男性で、専門職に就いています。既婚者で子どもは1人、結婚生活に問題はありません。一見、成功者そのものです。ただ、「悪い人間」という自己イメージについて正確に表現することはできませんでした。どうやらアンガスがしゃべれるようになる前に植えつけられたイメージのようでした。

彼はこう言いました。

「結婚生活も仕事も芝居のように感じられることがあるのですが、それがいつか『ばれて』しまって、自分の人生は崩壊するんじゃないかと思うのです。言葉にすることで実現してしまう予言のように」

アンガスは両親の家から車で2時間のところに住んでいます。そして少なくとも年に4回は両親に会いに行かねばならないと思っていました。けれども親に会うのはいつもなんとなく怖いのです。妻にも「ご両親と一緒にいるときのあなたは、いつもよりちょっと静かね」と言われたそうです。

なぜ両親のところへ行くのかと尋ねると、彼は「行くことそのものよりも、行かなかった場合の罪悪感のほうがいやだから」と答えました。「両親への義務を果たさなければ悪い人間になってしまう」とも言いました。「子どものころ、両親はいつも私にがっかりしているようでした。私はもっと良くならなければと常に感じていました。一度もうまくいきませんでしたが。両親は悪い人たちではないのです。ただ、批判することで私がより良い人間になると考えていました。それもきっと彼らなりの愛情からくる行為なのです。世間に通用する人間になってほしかったのでしょうね。それで私に多くを求めたのでしょう」

もちろん、アンガスは赤ちゃんのときに両親からどんな反応をされたか、覚えていません。しかし、生まれたばかりの娘を両親のもとに連れていったときに、この子は「いい子」なのかと何度も訊かれたそうです。「いい子」というのはつまり、ほとんど泣かないとか、よく眠るとか、親にとって手のかからない子どもという意味です。

「それは『いい子』ではありません。見えない子です。存在しない赤ちゃんです」と私が言うと、アンガスは言いました。「娘が何か大きな音をたてようものならすぐに、両親はふり向いて眉をひそめるのです。まるで娘はなんの感情も示すべきではないと言わんばかりに」

このことから彼は、自分もおそらく赤ん坊のころたびたび眉をひそめられ、感情や要求を表すべきではないと思われていたのだろうと気がつきました。子ども時代を通して、アンガスは自分が批判されるたびに――両親がアンガスを「理想の息子」にしようとするたびに――「おまえは期待外れの息子だ」と言われているように感じたそうです。

これに気づくと、アンガスには娘のために自分が何をしたいのかがはっきりわかりました。「娘には愛情と受容をできるだけ示そうとしています。いつも『愛しているよ』と言って聞かせる、という意味ではありません。私はただ、自分が親から受けた不要な批判を娘に受け渡したくないのです」

「お嬢さんに、きみはありのままで充分に素晴らしい、大好きだよ、と伝えたいのですね。その気持ちはきっとあなたの表情にも表れるはずですよ」と私は言いました。

アンガスの両親がおそらくそうだったように、私たちは愛情を隠してしまうことがあります。子どもをありのままに受けいれたら、子どもは現状に満足して向上心がなくなってしまうにちがいないという、間違った思い込みのせいです。実際には、親がありのままの自分を愛してくれているとわかると、子どもは自分からもっと良くなろうとします。やっても無駄だと思ったら、子どもはあきらめてしまいます。逆説的に聞こえるかもしれませんが、人間の気持ちはそのように動くのです。

子どもが好きなことに興味を持つ

ポジティブな鏡になるもう1つの方法は、子どもが興味を持っていることにあなたも興味を持つことです。これは子育ての単なるテクニックではありません。自分も興味が持てるかどうかを確認するために、子どもの興味を追ってみることが大事なのです。レゴや〈スター・ウォーズ〉、ゲームの〈マインクラフト〉、環境保護活動など、自分の関心事に親が興味を持ってくれるのは、子どもにとってうれしいものです。

ジェインの6歳の息子のアクセルはサッカーが大好きでしたが、ジェイン自身はサッカーに興味がありませんでした。アクセルは本当にサッカーに夢中で、試合を観に連れていってほしいと何度もせがまれました。ジェインはチケットを買い、地元チームの試合を一緒に観にいきました。息子が大喜びで観ている様子を目にすると、徐々にその熱がジェインにうつったのです。その後、ジェインもサッカーに夢中になり、いまではチームの選手の名前をすべて知っています。

子どもが興味を持っているものすべてに関心を持とうとするのは現実的ではないかもしれません。ある友人がこんなふうに言っていました。「息子はゲームの〈ダンジョンズ&ドラゴンズ〉の話なら何時間でもしていられるの。でも私はそこまで興味を持てない」。しかし、共通の話題はきっとあるはずです。

10代になると、子どもは自分の好きなゲームや音楽に親の関心を引きたがらなくなることがあります。それもまた尊重するべきです。おそらく態度で示してくるでしょうが、ティーンエイジャーは独自のアイデンティティを形成するために、プライバシーや家族から離れた場所を必要とします。この年齢になると、親に関心を持たれること自体を少々押しつけがましく感じることもあります。そういうときには、親は子どものテリトリーを尊重する必要があります。

きょうだい関係をよくするには

講演などのイベントでは、きょうだいに関することもたくさん訊かれます。ここでもミラーリングが重要です。それぞれの子どもとの関係において、それぞれのミラーリングが必要になります。私たちはみな家族の一員ですが、子どもは一人ひとり個人として目を向けられ、共感してもらう必要があるのです。

本書で子どもとの関係――「子どもたち」ではなく――について述べてきたのもそれが理由です。親は子どものことを「子どもたち」と一括りにして考えるべきではないのです。

もちろん、きょうだい関係は家庭内の調和の鍵となります。あなたにきょうだいがいるなら、きょうだい仲がどこでうまくいったか、あるいはどこでうまくいかなくなったか、考えてみてください。ぎこちない仲になったのは親に比べられたことや、決めつけられたことが原因ではないでしょうか。たとえば、「きょうだいのなかでもスポーツが得意な子」とか「うるさい子」とか。

あるいはあなた自身がきょうだいとの比較を口にしたとき、親がたしなめなかったせいもあるかもしれません。「数学は私のほうが点数がいい」とか「お姉ちゃん／妹のほうが私より頭がいい」とか。または、親があなたたちきょうだいの個性や相違を尊重せず、ひとまとめに「子どもって疲れる」などと頻繁に口にしたせいかもしれません。

もう1つ、問題がこじれやすいのは、別のきょうだいのほうに親が手をかけ、自分は後回しにされたとあなたが感じている場合です。そのことで、怒りを親ではなくきょうだいに向けてしまっているのです。怒りや憤りを進んで受けたい人などいないので、親のほうもあなたをたしなめたり、怒りの矛先を自分に向け直すように言ったりはしなかったのでしょう。しかしきょうだいとの間に鬱積した怒りがあると、関係がこじれやすくなります。

以下の話は、ノアとスーキという2人の幼い子を持つ専業主婦マリアムの生活の1コマで、きょうだい関係の変化がよく表れています。

キッチンの床は子どもたちが散らかした食べかすだらけで、汚れた食器も転がっています。母親のマリアムはその惨状を目にして気がめいりました。幼児のノアに一方の手を引っぱられ、もう一方には赤ちゃんのスーキを抱えています。赤ちゃんがマリアムの肩にもたれてぐずりはじめました。

「こっちに来て、ぼくがつくった塔を見てよ!」とノアは言います。

マリアムはあらゆる方向から引っぱられているように感じました。赤ちゃんとノアに必要とされ、家事も手つかずです。一人ぼっちの気分でもありました。たった1人で、幼い子ども2人の面倒を見なければならないのです。

「じゃあ、塔を見てみようか」マリアムはノアに言いました。もちろん、それは一番やりたくないことだったので、その気持ちが表情にも表れています。

ノアは母親の手を引っぱってリビングに連れていきます。リビングも爆弾が落ちたようなありさまで、おもちゃが床一面に散らかっていました。

「塔はどこ?」ぐずっていた赤ちゃんが本格的に泣きはじめました。

「なくなっちゃった」とノアは言い、やはり泣きはじめました。マリアムは腰をおろして赤ちゃんを胸にしっかり抱こうとしましたが、じっとしていてくれません。ノアもマリアムの膝に乗ろうとしましたが、それができなかったので、赤ちゃんを押しのけました。

母親のマリアムはノアがのけ者にされたような気分でいるのは知っていましたが、思わず「妹を押さないで」と怒ってノアを押しやりました。

これを合図に子どもたちの大泣きが始まりました。マリアムはもうたくさんだと思いました。やっとのことでスーキをかごに寝かせ、ノアをベビーサークルに入れました。そして自分はキッチンにこもり、テーブルの前に座って両手で頭を抱えました。子どもたちの泣き声は大きくなるばかりです。

5分後、マリアムはリビングに戻ります。ノアの気を紛らわすためにアニメを流し、そのあいだにスーキにごはんをあげようとしました。ノアは泣きやみ、ようやくスーキも眠りに落ちました。


上の子がもっと気分良く下の子との関係を築ければ、きょうだいは楽しく過ごせるようになります。下の子は上の子から良い影響を受けることもできます。

それを実現するには、「弟や妹ができてうれしいでしょう」と上の子に言わないことです。そのかわりに、自分以外に親の関心を引く存在ができたことについてどう感じているか、子どもが言葉にするのを手伝ってください。たとえそれが親にとって望ましくない感情であったとしても。

一番上の子と親とのあいだに一方的な力関係ではなく、双方向のやりとりが成立していれば、子どもたちのあいだにも同様の関係が築かれる可能性が高いでしょう。しかし、いまできていなくても心配する必要はありません。下の子の世話に上の子を巻き込むといいのです。「赤ちゃんには何がいると思う?」「こんなにちっちゃかったときのこと覚えてる?」「いないいないばあって遊んだのを覚えてる？　その遊びを赤ちゃんに教えてあげて」などと声をかけてみましょう。

また、どの子とも2人きりの時間を毎日持つといいでしょう。ほんの数分でも、まったくないよりずっといいのです。一人ひとりの子どもを常に個人として見ることを忘れないでください。

もしマリアムが本書の内容を理解していたら、次のようになっていたでしょう。


「どうしても塔を見てほしいのね、だけど先にぐずってるスーキの面倒を見なきゃならないの。この子はまだ待つことができないから」。マリアムはノアの望みを受けいれ、また、自分の分刻みの計画を伝えて、自分が2人に引き裂かれなくて済むように境界線を設けています。

「やだ！　ぼくの塔を先に見てよ」。マリアムはノアの気持ちを想像してそれを伝えることでフィードバックします。「スーキが生まれてから、ママを譲らなきゃならなくなって、それがとてもいやなのね。前はママのことを独り占めできたのにって思うと、とてもつらいのね」

ノアの望みはまだ叶えられていません。しかしそういう望みを持ったからといって叱られることはなく、失望に共感してもらえています。だから自分がどう感じているか、行動で示す必要はありません。ノアは母親を独り占めできずにいますが、母親の声の調子から自分のことを考えてくれているのは伝わってきます。マリアムはノアに話しかけながら、スーキにごはんをあげはじめます。

「あなたは私に塔を見せたいのに、私はここで妹にごはんをあげてる。きっと、フェアじゃないって思ってるでしょうね」

ノアを見るマリアムの顔は穏やかで愛情に溢れています。ノアが母親を独り占めできないことをかわいそうに思っているのです。

本当は塔なんかないのです。マリアムを独り占めできないことに気を悪くしたノアが、以前、塔をつくったときに褒められたことを思いだしてつくり話をしただけでした。しかしママはどうやらノアの気持ちをわかってくれているようです。ノアは少し気分が良くなり、母親がスーキの面倒を見ているあいだ、1人で遊ぼうとリビングに行きました。マリアムはごはんをあげながらスーキを見守り、スーキも母親を見つめ返します。その後、ノアが戻ってきました。

「ママ、ブロックが見つからない」。「私たちが静かにしていれば、もうすぐスーキは眠りそうよ。そうしたら一緒にブロックを探して、2人だけで遊びましょう」。マリアムがくつろいでいるので、スーキもリラックスしています。ノアはマリアムの言葉を信じました。言ったことは必ず実行するとわかっていたからです。

スーキはまどろみはじめ、数分後には眠りに落ちました。スーキをかごに寝かせ、リビングに行くと、ノアはミニカーを使った遊びに夢中になっていました。マリアムは腰をおろしてノアを見つめます。ママがいつでも応じてくれるとわかっているので、ノアは大声を出したり、ことさらに関心を引こうとしたりする必要はありません。

しばらくして、ノアがマリアムに微笑みかけると、マリアムもノアに笑みを返しました。マリアムはしゃがんで散らかったおもちゃを片づけはじめます。「ブロックを見つけてくれたんだね」とノアが言うと、「電車セットの下に隠れていたのよ」とマリアムが返します。ノアはいままでやっていたことをやめて、ブロックで遊びはじめます。母親の関心が自分に向いていることがちゃんとわかっているので、ブロック遊びに没頭できます。マリアムは先日の新聞の日曜版をテーブルから取り、邪魔されずに1つの記事を半分ほど読むことができました。

スーキが泣きはじめました。「スーキが呼んでるよ」。「何をほしがってるか見てきてくれる?」とマリアムは言い、ノアに役割を与えます。ノアがキッチンへ行って妹を見つめると、スーキは泣きやみます。「スーキはお兄ちゃんに来てほしかったのね」とマリアムは言います。自分は妹にとって大事な存在なのだとノアは感じます。

2つのシナリオの一番の違いは、後者では母親が子どもたちのポジティブな鏡になっているところです。愛情やプラスの感情をはっきり示しているのです。マリアムはノアがどう感じているかを考え、たとえそれが好都合な感情ではなくても、自分が想像するノアの感情に呼び名をつけようとしました。それに、息子を巻き込んで、妹の様子を確認させました。また、2番めのシナリオでは、限界に達する前に愛情をこめて子どもたちとの間に境界線を引きました。マリアムはとても手が回らないと思ったので、ノアの塔を見には行きませんでした。しかし、見てと請われたことを怒りもしませんでした。

子どもがもっと大きくなると、きょうだい関係には親の気配りがより必要になるでしょう。以下に役立つヒントをいくつか挙げておきます。

上の子に過度な期待をしない　過度な期待は、上の子が弟や妹に余計な恨みを抱く原因となります。たとえば、下の子が座って見ているだけなのに、上の子がおもちゃを片づけることを期待してはいけません。下の子もできることはやるべきです。まだ小さな赤ちゃんだったら、「ほら、お姉ちゃんが人形を箱に戻しているところを見て。あそこがお人形のおうちなのよ」などと話して聞かせましょう。過度な期待をかけられた上の子は、親ではなく下の子を恨むようになります。

役割分担に注意　たとえばきょうだいのうちの1人が体育が得意だとすると、ほかの子どもはそれを取られてしまったように感じ、自分も体育が大好きだとしても、それ以上努力しなくなることがあります。1番上の子はいろいろなことが上手にできるのに、2番め、3番めの子どもにはあまりやる気が見られないというのは珍しいことではありません。下の子たちが上の子に才能を先取りされてしまったと思い込んでいるのです。

きょうだいを比較するのはやめましょう。たとえ子どもが目の前にいなくても、そういう言葉はいずれ本人の耳に入るものです。比較するのではなく、活動の楽しさを強調し、そこに注がれる努力を褒めてください。達成したことだけを褒めると、下の子どものやる気を削いでしまいます。

きょうだいげんかが起こったら　ゆとりを持って、一人ひとりの行動の裏に隠された感情を突きとめてください。それぞれの感情を理解して受けとめたら、それを子どもたちの代わりに言葉にしてみましょう。誰が正しくて誰が間違っているとか、誰が悪くて誰が良いなどと決めつけることを習慣にしてはいけません。

問題がはっきりしたら　きょうだい同士で話しあって解決できるように促しましょう。「妹に自転車を使われてものすごく腹が立ったんだよね」「お兄ちゃんが自分よりいい自転車をもらったのがずるいと思ったんでしょう」「いまのままだと、2人とも不満なようだけど、うちにはもう1台新しい自転車を買えるようなお金はないの。どうしたらいいと思う？　2人とも、何かアイデアがある？」。きょうだいが協力し、お互い歩み寄れるようになれば、あなたの出番は減るでしょう。

家庭生活に完璧などありえません。しかし、だからといって家庭が子どもに与える影響に無関心になり、環境を改善する努力をやめてはいけません。以前、クライアントの1人がこう言っていました。「完璧さは愛ではないけれど、愛は完璧だ」

愛情に溢れた親になろうと、多くの人が最大限の努力をしています。間違いや混乱や不調和を否定するのではなく、たとえ間違いがあっても関係を修復するためにベストを尽くしています。なぜなら、人間関係は試行錯誤《トライアル・アンド・エラー》の連続だからです。私たちは他者を観察し、他者の言葉に耳を傾け、それと同時に自分のことも見つめながら、ともに成長していける方法を探すしかないのです。

本書を読み、熟考し、懸命に取り組んでくださったことに感謝します。愛情に満ちた本物の親子関係を築き、子どもに安心して過ごせる環境を与えることが、力強く、思慮深く、愛情に満ちた人間を育てることにつながっています。それは私たちの社会全体にとって良いことなのです。

フィリッパ・ペリー

謝辞

いまは亡き私の両親に感謝を捧げます。2人がしてくれたことの大半は素晴らしかったし、そうでなかったことも心理療法士や著者としての私のキャリアにおおいに役立ちました。

妊娠したとき、私は両親とは異なる子育てをしたいと思い、たくさんの本を読みました。突出した印象を残したのは、ロバート・ファイアストン『思いやりある子育て』(*Compassionate Childrearing*)、アデル・フェイバ&エレイン・マズリッシュ『子どもが聴いてくれる話し方と子どもが話してくれる聴き方大全』(*How to Talk so Kids Will Listen and Listen so Kids Will Talk* 三津乃リーディ・中野早苗訳、きこ書房)、ジョーン・ラファエル‐レフ『出産にまつわる心理的プロセス』(*Psychological Processes of Childbearing*) でした。ラファエル‐レフの「手助けする親」と「律する親」という考え方は非常に有益でした。ファイアストンの本には、「内なる批判者の声」のような、私たちが知らず知らずのうちに次世代に伝えてしまう有害な行動パターンについて、フェイバ&マズリッシュの本には、感情を認めて受けいれることの知恵について書いてありました。彼らのアイデアは私の頭に長く留まって、自らの子育ての大きな助けや支えとなり、本書にも影響を及ぼしています。また、児童精神科医のドナルド・ウィニコットの研究には、とりわけ親が子どもを憎んだり怒ったりすることについての彼のアイデアから影響を受けました。

ほかにも多くの本を読んできました。アニー・マーフィー・ポール『オリジン：私たちが生まれてくる前に学ぶこと』(*Origins: How the Nine Months before Birth Shape the Rest of Our Lives*) は、本書の妊娠についての章に多大な影響を与えています。私がお勧めするのはこの『オリジン』と、バーバラ・カッツ・ロスマンがこれから親になる人に向けて書いた『試みの妊娠』（*The Tentative Pregnancy: Amniocentesis and the Sexual Politics of Motherhood*）です。しかし参考にしたのは本だけではありません。ジャネット・ランズベリーのブログ（JanetLansbury.com）からも大きな影響を受けました。幼児との過ごし方や幼児理解について知りたい方にはこのブログを強くお勧めします。子どもが自分の感情から気を逸らすように仕向けるのは望ましくないこと、赤ちゃんを無理に座らせてはいけないこと、赤ちゃんに手を貸すべきときとそうでないときの事例（フレイヤの事例）について、ジャネットのブログからヒントを得ました。子どもを愛するだけでなく、子どもに敬意を払うことも重要だと最初に学んだのもこのブログからでした。

ジュディ・ダン&リチャード・レイヤードの『好ましい子ども時代』（*A Good Childhood: Searching for Values in a Competitive Age*）にも感謝しています。家族の構造と、それが子どもにもたらす影響について研究した本です。デイヴィッド・F・ランシー『子ども時代の人類学』（*The Anthropology of Childhood*）では、本書でも紹介した「類感呪術」という言葉に出会いました。子ども中心の子育てか、大人中心の子育てかという議論に触れた本でもあります。これはジョーン・ラファエル-レフのアイデアの上に築かれた考え方でもありました。ダルシア・ナルベイエス『神経生物学と人間の道徳の発達』（*Neurobiology and the Development of Human Morality*）の睡眠トレーニングの弊害に関する研究もきわめて貴重でした。ロス・グリーン『親を困らせる子どもを上手に伸ばす』（*The Explosive Child* 田辺希久子訳、ＰＨＰ研究所）は、子どもの不都合なふるまいについて定義・分析するうえで有用で、協調型のしつけに関するグリーンのアイデアは非常に役に立ちました。適切なふるまいをするには、柔軟性、問題解決のスキル、ストレス耐性が必要であるというのがグリーンの考えです。彼の著作からは、親が子どもに共感できるようになるために、子どもの視点で手紙を書くというアイデアももらいました。これらの資料については、巻末の「参考文献」

にまとめてあります。

感謝を伝えたい人はたくさんいます。まずはプロから。娘のフローが通った中学校の校長、マーガレット・コネルの知恵に大変感謝しています。コネルは娘の教育を担ってくれただけでなく、私にも多くを——とりわけ子どもと嘘について多くのことを——教えてくれました。それから、執筆中に話を聞いてくれた心理療法士の同僚たちと、友人のドロシー・チャールズにも特別な感謝を捧げます。彼女がくれたコメントはとても有用でした。ゲシュタルト療法の心理療法士である友人のユリアナ・アペル－オパーは、さまざまな考えを深めるのに力を貸してくれました。とくに対話、言葉のやりとり、アタッチメント理論については、彼女のすばらしい比喩に助けられました。ユリアナがいなければ本書はずっと貧相なものになったことでしょう。サウス・ウェールズ大学のニコラ・ブランデンは、アイデアのキャッチボールにつきあってくれました。ロンドンの〈トーク・フォー・ヘルス〉の創設者でCEOでもあるニッキー・フォーサイスは、本書の感情に関する課題を発展させてくれました。作家のウェンディ・ジョーンズにも感謝を。スランプに陥ったとき、彼女との会話があったおかげでこの本の方向性をはっきりさせることができました。子どもと家族のセラピストであるルイ・ワインストック、テクノロジーとの付き合い方へのフィードバックと励ましをありがとう。ジャーナリストで心理療法の研修生でもあるスザンヌ・ムーア。「子どもを愛するだけでなく、子育てを楽しみたいと思う」という彼女の言葉は私の頭のなかに留まり、本書中の考察にも影響を与えています。ロンドンにあるセラピストのための施設〈スティルポイント・スペース〉のアーロン・バリックにも感謝を。いま名前を挙げた全員が、時間やアイデア、励まし、愛情を惜しみなく与えてくれました。みなさんがいなければこの本を形にすることはできなかったでしょう。

娘のフローは最初のメモの寄せ集めを読み、私が本書の執筆をあきらめたくなったとき、続けるように言ってくれました。彼女の励ましがなければこの本を書きあげることはできませんでした。また、娘は寛大にも、本文中の事例に実名で登場してくれました（実名で出てくるのは娘だけです）。人生について、私は娘に多くを学びました。娘の視点から世界を見ることでより良い著者に、そしてより良い人間になることができたように思います。フローは私を著者仲間のハナ・ジュウェルに紹介してもくれました。夫のグレイソンにも、愛情と、勇気と、子育てにおける誠実さにとても感謝しています。夫と娘との親子関係を目にすることができたのも、私と娘との関係を見ていてもらえたのも幸せでした。夫は私が本を書く過程で味わった苦しみの大部分を、文句も言わず、ともに引き受けてくれました。

長年、私を励ましてくれた多くの友人たちにも感謝しています。ジャネット・リー、ヨランダ・バスクエ、ジョニー・フィリップス、アルバ・リリー・フィリップス＝バスクエ、ヘレン・バグノールに特別な感謝を。ヘレンとディコン・タウンズ、ジュリエット・ラッセルは、〈サロン・ロンドン〉と〈オールソー・フェスティバル〉の聴衆の前に私を引っぱりだしてくれました。この本を書くあいだ一緒にいてくれたみんなが大好きです。会う機会は少なくても、オンラインでおしゃべりをした友人たちの存在も非常にありがたいものでした。みなさんのおかげで、いつも元気でいられました。原稿に有用なフィードバックをくれたローズ・ボイト、すてきな〈サヴォイ・ボールルーム〉での文学サロンに招待し、聴衆の前で本書を朗読する機会を与えてくれたデミアン・バー、〈キュリアス・アーツ・フェスティバル〉で本書のアイデアを披露させてくれたクレア・コンヴィル。ありがとう。みなさんが私に勇気を与えてくれました。私にはその勇気が本当に必要だったのです。

本書に掲載する事例を探すために、本当に大勢の親たちと話をしました。本に登場しない事例も、登場したものとおなじくらい価値があります。親になるとはどういうことかについて私の思考を形づくり、磨きあげ、私を教育し、私の視点が多くの例のなかのほんの一例に過ぎないことに気づかせてくれたからです。直接会った人々以外にも、手紙をくれた人、調査に参加してくれた人、オンラインで話をした人、私が人生相談コーナーの回答者を務める雑誌宛てに連絡をくれた人、それに心理療法のクライアントのみなさんがいます。全員に感謝します。

子どもたちにもお礼を伝えたいと思います。彼らと出会い、彼らから学ぶことができたのは大変有益でした。とくにクライアントの子どもたちが、幼いころに植えつけられた感情、思考、反応のパターンは非常に長いあいだ存在しつづけることを何度も身をもって示してくれたことは貴重で、みなさん一人ひとりに感謝しています。あなたがたは私の教師でした。それから、本書に「ジーナ」の仮名で登場するクライアントにも特別の感謝を。

感謝を伝えるべき先生はほかにもいます。マリア・ギルバート教授とダイアナ・シュマクラー教授は、今世紀の初めごろ、数年にわたり毎月1回の心理療法士の会を開催していました。この会で、私たちは関係精神分析の多くの理論を学び、議論しました。私はそれを子育てに応用し、本書に生かしています。彼女たちは、私が自信を持てるように励ましてもくれました。精神分析医のアンドルー・サミュエルズ教授にも励まされました。本当に権威ある人は、脆くて不確かな側面があっても信頼できるものだということを彼は示してくれました。「セラピストには2種類いて、一方はセラピーに通うタイプ、もう一方はそれをおこなうタイプだ」とも言っていました。そして、「あなたは間違った側にいるんじゃないかね？」と、私の背中を押してくれたのです。私が分析を受けていたのはもう何年も前のことですが、その効果はいまも残っています。私を担当してくれたすべての療法士に感謝しています。セラピーを受けることを通して人間関係の一部になるプロセスを学びましたが、その大部分が、親子関係をはじめ、あらゆる人間関係に応用できるものでした。

エージェントのカロリーナ・サットンにも感謝します。彼女が私をランチに連れだし、本のアイデアについて訊いてきたとき、「よくある子育てマニュアルではなく、子どもとの関係の重要性を説く本なら書ける」と答えました。すると彼女は私が覚悟を決める前に、ペンギン・ランダムハウス社のヴェニーシア・バタフィールドとのミーティングをさっさと取りつけてしまいました。1冊の本をつくるのに、こんなに何度もランチに出かけたのは初めてでした。ヴェニーシアは事あるごとに私を連れだし、2人で親としての経験について話し込みました。そのおかげで、同じような考えを持っていることがわかったのです。

その後、第一稿を渡すと、彼女はそれが気に入りませんでした。私たち自身も断絶を修復するプロセスを経験し、お互いに納得できる形を探ることになりました。相手から逃げることもできましたが、そうはしませんでした。人間関係は一度断絶しても修復することができる、そして修復したあとはより強く、より良いものになると私は信じています。関係の修復は本書の重要なテーマの1つなので、私たちが編集者と著者としてそのプロセスを実際に経験したのは実に有益なことでした。ヴェニーシア、逃げずにいてくれてありがとう。それから、エイミー・ロンゴス、ジャック・ラム、サラ・デイの編集にも感謝していま す。最後に、私の相談コーナーのコラムを数年のあいだ熟練の技で編集してくれて、本書にも斬新な方法で手を入れてくれた、「レッド」誌の元同僚、ブリジッド・モスにも感謝を述べておかなければなりません。才気溢れる作家で、編集者で、素晴らしい親でもあるあなたが大好きです。

ほかにも私を知っているすべての人に感謝を。些細なことのようですが、私たちはみな影響しあい、互いに支えあっているのです。

*
* *

Sleep' (https://www.ncbi.nlm.nih.gov/pubmed/21945361)
Maria Montessori, *The Absorbent Mind* (BN Publishing: 2009)(『子どもの心——吸収する心 新装版』鼓常良訳、国土社、2004年)
S. Myriski et al., 'Digital Disruption? Maternal Mobile Device Use is Related to Infant Social-Emotional Functioning' (https: www.ncbi.nlm.nih.gov/pubmed/28944600)
Darcia F. Narvaez, 'Avoid Stressful Sleep Training and Get the Sleep You Need: You Can Survive the First Year Without Treating Your Baby Like a Rat' (https://www.psychologytoday.com/blog/moral-landscapes/201601/avoid-stressful-sleep-training-and-get-the-sleep-you-need)
Darcia F. Narvaez, 'Child Sleep Training's "Best Review of Research": Sleep Studies are Multiply Flawed Plus Miss Examining Child Wellbeing' (https://www.psychologytoday.com/blog/moral-landscapes/201407/child-sleep-training-s-best-review-research)
Darcia F. Narvaez, *Neurobiology and the Development of Human Morality* (W. W. Norton & Co.: 2014)
Barry Schwartz, *The Paradox of Choice: Why More is Less* (Harper-Perennial: 2005)(『新装版　なぜ選ぶたびに後悔するのか——オプション過剰時代の賢い選択術』瑞穂のりこ訳、武田ランダムハウスジャパン、2012年)
Jack P. Shonkoff and Andrew S. Garner, 'The Lifelong Effects of Early Childhood Adversity and Toxic Stress' (http://pediatrics.aappublications.org/content/early/2011/12/21/peds.2011-2663.short)
Ed Tronick, *The Neurobehavioral and Social-Emotional Development of Infants and Children* (W. W. Norton & Co.: 2007)

第６章

Hannah Ebelthite, 'ADHD: Should We be Medicalising Childhood?' (http://www.telegraph.co.uk/health-fitness/body/adhd-should-we-be-medicalising-childhood/)
Adele Faber and Elaine Mazlish, *How to Talk so Teens Will Listen and Listen so Teens Will Talk* (Piccadilly Press: 2012)
Ross Greene, The Explosive Child (Harper Paperbacks: 2014)(『親を困らせる子どもを上手に伸ばす』田辺希久子訳、ＰＨＰ研究所、2003年)
Christine Hooper and Margaret Thompson, *Child and Adolescent Mental Health: Theory and Practice* (CRC Press: 2012; 2nd edn)
Janet Lansbury, *Elevating Child Care: A Guide to Respectful Parenting* (CreateSpace Independent Publishing Platform: 2014)
Janet Lansbury, *No Bad Kids: Toddler Discipline without Shame* (CreateSpace Independent Publishing Platform: 2014)
Ian Leslie, *Born Liars: Why We Can't Live without Deceit* (Quercus: 2012)
Ruth Schmidt Neven, Emotional Milestones from Birth to Adulthood: A Psychodynamic *Approach* (Jessica Kingsley Publishers Ltd: 1997)
Victoria Talwar and Kang Lee, 'A Punitive Environment Fosters Children's Dishonesty: A Natural Experiment' (https://www.ncbi.nlm.nih.gov/pmc/articles/PMC3218233/)

＊記載のURLは原著刊行時点のものである

第 4 章

Further information about breast crawl: http://breastcrawl.org/science.shtml

Beatrice Beebe and Frank M. Lachmann, *The Origins of Attachment: Infant Research and Adult Treatment* (Routledge: 2013)

John Bowlby, *A Secure Base* (Routledge: 2005)

Barbara Katz Rothman, *The Tentative Pregnancy: Amniocentesis and the Sexual Politics of Motherhood* (Rivers Oram Press: 1994; 2nd edn)

David F. Lancy, *The Anthropology of Childhood* (Cambridge University Press: 2014; 2nd edn)

Janet Lansbury's blog: JanetLansbury.com

Brigid Moss, *IVF: An Emotional Companion* (Collins: 2011)

Annie Murphy Paul, *Origins: How the Nine Months before Birth Shape the Rest of Our Lives* (Hay House: 2010)

Joan Raphael-Leff, *Parent–Infant Psychodynamics* (Anna Freud Centre: 2002)(『母子臨床の精神力動――精神分析・発達心理学から子育て支援へ』木部則雄 監訳、長沼佐代子・長尾牧子・坂井直子・金沢聡子 共訳、岩崎学術出版社、2011年)

Joan Raphael-Leff, Psychological Processes of Childbearing (Centre for Psychoanalytic Studies: 2002; 2nd rev. edn)

第 5 章

Beatrice Beebe et al., 'The Origins of 12-Month Attachment: A Microanalysis of 4-Month Mother–Infant Interaction'(https://www.ncbi.nlm.nih.gov/pmc/articles/PMC3763737/)

Ruth Feldman, 'Parent–infant Synchrony and the Construction of Shared Timing;Physiological Precursors, Developmental Outcomes, and Risk Conditions', *Journal of Child Psychology and Psychiatry* (Wiley Online Library: 2007)

Ruth Feldman, 'Biological Foundations and Developmental Outcomes' (http://journals.sagepub.com/doi/10.1111/j.1467-8721.2007.00532.x)

Tracy Gillett, 'Simplifying Childhood May Protect against Mental Health Issues' (http://raisedgood.com/extraordinary-things-happen-when-we-simplify-childhood/)

Maya Gratier et al., 'Early Development of Turn-taking in Vocal Interaction between Mothers and Infants' (https://www.ncbi.nlm.nih.gov/pmc/articles/PMC4560030/)

Elma E. Hilbrink, Merideth Gattis and Stephen C. Levinson, 'Early Developmental Changes in the Timing of Turn-taking: A Longitudinal Study of Mother–Infant Interaction' (https://www.ncbi.nlm.nih.gov/pmc/articles/PMC4586330/)

Oliver James, *Love Bombing: Reset Your Child's Emotional Thermostat* (Routledge: 2012)

Janet Lansbury, *Elevating Child Care: A Guide to Respectful Parenting* (CreateSpace Independent Publishing Platform: 2014)

Janet Lansbury, No Bad Kids: *Toddler Discipline without Shame* (CreateSpace Independent Publishing Platform: 2014)

W. Middlemiss et al., 'Asynchrony of Mother–Infant Hypothalamic-Pituitary-Adrenal Axis Activity following Extinction of Infant Crying Responses Induced during the Transition to

参考文献

第１章

Steven J. Ellman, 'Analytic Trust and Transference: Love, Healing Ruptures and Facilitating Repairs' (Ph.D., pp. 246–63, published online 25 June 2009)

Robert Firestone, *Compassionate Childrearing* (Plenum Publishing/Insight Books:1990)

John Holt, *How Children Fail* (Penguin: 1990)（『教室の戦略 —— 子どもたちはどうして落ちこぼれるか』大沼安史訳、一光社、1987年）

第２章

Judy Dunn and Richard Layard, *A Good Childhood: Searching for Values in a Competitive Age* (Penguin Books: 2009)

Emily Esfahani Smith, 'Masters of Love. Science Says Lasting Relationships Come down to–You Guessed It–Kindness and Generosity' (https://www.theatlantic.com/health/archive/2014/06/happily-ever-after/372573/)

John M. Gottman, *The Seven Principles for Making Marriage Work* (Prentice Hall and IBD: 1998)（『結婚生活を成功させる七つの原則』松浦秀明訳、第三文明社、2007年）

Virginia Satir, *Peoplemaking* (Souvenir Press: 1990)

D.W.Winnicott, *Home is Where We Start From: Essays by a Psychoanalyst* (Penguin: 1990)（『家庭から社会へ ウィニコット著作集3』井原成男、上別府圭子・斉藤和恵 共訳、牛島定信 監修、岩崎学術出版社、1999年）

第３章

Dr Tom Boyce, *The Orchid and the Dandelion* (Penguin: 2019)

Adele Faber and Elaine Mazlish, *How to Talk so Kids Will Listen and Listen so Kids Will Talk* (Piccadilly Press: 2012)（『子どもが聴いてくれる話し方と子どもが話してくれる聴き方大全』三津乃リーディ・中野早苗 共訳、きこ書房、2013年）

Adele Faber and Elaine Mazlish, Siblings without Rivalry (Piccadilly Press: 2012)（『憎しみの残らないきょうだいゲンカの対処法 —— 子どもを育てる心理学』三津乃リーディ・中野早苗 共訳、きこ書房、1998年）

Jerry Hyde, *Play from Your Fucking Heart* (Soul Rocks: 2014; reprint)

Janet Lansbury, 'Five Reasons We Should Stop Distracting Toddlers and What to Do Instead' (http://www.janetlansbury.com/2014/05/5-reasons-we-should-stop-distracting-toddlers-and-what-to-do-instead/)

Adam Phillips, Video on pleasure and frustration(https://www.nytimes.com/video/opinion/100000001128653/adam-phillips.html)

Naomi Stadlen, *What Mothers Do* (Piatkus: 2005)

Donald Winnicott, The 'Good-enough Mother' radio broadcasts(https://blog.oup.com/2016/12/winnicott-radio-broadcasts/)

著者紹介 フィリッパ・ペリー（Philippa Perry）

英国の心理療法士。テレビ番組やラジオ番組の司会をこなし、BBCラジオやチャンネル4でドキュメンタリー番組を手がけるほか、Red誌の人生相談コーナーの回答者も務める。著書に『まんが サイコセラピーのお話』（福村出版）、*How to Stay Sane* がある。本書は世界40カ国以上で翻訳出版された。夫でアーティストのグレイソン・ペリーとロンドンに暮らし、2人の間には成人した娘フローがいる。

訳者紹介 高山真由美（たかやま・まゆみ）

翻訳家。主な訳書に『成功する子 失敗する子』『私たちは子どもに何ができるのか』（ともにポール・タフ著、英治出版）、『ハーレム・チルドレンズ・ゾーンの挑戦』（ポール・タフ著、みすず書房）、『デュアルキャリア・カップル』（ジェニファー・ペトリリエリ著、英治出版）など。

子どもとの関係が変わる 自分の親に読んでほしかった本

2023年10月18日　1版1刷
2024年11月15日　　20刷

著者　フィリッパ・ペリー
訳者　高山真由美

発行者　中川ヒロミ
発行　株式会社日経BP
　日本経済新聞出版
発売　株式会社日経BPマーケティング
　〒105-8308 東京都港区虎ノ門4-3-12

ブックデザイン　小口翔平+阿部早紀子+青山風音（tobufune）
本文 DTP　マーリンクレイン
印刷・製本　三松堂印刷

ISBN 978-4-296-11767-3

本書籍に関するお問い合わせ、ご連絡は下記にて承ります。
https://nkbp.jp/booksQA
Printed in Japan